健康スポーツの科学

茨城大学
健康スポーツ教育専門部会・編

改訂版

大修館書店

まえがき

　都市化・高齢化社会にあって，心身の健康を自ら管理することや運動・スポーツを主体的に行うことは，現代人に不可欠の要件である。茨城大学では，身体活動による体験的学習を通して心身の調和を図り，健康な身体を保持増進することによって，生涯にわたるより豊かな生活の設計に必要な技能や知識を習得すること，および，大学や将来の社会生活において運動やスポーツを通じてさまざまな身体コミュニケーションを行うことの意義について理解を深めることを目的とし，「健康・スポーツ科目」の授業を全学共通の必修科目として実施している。

　本書は，そうした「健康」「運動」「スポーツ」実践の基礎となる理論的背景を，それぞれの分野の専門家がその研究と教育のユニークさを生かして執筆したものである。それぞれの項目は，見開き2ページに簡潔にまとめてある。原則として，左側のページには説明文を，右側のページには必要な図表や写真，そしてコラムなどを配した。

　第1章は，「健康」というテーマで，それを保持増進するための基礎知識，および，それらと運動やスポーツとの関わりなどをめぐって，主として健康科学や保健教育の分野から執筆した。

　第2章は，「運動」というテーマで，身体の運動とは何か，運動と身体との関連，および，具体的な運動の実践などをめぐって，主として身体運動学，トレーニング科学，バイオメカニクスの分野から執筆した。

　第3章は，「スポーツ」というテーマで，スポーツとは何か，生涯スポーツのライフサイクル，および，来たるべき21世紀のスポーツや野外運動などをめぐって，主として人文・社会科学の分野から執筆した。

　私たちの「ライフ」（生命・生活・人生）において，健康に関する知的理解，および，身体運動・遊び・スポーツ・野外運動・余暇活動といった人間の運動 (human movement) は，どのような意義をもつのだろうか。この本を通じて，そうした実践の基礎そのものを考える糸口をつかんでいただければ幸いである。

　本書の出版にあたっては，大修館書店の各位，とくに編集の山川雅弘氏に多大なるご尽力をいただいた。心から感謝申し上げる次第である。

2009年3月　編者

● 目 次 ●

第1章

健　康

❶ 健康の保持増進 ……………………………………………………… 8
　1　健康の考え方 …………………………………………… 8
　2　疾病予防と健康管理 …………………………………… 10
　3　健康診断 ………………………………………………… 12
　4　生活習慣病 ……………………………………………… 14
　5　メタボリック症候群 …………………………………… 16
　6　感染症 …………………………………………………… 18
　7　栄養・食事と健康 ……………………………………… 20
　8　睡眠・休養と健康 ……………………………………… 22
　9　飲酒と健康 ……………………………………………… 24
　10　喫煙と健康 ……………………………………………… 26
　11　貧血 ……………………………………………………… 28
　12　性感染症・HIV／エイズ ……………………………… 30
　13　心の健康とストレス …………………………………… 32
　14　欲求と防衛機制 ………………………………………… 34
　15　ボディーイメージと摂食障害 ………………………… 36
　16　うつ病とその対応 ……………………………………… 38

❷ 健康と運動スポーツの関わり ……………………………………… 40
　1　体力と健康 ……………………………………………… 40
　2　身体活動・運動・健康 ………………………………… 42
　3　活性酸素と運動スポーツ ……………………………… 44
　4　免疫機能と運動スポーツ ……………………………… 46
　5　がんと運動スポーツ …………………………………… 48
　6　循環器疾患と運動スポーツ …………………………… 50
　7　糖尿病と運動スポーツ ………………………………… 52
　8　骨粗鬆症と運動スポーツ ……………………………… 54
　9　肥満と運動スポーツ …………………………………… 56
　10　運動スポーツ中の突然死 ……………………………… 58
　11　運動スポーツ中の事故 ………………………………… 60
　12　熱中症とその予防 ……………………………………… 62

第2章

運　動

❶ 運動とは ……………………………………………………………………… 66
   1 運動構造とは …………………………………………… 66
   2 運動技術の概念 ………………………………………… 68
   3 トレーニングの原則 …………………………………… 70
   4 有酸素トレーニング …………………………………… 72
   5 筋肉のトレーニング …………………………………… 74
   6 巧みさのトレーニング ………………………………… 76

❷ 運動と身体 …………………………………………………………………… 78
   1 身体のとらえ方：身体知 ……………………………… 78
   2 運動と感性 ……………………………………………… 80
   3 コツとカン ……………………………………………… 82
   4 身体コミュニケーション ……………………………… 84
   5 心身調整法 ……………………………………………… 86
   6 マッサージ ……………………………………………… 88

❸ 運動の実践 …………………………………………………………………… 90
   1 ウォーミングアップとクーリングダウン …………… 90
   2 柔軟性とストレッチング ……………………………… 92
   3 運動中のカロリーと水分補給 ………………………… 94
   4 テーピング ……………………………………………… 96
   5 運動によるけがと応急処置 …………………………… 98
   6 ソフトボール ………………………………………… 100
   7 サッカー ……………………………………………… 102
   8 バスケットボール …………………………………… 104
   9 バレーボール ………………………………………… 106
  10 テニス ………………………………………………… 108
  11 卓球 …………………………………………………… 110
  12 バドミントン ………………………………………… 112
  13 ウォーキングとジョギング ………………………… 114

● 目 次 ●

第3章

スポーツ

❶ スポーツとは……………………………………………………………… 118
    1　スポーツの起源と歴史………………………………………… 118
    2　現代社会とスポーツ…………………………………………… 120
    3　スポーツの本質………………………………………………… 122
    4　スポーツの楽しさ・おもしろさ（フロー理論）…………… 124
    5　スポーツ集団とリーダーシップ……………………………… 126
    6　チームワーク論………………………………………………… 128
    7　スポーツ・ファン……………………………………………… 130
    8　スポーツとルール・レフェリー……………………………… 132
    9　ニュースポーツ………………………………………………… 134
    10　大学生活とスポーツ………………………………………… 136

❷ 生涯スポーツ…………………………………………………………… 138
    1　生涯スポーツの理念…………………………………………… 138
    2　子どもの発達と遊び…………………………………………… 140
    3　青年とスポーツ………………………………………………… 142
    4　成人とレジャー………………………………………………… 144
    5　高齢者と生きがいスポーツ…………………………………… 146
    6　障がい者と運動・スポーツ…………………………………… 148
    7　ジェンダーとスポーツ………………………………………… 150
    8　スポーツと人生…剣道人の事例……………………………… 152

❸ 21世紀のスポーツ……………………………………………………… 154
    1　スポーツの世界化と個性化・多様化………………………… 154
    2　アスリートの未来……………………………………………… 156
    3　オリンピックのゆくえ………………………………………… 158
    4　総合型地域スポーツクラブ…………………………………… 160
    5　自然志向のライフスタイル…………………………………… 162
    6　野外活動………………………………………………………… 164
    7　21世紀の武道………………………………………………… 166
    8　〈気〉とスポーツ……………………………………………… 168
    9　伝統スポーツ…………………………………………………… 170
    10　舞踊（ダンス）……………………………………………… 172

第1章
健　康

❶ 健康の保持増進

1 健康の考え方

健康の定義

　健康はよく「空気のようなもの」と表現される。目に見えず，健康な状態が当たり前で，健康であることを意識することはあまりない。私たちが健康について強く意識するのは，病気にかかった時や，怪我をした時である。自由にならない体になってはじめて，そのありがたさが身に染みるものである。一方で，その病気や怪我が治ったらすぐに健康となるか，あるいは健康と言えるのかというと，そう単純でもない。これら病気や怪我と健康の間には，調子が悪い，半健康，病弱，○○が痛いなど，さまざまな段階（グレーゾーン）があり，明確に区別がつかないことのほうが多い（図1）。また，健康状態は固定されたものではなく，さまざまな状況下で日々変化するものであり，明確に線引きされるわけでもない。

　健康について考える場合，1つの指針となるのがWHO憲章（1946年）の序文である（図2）。この序文についてはさまざまな議論がなされてきたが，とくに議論の中心となったのが「身体的，精神的，社会的に完全に良好な状態」という点で，これを健康の定義として個々人に当てはめた場合，ほとんどの人々は健康ではない，ということになってしまう。さらに，障害を持つ人々の健康についてどう捉えるかといった疑問もある。しかし，この序文に基づいて，健康か否かを判断することはまったく無意味である。この序文を定義としてではなく，理想的目標として掲げつつ，健常者，障害者にかかわらず，個人個人が享受し得る最良の状態を具体的に設定し，その状態に少しでも近づくように意識を傾け，行動することが大切であろう。その意味では，健康は与えられるもの，受身的なものではなく，自ら主体的・積極的に獲得していくものであるとも言えよう。また，そのためには，健康を達成し得る社会環境の整備も必要となってくる。

ヘルスプロモーション

　WHO憲章の序文のはじめの部分は非常に有名であるが，それに続く文章があることを忘れてはならない（図2）。そこには，健康は人種や宗教，政治的信条，社会経済状態に関わらず，すべての人が有する基本的権利であることが謳われている。同様のことは日本国憲法第25条にも明記されている。また，健康の向上には個人のみでなく，国家としての取り組みが重要であることが強調されている。

　1986年，カナダのオタワで第1回ヘルスプロモーション国際会議が開催され，その内容はオタワ憲章（図2）としてまとめられた。その中で「ヘルスプロモーションとは，人々が自らの健康をコントロールし，改善できるようにするプロセスである」と定義されている。

　そのための戦略として，
　①健康政策の構築
　②健康を支援する環境整備
　③地域活動の強化（住民参加）
　④個人の能力の向上
　⑤健康サービスの方向転換（治療のみでなく健康な生活を送るためのサポート）

が挙げられている。このように，健康は単に個人の資質や努力のみによってもたらされるものではなく，環境を整備し，国や地域などあらゆるレベルで取り組むことによって達成されるものであることがわかる。

　最後に，オタワ憲章では，「健康は目的ではなく，日々の生活のための資源である」と述べている。またその中で，健康のための前提条件として，平和，住居，教育，食物，収入，安定した生態系，持続可能な生存のための資源，社会的公正と公平性が挙げられているが，逆にこれらを達成するためには健康は必要不可欠な条件であるとも言えよう。

（上地　勝）

第1章 健康

図1　健康状態のイメージ

WHO憲章序文

健康とは，身体的，精神的，社会的に完全に良好な状態であり，たんに病気あるいは虚弱でないとうことではない。
(Health is a state of complete physical, mental, and socail well-being, and not merely the absence of disease or infirmity.)

WHO憲章序文（つづき）

The enjoyment of the highest attainable standard of health is one of the fundamental rights of every human being without distinction of race, religion, political belief, economic of socail condition.
The health of all peoples is fundamental to the attainment of peace and security and is dependent upon the fullest co-operation of individuals and States.

日本国憲法第25条

すべての国民は，健康で文化的な最低限度の生活を営む権利を有するとともに，国はすべての生活面について，社会福祉，社会保障および公衆衛生上の向上および増進に努めなければならない。

オタワ憲章

Health promotion is the process of enabling people to increase control over, and to improve, their health. To reach a state of complete physical, mental and social wellbeing, an individual or group must be able to identify and to realize aspirations, to satisfy needs and to change or cope with the environment .Health is, therefore, seen as a resource for everyday life, not the objective of living. Health is a positive concept emphasizing social and personal resources, as well as physical capacities. Therefore, health promotion is not just the responsibility of the health sector, but goes beyond healthy lifestyles to well-being.

図2　健康の考え方

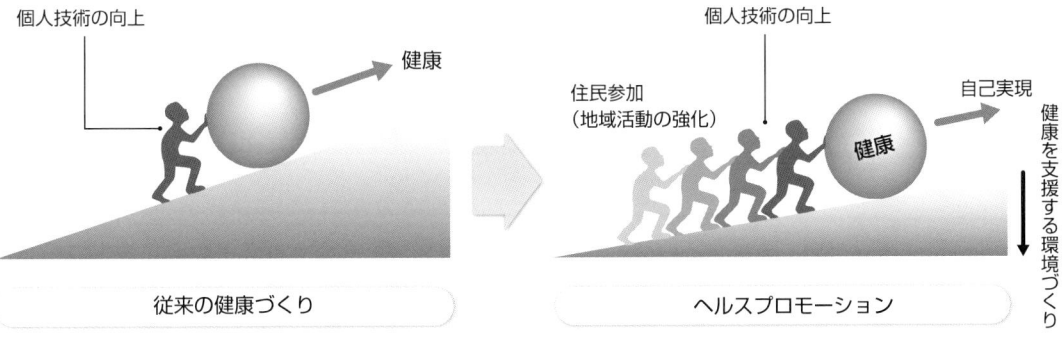

図3　ヘルスプロモーションの理念（藤内，1997）

❶ 健康の保持増進

2 疾病予防と健康管理

予防の段階

　ひと言で予防と言っても，そこにはさまざまな段階があり，その段階は大きく一次，二次，三次予防に分けられる（図1）。

　一次予防とは，疾病の原因を発生させないようにしたり，原因そのものを取り除いたり，あるいはその原因に対する感受性を変えることによって疾病を未然に防ぐことである。一次予防は，さらに特異的予防と非特異的予防に分けられる。特異的予防とは，ある特定の疾患や傷害の発生を防ぐことを目的として実施されるもので，原因と傷病の発生が密接にリンクしている場合に行われる。たとえば，インフルエンザや麻疹など特定疾患の予防接種，ある特定場所で起こる事故を防止するための対策（信号機や横断歩道，歩道橋の設置など），貧血を防ぐための鉄分サプリメント補給などが挙げられる。

　非特異的予防とは，ターゲットとなる傷病をとくに定めず，健康教育や生活習慣の見直しなど，幅広く健康を維持・増進するような活動のことであり，それらを通して，さまざまな疾患や傷害の予防につなげていく。とくに，多くの疾病のリスクファクターとして挙げられている要因（たとえば，喫煙，飲酒，肥満など）について改善していくことは，非特異的予防の代表的な例であろう。

　二次予防は早期発見，早期治療のことである。つまり，疾病の原因が発生しても，体に悪影響を及ぼす前に何らかの対処を行い，症状が出るのを防いだり，その原因を取り除いたりすることである。定期的に実施される健康診査や検診がこれに当たる。

　三次予防は，傷病が発症した場合，症状が悪化しないように対策を施し，機能障害が残るのを最小限に食い止めることである。また，機能障害が残った場合でも，残された機能を最大限活用し，能力発揮できるようにリハビリテーションを行うことも三次予防に含まれる。

　これら一次，二次，三次予防に加え，最近では0次予防という概念が提唱されている。健康を支援する環境づくりがこれにあたる。代表的な例として，2002年に成立し，2003年5月から施行されている「健康増進法」が挙げられる。この健康増進法の施行によりもっとも目に見える形で影響のあったのが受動喫煙の防止策であり，これにより多くの施設での分煙化が進んだ。また，未成年者の喫煙防止策の一環として，2008年7月より開始されたtaspo（タスポ）対応の成人識別たばこ自動販売機の全国稼動も例として挙げられよう。あるいは喫煙率低下を目的としたタバコ税の増税，飲酒運転・飲酒による自動車事故の厳罰化なども0次予防にあたる。このように，あらゆる段階で「予防」に努めることにより我々は健康の保持・増進が可能となる。

高リスクアプローチと集団アプローチ

　予防や健康管理を実際に行っていく場合，大きく2つの方法がある。ひとつは高リスクアプローチと呼ばれるもので，病気にかかっている人，あるいは病気のリスク要因を多く抱えている人にターゲットを絞り，その人たちに働きかけていく（介入していく）方法である（図2）。

　この方法は，後述する集団アプローチに比べ対象となる人数が少なく，経済的であり，実施に対して理解が得られやすい。また，対象者が限られているので，介入の効果についても判定しやすい。しかし，この方法では，現時点では問題がなくても，将来，病気にかかる可能性のある人々に対して介入することができず，介入の効果は限定的になりやすい。

　一方，集団アプローチは対象を高リスク群に限定せず，集団全体に介入を行い，全体として病気のリスクを低下させようとする考え方である。そ

のため，対象には健康な人々が多く含まれることとなり，介入の効果を判定するのは難しい。しかし集団全体で取り組んでいく体制がいったん整えば，その効果は大きなものとなるだろう。

実際に取り組む際には，どちらかのアプローチを選択するということではなく，両方のアプローチをうまく組み合わせて，対策を進めることが必要である。

（上地 勝）

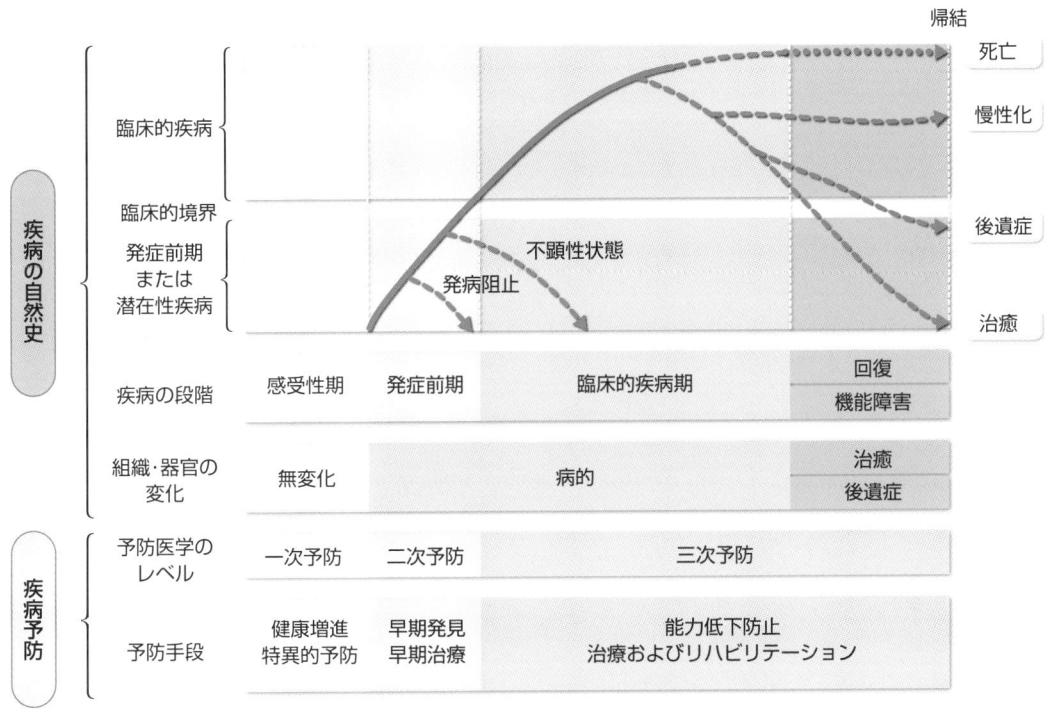

図1　疾病の自然史と予防の段階（文献1）より引用）
（J. S. Mausner, S. Kramer : Epidemiology — An Introductory Text, snd Ed., Saunders, 1985 を一部改変）

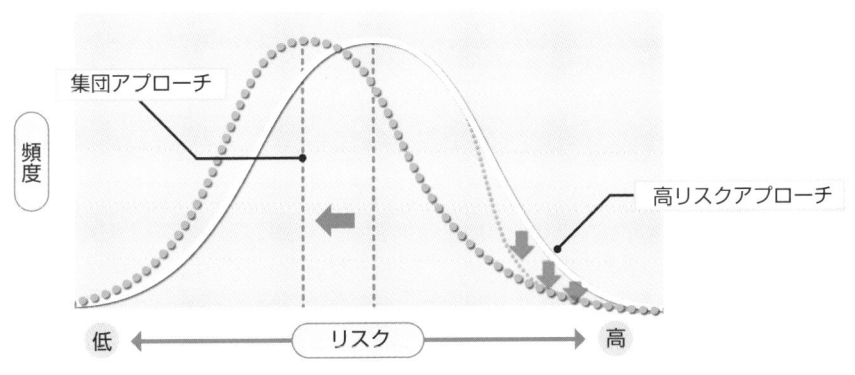

図2　高リスクアプローチと集団アプローチ（文献2）より引用）

【文　献】1）鈴木庄亮，久道茂編（2006）：シンプル衛生公衆衛生学．p48，南江堂．
2）下光輝一，大谷由美子．健康の概念，医事法規．田畑泉監修，健康運動指導士養成講習会テキスト（上）．p60，健康・体力づくり事業財団，2007．

❶ 健康の保持増進

3 健康診断

　健康診断の種類は、表1のように母子保健に関する健診（妊婦健診・乳児検診）、学校・職場で行われる定期健康診断や、特定の病気を早期に発見することを目的とした検診（結核検診、がん検診、婦人科検診など）など、さまざまな種類がある。平成20年度から、さらにメタボリック症候群に焦点をあわせて40〜74歳を対象に新しく特定健診が施行されることになった。国民1人ひとりが1年に1回は、健康状態をチェックする機会が与えられることが必要である。ここでは、いろいろな健康診断のうち、学校において行われる健康診断、および新しく制定された特定健診について説明する。

学校において行われる健康診断

　学校における健康診断には、就学時の健康診断、児童、生徒、学生、幼児を対象とした定期・臨時の健康診断、職員の定期・臨時の健康診断があり、学校保健安全法に基づいて実施されている。「学校においては、毎学年定期に、児童生徒等の健康診断を行わなければならない」（学校保健安全法第13条第1項）。検査の項目および実施学年については、学校保健安全法施行規則の第2節において、健康診断の時期、検査項目、方法および技術的基準、健康診断表、事後措置などについて規定されている。健康診断の時期は6月30日までに行うこととなっている。検査項目は施行規則によって細かく規定されており、実施学年における検査項目を表2にまとめた。身体計測には、身長、体重ばかりでなく、肥満度、体脂肪率などが同時に測定される器械が便利である。胸部レントゲン撮影については、結核予防法によって規定されている。平成16年度の結核予防法の改正によって、定期健康診断の対象者・方法の見直しが行われ、高校・大学の入学時に胸部レントゲン撮影を行うことになった。

　健康診断を行ったあとには、「健康診断の結果に基づき、疾病の予防処置を行い、又は治療を指示し、並びに運動及び作業を軽減するなど適切な措置をとらなければならない。」（学校保健安全法第14条）学校における生活管理指導は、心疾患を有する児童生徒については「心臓病管理指導表」に基づいて、腎臓病については「腎臓病管理指導表」、糖尿病については「糖尿病管理指導表」に基づいて体育実技、部活動、学校行事への参加についての制限が設けられている。

特定健診、特定保健指導

　平成20年4月から、市町村で実施されてきた健康診断（基本健康診査）が廃止され、医療保険者が実施する特定健診、特定保健指導制度が導入された。これは、40〜74歳の本人（被保険者）と家族（被扶養者）が対象者であり、主としてメタボリック症候群とその予備軍を的確に把握し、保健指導につなげるための健康診断である。これまで市町村で実施されてきた健康診断（基本健康診査）と異なる点は、診査項目のなかに腹囲の計測（内臓脂肪）が追加されたことであり、内臓脂肪型肥満に着目し、3大死因である虚血性心疾患、脳血管障害の発生を抑制することに主眼がおかれている。特定保健指導は、内臓脂肪蓄積とリスク数によって対象者を階層化し、「情報提供」、「動機づけ支援」、「積極的支援」をおこなうものである。保健指導を実際に担当するのは医師、保健師のほかに、栄養指導については管理栄養士、運動指導については健康スポーツ医、健康運動指導士などが担当することになっている。本来、健康診断は生活習慣病に限ったものではない。とくに三大死因の第1位であるがんの早期発見には、従来どおり、胃がん検診、大腸がん検診、乳がん検診、子宮がん検診などが施行される。

（宮川八平）

表1　健康診断の種類

母子保健	妊婦健診，幼児健診（1歳6ヶ月児，3歳児）
学校における健康診断（学校保健安全法による）	就学時健康診断，定期健康診断，職員健康診断
職場における健康診断（労働安全衛生法による）	
特定健診，特定保健指導（高齢者医療確保法による）	
がん検診，結核検診，婦人科検診など	

表2　定期健康診断の検査項目と実施学年

項目	検診・検査方法			発見される疾病異常	幼稚園	小学校 1年	2年	3年	4年	5年	6年	中学校 1年	2年	3年	高等学校 1年	2年	3年	大学
保健調査	アンケート				○	◎	◎	◎	◎	◎	◎	◎	◎	◎	◎	◎	◎	○
身長					◎	◎	◎	◎	◎	◎	◎	◎	◎	◎	◎	◎	◎	◎
体重					◎	◎	◎	◎	◎	◎	◎	◎	◎	◎	◎	◎	◎	◎
座高					◎	◎	◎	◎	◎	◎	◎	◎	◎	◎	◎	◎	◎	△
栄養状態				栄養不良 肥満傾向・貧血等	◎	◎	◎	◎	◎	◎	◎	◎	◎	◎	◎	◎	◎	◎
脊柱・胸部 四肢 骨・関節				骨・関節の異常等	◎	◎	◎	◎	◎	◎	◎	◎	◎	◎	◎	◎	◎	△
視力	視力表	裸眼の者	裸眼視力	屈折異常，不同視など	◎	◎	◎	◎	◎	◎	◎	◎	◎	◎	◎	◎	◎	△
		眼鏡等をしている者	矯正視力		◎	◎	◎	◎	◎	◎	◎	◎	◎	◎	◎	◎	◎	
			裸眼視力		△	△	△	△	△	△	△	△	△	△	△	△	△	
聴力	オージオメータ			聴力障害	◎	◎	◎	△	◎	△	◎	◎	△	◎	◎	△	◎	△
眼				伝染性疾患，その他の外眼部疾患，眼位等	◎	◎	◎	◎	◎	◎	◎	◎	◎	◎	◎	◎	◎	◎
耳鼻咽喉等				耳疾患，鼻・副鼻腔疾患 口腔咽喉頭疾患 音声言語異常等	◎	◎	◎	◎	◎	◎	◎	◎	◎	◎	◎	◎	◎	◎
皮膚				伝染性皮膚疾患，湿疹等	◎	◎	◎	◎	◎	◎	◎	◎	◎	◎	◎	◎	◎	◎
歯及び口腔				むし歯，歯周疾患 歯列・咬合の異常 顎関節症症状・発音障害	◎	◎	◎	◎	◎	◎	◎	◎	◎	◎	◎	◎	◎	△
結核	問診・学校医による診察			結核		◎	◎	◎	◎	◎	◎	◎	◎	◎				
	エックス線間接撮影														◎			◎ (1学年 入学時)
	エックス線直接撮影 ツベルクリン反応検査 喀痰検査等					○	○	○	○	○	○	○	○	○				
	エックス背直接撮影 喀痰検査・聴診・打診														○			○
心臓	臨床医学的検査 その他の検査			心臓の疾患 心臓の異常	◎	◎	◎	◎	◎	◎	◎	◎	◎	◎	◎	◎	◎	◎
	心電図検査				△	◎	△	△	△	△	△	◎	△	△	◎	△	△	△
尿	試験紙法			腎臓の疾患 糖尿病	◎	◎	◎	◎	◎	◎	◎	◎	◎	◎	◎	◎	◎	△
					△													△
寄生虫卵	直接塗抹法 セロハンテープ法			回虫卵 ぎょう虫卵等	◎	◎	◎	◎	△	△	△	△	△	△	△	△	△	△
呼吸器 循環器 消化器 神経系	臨床医学的検査 その他の検査			結核疾患　心臓疾患 腎臓疾患　ヘルニア 言語障害　精神障害 骨・関節の異常 四肢運動障害	◎	◎	◎	◎	◎	◎	◎	◎	◎	◎	◎	◎	◎	◎

（注）◎：ほぼ全員に実施されるもの　○：必要時または必要者に実施されるもの　△：検査項目から除くことができるもの

「定期健康診断における結核健診マニュアル」〔文部科学省　平成15年2月〕
「保健主事の手引き〈三訂版〉」〔(財)日本学校保健会　平成16年2月〕により作成

【文　献】
1）渋谷敬三，国崎　弘（1998）：新学校保健実務必携（第5次改訂版），第一法規出版．
2）文部科学省スポーツ・青少年局学校健康教育課監修（2008）：児童生徒の健康診断マニュアル（改訂版），日本学校保健会．

❶ 健康の保持増進

4 生活習慣病

　生活習慣病は「食習慣，運動習慣，休養，喫煙，飲酒などの生活習慣が，その発症・進行に関与する疾患群」と定義づけられている。生活習慣病として，高血圧，糖尿病，脂質異常（高脂血症），肥満などがあげられている。食事，運動などの生活習慣の変化に伴い，これらの疾患が増加し，平成17年の患者調査によると，高血圧性疾患781万人，糖尿病247万人，虚血性心疾患86万人，脳血管疾患137万人，悪性新生物（がん）142万人であり，合計すると約1,400万人となっている。これらの疾患の病態および生活習慣との関連を理解することは，疾患の予防，治療に重要であり，結果的に疾患の予後の改善と生活の質（QOL）の向上につながる。

高血圧

　複数回の測定において，収縮期血圧が140mmHg以上または拡張期血圧が90mmHg以上を示したときは高血圧と判定される。高血圧はその程度により，軽症高血圧，中等度高血圧，重症高血圧に分類される（表1）。血圧は日内変動が認められ，最近は家庭血圧を測定することが重要とされている。家庭血圧の高血圧診断基準は135/85mmHg以上である。早朝高血圧は高血圧の臓器障害とより密接に関係しているため，早朝起床後の血圧測定が勧められている。高血圧が長く持続すると，脳出血，心不全，腎不全による病気がふえる（図1）。かつては，日本人は脳出血による死亡が多かったが，生活習慣の改善と減塩運動の結果，脳出血による死亡は著明に減少した。

　高血圧と判定されたら，まず，生活習慣を修正することが大事である。生活習慣の修正とは7項目（表2）である。これらの生活習慣の修正とともに薬物療法を行う。降圧目標は130/85未満とされているが，下がったからといって自分の判断で勝手に薬をやめないようにすることが大事である。

糖尿病

　糖尿病は，膵臓から分泌されるインシュリンというホルモンが少ないⅠ型か，あるいはインシュリンはたくさん出ていても効きが悪くなるⅡ型に分類される。このうち，Ⅱ型糖尿病の発症には運動や食事などの生活習慣が大きく関与している。血糖値が非常に高くなると「のどがかわく」「トイレの回数が多くなる」などの症状が出るが，普通はなんの症状も見られない。症状が乏しいため，つい油断してしまいがちであるが，糖尿病を放置すると重篤な合併症が出現してくる。糖尿病を放置すると

- 糖尿病性腎症……タンパク尿が出ると要注意である。最近では腎透析療法に移行する一番多い原因となっている。
- 糖尿病性網膜症……視力が悪化すると，失明するケースもある。
- 糖尿病性神経症……がんこな足のしびれが続く。

　検尿で糖が陽性に出たり，血液検査で空腹時血糖値が110mg/dl以上あるいはヘモグロビンA_{1C}が5.8以上であると糖尿病の疑いがある。本当の糖尿病であるかどうかは糖負荷試験（75gGTT）を行うと，正確な判定をすることが可能となる。糖尿病の治療の基本は食事療法と運動療法である。その2つの治療で限界のある場合に，インシュリン注射あるいは経口糖尿病薬による治療を行うことになる。

脂質異常症（高脂血症）

　血液中のコレステロール，中性脂肪が高くなる病気を脂質異常症（高脂血症）と呼ぶ（表3）。総コレステロールとは5種類のリポタンパクに含まれているコレステロールを合計した値である。その

うち，LDLコレステロールは「悪玉コレステロール」と呼ばれ，LDLが増加すると動脈硬化が促進され，心筋梗塞や狭心症が起こりやすくなる。HDLコレステロールは，いわゆる善玉コレステロールで，血管壁についたコレステロールをぬきとり肝臓に送り返す働きがある。中性脂肪は食事をすると高くなるので，空腹な状態で採血しなかった人は，必ず空腹で（12時間以上摂食しないで）検査をしなおすことが必要である。甘いもの，果物，アルコールなどの取り過ぎで高くなるが，体質的なもの，糖尿病などに伴って高くなることもある。コレステロールとともに動脈硬化の発生要因となる。アテローム（粥状）硬化症では，血管内膜にプラークが形成され，血管内腔が狭くなり，血液の流れが減少するために心筋梗塞や狭心症を起こしやすくなる（図2）。

脂質異常症（高脂血症）の治療の目的は，血清脂質を低下させ，狭心症や心筋梗塞などの動脈硬化性疾患を予防することにある。脂質の取りすぎ，運動不足などにより数値が高くなるので，まず，ライフスタイル（生活習慣）を改善することが大事である。それでも改善しない場合に薬物治療の適応になる。

(宮川八平)

表1　高血圧患者のリスクの層別化

血圧以外のリスク要因 \ 血圧分類	軽症高血圧 140〜159/90〜99mmHg	中等症高血圧 160〜179/100〜109mmHg	重症高血圧 ≧180/≧110mmHg
危険因子なし	低リスク	中等リスク	高リスク
糖尿病以外の1〜2個の危険因子あり	中等リスク	中等リスク	高リスク
糖尿病，臓器障害，心血管病，3個以上の危険因子のいずれかがある	高リスク	高リスク	高リスク

(日本高血圧学会：高血圧治療ガイドライン2009)

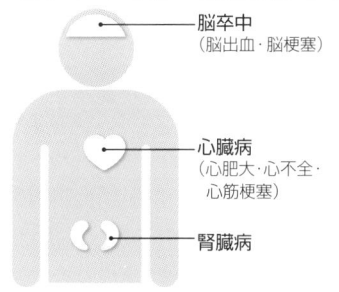

図1　高血圧の合併症
（いきいき健康より）

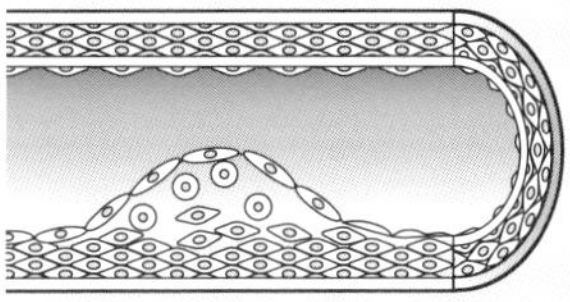

図2　動脈硬化性病変

表2　高血圧における生活習慣の修正項目

- 食塩制限 6g/日未満
- 野菜・果物の積極的摂取
- コレステロールや飽和脂肪酸の摂取を控える
- 適正体重の維持：BMI（体重(kg)÷[身長(m)]^2）が25を超えない
- 運動療法：心血管病のない高血圧患者が対象で，有酸素運動を毎日30分以上を目標に定期的に行う
- アルコール制限：エタノールで男性は20〜30ml/日以下，女性は10〜20ml/日以下
- 禁煙

生活習慣の複合的な修正はより効果的である

(高血圧治療ガイドライン2004)

表3　脂質異常（高脂血症）の判定

高LDLコレステロール血症	LDLコレステロール	140mg/dl 以上
低HDLコレステロール血症	HDLコレステロール	40mg/dl 未満
高中性脂肪血症	中性脂肪	150mg/dl 以上

(日本動脈硬化学会，2007)

【文献】
1) 日本高血圧学会高血圧治療ガイドライン作成委員会（2004）：高血圧治療ガイドライン2004年版　ライフサイエンス出版 47-58.
2) 日本糖尿病学会編（2007）：科学的根拠に基づく糖尿病治療診療ガイドライン，文光堂.
3) 日本動脈硬化学会編（2007）：動脈硬化性疾患予防ガイドライン，協和企画.

❶ 健康の保持増進

5 メタボリック症候群

　最近，内臓脂肪型肥満に高血圧，糖尿病，高脂血症の生活習慣病が複合的に合併すると動脈硬化の危険性が飛躍的に高まることが明らかとなってきた。このような病態は，メタボリック症候群と呼称され，最近，注目されている。メタボリック症候群は，肥満，インスリン抵抗性がその基盤にあり，それがさまざまな病態を引き起こしているドミノ現象（図1）と理解されるようになった。すなわち，好ましくない生活習慣がドミノ倒しの引き金となって肥満やインスリン抵抗性を引き起こし，その結果，高血圧，食後高血糖，脂質異常症（高脂血症）などの生活習慣病が発症し，さまざまな動脈硬化性疾患の発症が始まる。

病態

　内臓脂肪蓄積がメタボリック症候群を引き起こすメカニズムとして，脂肪細胞から分泌される生理活性物質であるアディポサイトカインが関係していると考えられている。アディポサイトカインには，アディポネクチン，TNF α (tumor necrosis factor alfa)，レプチンなど様々な種類があり，体に良い影響を及ぼす善玉とそうでない悪玉がある。アディポネクチンは善玉アディポサイトカインとされ，インシュリン抵抗性を改善し，メタボリック症候群を改善すると考えられる。

診断

　2005年4月にはその診断基準も設定された。この診断基準（表1）では，内臓脂肪の蓄積，すなわち腹囲が男性では85cm以上，女性では90cm以上が必須項目とされた。その上で血糖，血圧，血中脂質のうち2項目以上が基準値以上の場合に，メタボリック症候群と診断される。

頻度

　わが国の基準に準じてメタボリック症候群の頻度を調べると（図2），男性の40～74歳では24.4%がメタボリック症候群と判定され，予備群の27.1%とあわせると40～74歳男性の2人に1人がメタボリック症候群の疑いを有することになる。一方，女性の40～74歳では12.1%がメタボリック症候群と判定され，予備群の8.2%とあわせると40～74歳女性の5人に1人がメタボリック症候群の疑いを有することになる。ちなみに大学生をふくむ20代では，男性では11.4%，女性では1.2%が該当する。

臨床的意義

　メタボリック症候群の臨床的帰結は心血管病である。メタボリック症候群の心血管イベントに関する成績が報告されている（端野・壮瞥町研究）。8年間観察し，エンドポイントとして狭心症，心筋梗塞および心不全の発症，またはそれらによる死亡としたKaplan-Meier法による解析では，メタボリック症候群は非メタボリック症候群と比較して1.8倍の危険度を示した。平成20年4月から，市町村で実施されてきた健康診断（基本健康診査）が廃止され，特定健診，特定保健指導制度（健康診断の項参照）が導入された。これは，主としてメタボリック症候群とその予備軍を的確に把握し，保健指導につなげるための健康診断であり，40～74歳の本人（被保険者）と家族（被扶養者）が対象者である。わが国の死因の2，3位を占める虚血性心疾患，脳血管障害を減少させるねらいがある。

小児のメタボリック症候群

　肥満の小児の多くは成人の肥満に移行し，メタボリック症候群となる例が少なくないと考えられる。ライフスタイルの確立は小児期にスタートするため，食育の重要性が再認識されている。小児のメタボリック症候群の診断基準は表2に示すよう

に成人と基準値が異なる。低出生体重児が,将来,高血圧,Ⅱ型糖尿病,高脂血症などのいわゆる生活習慣病に罹患する確率が高い(Baker)とする説もある。

(宮川八平)

表1 メタボリックシンドロームの診断基準

内臓脂肪(腹腔内脂肪)蓄積	
ウエスト周囲径	男性≧85cm 女性≧90cm
(内臓脂肪面積 男女とも≧100cm^2)	
上記に加え以下のうち2項目以上	
高トリグリセライド血症 かつ/または	≧150mg/dl
低HDLコレステロール血症	<40mg/dl 男女とも
収縮期血圧 かつ/または	≧130mmHg
拡張期血圧	≧85 mmHg
空腹時高血糖	≧110 mg/dl

＊CTスキャンなどで内臓脂肪量測定を行うことが望ましい。
＊ウエスト径は立位,軽呼気時,臍レベルで測定する。脂肪蓄積が著明で臍が下方に偏位している場合は,肋骨下縁と前上腸骨棘の中点の高さで測定する。
＊メタボリックシンドロームと診断された場合,糖負荷試験が薦められるが診断には必須ではない。
＊高TG血症,低HDL-C血症,高血圧,糖尿病に対する薬剤治療を受けている場合は,それぞれの項目に含める。
＊糖尿病,高コレステロール血症の存在はメタボリックシンドロームの診断から除外されない。

(メタボリックシンドローム診断基準検討委員会:日内会誌 94(4),797,2005)

表2 小児のメタボリック症候群の診断基準
(試案) 6歳から15歳

内臓脂肪蓄積 必須項目	
ウエスト周囲径	80cm以上,腹囲/身長が0.5以上
上記に加え以下のうち2項目以上	
高中性脂肪血症	120mg/dl以上 かつ/または
低HDL血症	40mg/dl未満
収縮期血圧	125mmHg以上 かつ/または
拡張期血圧	75mmHg以上
空腹時高血糖	100mg/dl以上

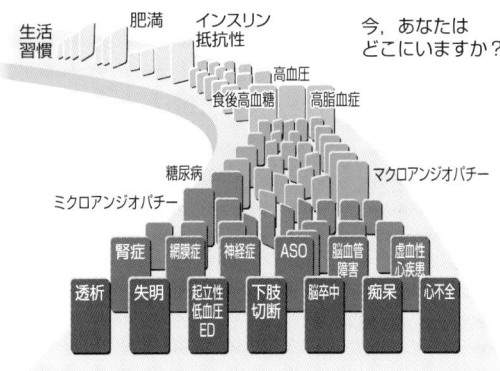

図1 メタボリックドミノ

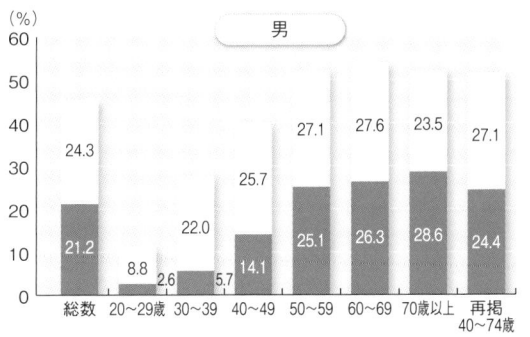

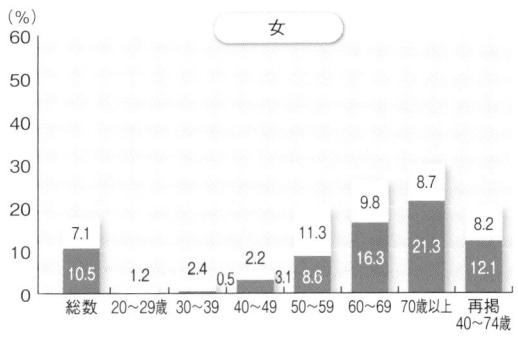

■ メタボリックシンドローム(内臓脂肪症候群)の予備群と考えられる者(腹囲≧(男85cm,女90cm)+項目1つ以上該当)
■ メタボリックシンドローム(内臓脂肪症候群)が強く疑われる者(腹囲≧(男85cm,女90cm)+項目2つ以上該当)

図2 メタボリック症候群の頻度

【文　献】
1) 厚生労働省(2008):平成18年　国民健康・栄養調査結果の概要　厚生の指標,55(10):42-49.
2) 岩本安彦,山田信博　監修(2007):メタボリックシンドローム up to date,日本医師会雑誌,第136巻・特別号(1).
3) 厚生労働省(2006):健康づくりのための運動指針2006.
4) 厚生労働省(2006):禁煙支援マニュアル.
5) 厚生労働省,農林水産省(2005);食事バランスガイド.
6) メタボリックシンドローム診断基準検討委員会(2005):メタボリックシンドロームの定義と診断基準,日本内科学会雑誌,94:794-800.

6 感染症

❶ 健康の保持増進

感染症の歴史

　感染症は有史以前から近代まで病気の大部分を占めており，医学の歴史は感染症の歴史と言っても過言ではない。ヒトは感染症によって多大の苦難を経験してきた歴史があり，ペスト・痘そう・コレラ等の感染症の流行は，時に文明を存亡の危機に追いやった。近年の生活環境の改善，抗生物質やワクチンの開発など医学の進歩により，多くの感染症が克服されて感染症患者は著しく減少した。先進国では赤痢・腸チフス・コレラの患者は激減しており，わが国ではこれらの患者のほとんどは海外旅行者による輸入感染である。一方で，これまで経験したことのない感染症（新興感染症）や近い将来制圧されると考えられていた感染症が再び流行する（再興感染症）などの問題が起こっている。世界保健機関（WHO）の定義によると，新興感染症は「かつては知られておらず新しく認識された感染症で，局地的にあるいは国際的に公衆衛生上の問題となる感染症」，再興感染症は「かつて存在した感染症で公衆衛生上ほとんど問題とならないようになっていたが，近年再び増加してきたもの，あるいは将来的に再び問題となる可能性がある感染症」とされている。新興感染症にはHIV（エイズ）や病原性大腸菌O-157，海外ではエボラ出血熱，SARS（重症急性呼吸器症候群）などの例があり，再興感染症には結核，マラリア，デング熱，狂犬病，劇症型A群レンサ球菌，百日咳などの例がある。さらに先進国においては，多剤耐性菌の蔓延やバイオテロの脅威が公衆衛生上の大きな課題として注目を集める一方，高度医療の発達に伴って免疫抑制状態の患者における日和見感染（健康な人には感染症を起こさないような病原体，たとえば弱毒微生物・非病原微生物・平素無害菌などが原因で発症する感染症）が増加するなど，依然として未解決な課題も多い。

感染症の原因による分類と感染経路

　細菌，ウイルス，真菌，寄生虫，異常プリオンなどの病原体（表1）が，生体に感染して増殖した病原体が特有の身体部位を攻撃することにより感染症を生じる。主な感染経路は以下のようなものが挙げられる。

1) **空気感染**：感染した人から排出される病原体が，飛沫核（直径約5μm以下）となって空中に浮遊してそれを吸入して感染する（麻疹，水痘，結核など）。
2) **飛沫感染**：感染した人から排出される飛沫（直径約5μm以上）を吸入して感染する（インフルエンザ，風疹など）。
3) **接触感染**：感染者の病原巣や病原体と直接に接触して感染する（性感染症，疥癬，耐性菌の感染など）。
4) **経口感染**：病原体が経口的に消化管から侵入して感染するもので，水系感染（A型肝炎など），食物感染（病原性大腸菌O-157，サルモネラなど）がある。
5) **血液感染**：注射や輸血などによって血液中の病原体が感染する（HIV，B型・C型肝炎など）。
6) **母子感染**：垂直感染とも言われ，母体から胎児・新生児に感染する。胎内感染（風疹ウイルスなど），産道感染（B型肝炎，HIVなど），母乳感染（成人T細胞白血病ウイルスなど）に分類される。

感染症に関する法律

　平成11年4月1日より「感染症の予防及び感染症の患者に対する医療に関する法律」（いわゆる感染症新法）が試行された。感染症新法では感染力や罹患した場合の重篤性などに基づき，危険性が高い順に一類から五類までに分類されている（表2，3）。

感染症の予防

まず、日頃から規則正しい生活をして十分な栄養と睡眠をとって、ストレスなどをためないように心身の健康に気をつけることが必要である。外出後の手洗いとうがいは感染症予防の基本となる。予防接種は感染症を予防する主要な方法であり、医師との相談の上、計画的に受けるようにする。

(竹下 誠一郎)

表1 感染症の原因による分類

細菌感染症	レンサ球菌（溶連菌、肺炎球菌など）、黄色ブドウ球菌（MRSAなど）、表皮ブドウ球菌、腸球菌、病原性大腸菌（O157など）、結核、コレラ、ジフテリア、赤痢など
ウイルス感染症	インフルエンザ、肝炎ウイルス、後天性免疫不全症候群（AIDS）、エボラ出血熱、黄熱、風邪症候群、狂犬病、サイトメガロウイルス、水痘、風疹、急性灰白髄炎（ポリオ）、麻疹、流行性耳下腺炎など
リケッチア感染症	発疹チフス、ツツガムシ病、日本紅斑熱
クラミジア感染症	トラコーマ、性器クラミジア感染症
真菌感染症	アスペルギルス症、カンジダ症、クリプトコッカス症、白癬菌症など
原虫感染症	アメーバ赤痢、マラリア、トキソプラズマ症など
寄生虫感染症	エキノコックス症、日本住血吸虫症、フィラリア症など
プリオン病	牛海綿状脳症（BSE）、クロイツフェルト・ヤコブ病など

表2 感染症の予防及び感染症の患者に対する医療に関する法律（いわゆる感染症新法）の定義と分類

	定義	主な対応
一類	感染力、罹患した場合の重篤性等に基づく総合的な観点からみた危険性が極めて高い感染症	原則として入院
二類	感染力、罹患した場合の重篤性等に基づく総合的な観点からみた危険性が高い感染症	必要に応じて入院。食品製造等特定業務への就業制限
三類	感染力、罹患した場合の重篤性等に基づく総合的な観点からみた危険性は高くないが、特定の職業への就業によって感染症の集団発生を起こし得る感染症	食品製造等特定業務への就業制限
四類	人から人への感染はほとんどないが、動物、飲食物等の物件を介して感染するため、動物や物件の消毒、廃棄などの措置が必要となる感染症	動物の輸入禁止、輸入検疫
五類	国が感染症発生動向調査を行い、その結果等に基づいて必要な情報を国民や医療関係者等に提供・公開していくことによって、発生・拡大を防止すべき感染症	発生動向の収集把握と情報の提供

表3 いわゆる感染症新法の分類

一類	エボラ出血熱、クリミア・コンゴ出血熱、痘そう、ペスト、マールブルグ病、ラッサ熱、南米出血熱
二類	急性灰白髄炎、ジフテリア、重症急性呼吸器症候群（SARS）、結核
三類	腸管出血性大腸菌感染症、コレラ、細菌性赤痢、腸チフス、パラチフス
四類	E型肝炎、A型肝炎、黄熱、Q熱、狂犬病、炭疽、鳥インフルエンザ（H5N1型については二類感染症の規定を準用する指定感染症の指定がある）、ボツリヌス症、マラリア、野兎病、ウエストナイル熱、エキノコックス症、オウム病、オムスク出血熱、回帰熱、キャサヌル森林病、コクシジオイデス症、サル痘、腎症候性出血熱、西部ウマ脳炎、ダニ媒介脳炎、つつが虫病、デング熱、東部ウマ脳炎、ニパウイルス感染症、日本紅斑熱、日本脳炎、ハンタウイルス肺症候群、Bウイルス病、鼻疽、ブルセラ症、ベネズエラウマ脳炎、ヘンドラウイルス感染症、発しんチフス、ライム病、リッサウイルス感染症、リフトバレー熱、類鼻疽、レジオネラ症、レプトスピラ症、ロッキー山紅斑熱（以上41疾患）
五類	**全数把握**：ウイルス性肝炎（E型及びA型肝炎を除く）、クリプトスポリジウム症、後天性免疫不全症候群、梅毒、アメーバ赤痢、急性脳炎（ウエストナイル脳炎及び日本脳炎を除く）、クロイツフェルト・ヤコブ病、劇症型溶血性レンサ球菌感染症、ジアルジア症、髄膜炎菌性髄膜炎、先天性風疹症候群、破傷風、バンコマイシン耐性黄色ブドウ球菌感染症、バンコマイシン耐性腸球菌（VRE）感染症、麻疹、風疹（以上16疾患） **定点把握**：RSウイルス感染症、咽頭結膜熱、A群溶血性レンサ球菌咽頭炎、感染性胃腸炎、水痘、手足口病、伝染性紅斑、突発性発疹、百日咳、ヘルパンギーナ、流行性耳下腺炎、インフルエンザ（鳥インフルエンザを除く）、急性出血性結膜炎、流行性角結膜炎、性器クラミジア感染症、性器ヘルペスウイルス感染症、尖圭コンジローマ、淋菌感染症、クラミジア肺炎（オウム病を除く）、細菌性髄膜炎（髄膜炎菌性髄膜炎を除く）、ペニシリン耐性肺炎球菌感染症、マイコプラズマ肺炎、無菌性髄膜炎、メチシリン耐性黄色ブドウ球菌感染症、薬剤耐性緑膿菌感染症（以上25疾患）

【文 献】 1) 厚生労働省：感染症の予防及び感染症の患者に対する医療に関する法律.
2) 杉本恒明, 矢崎義雄編著（2007）：内科学, 朝倉書店.

❶ 健康の保持増進

7 栄養・食事と健康

食の欧米化と脂肪摂取

　戦後，日本人の食生活は大きく変化した。穀物中心の低脂肪，低たんぱく，高塩分の食事からいわゆる「食の欧米化」が進み脂肪摂取量が増えてきた。こうした変化は栄養欠乏症や感染症，脳出血の減少などに貢献したが，その一方で肥満症をはじめとした生活習慣病の増加につながっている。

　総エネルギー摂取量に対する脂肪からのエネルギー摂取量を脂肪エネルギー比率（％）という。「日本人の食事摂取基準2005」[1]によると，1～29歳では20％以上30％未満，30～69歳では20％以上25％未満が望ましいとされている。脂肪エネルギー比率は低いほどよいというものではなく，これが低いと脳出血が増えること，相対的な高炭水化物食が高血糖や高中性脂肪につながることなどが指摘され，下限値（20％）が設定されている。一方，高脂肪食は，エネルギー摂取過剰につながりやすい。脂肪は1gあたり9kcalの熱量があり（炭水化物は4kcal），少量でも多くのエネルギーを摂取してしまう。日本人の脂肪エネルギー比率は昭和30年に8.7％であったが，その後増加し続け，現在はほぼ適正な範囲にある（図1）。しかし，個人レベルでみれば上限を超える人も少なくない。

栄養素と食事パターンの課題

1）食塩

　脂肪摂取を控えるには伝統的な日本食が薦められるが，これには食塩が多く含まれやすい。依然として日本人の食塩摂取量は多く（図2），高血圧や胃がんとの関係が指摘されている。血圧を上昇させない食塩摂取量が1日3～5gなどの知見を踏まえつつも，現実的な実行可能性を考慮して男性10g未満，女性8g未満を目標としている（国際的には1日5g未満）。即席めんなどには食塩を多く含むものもあり，これらを摂取する機会の多い人は注意すべきだろう。ナトリウムで表示されることが多いが，これの2.54倍が食塩量になるので計算してみるとよい。

2）カルシウム

　生体内のカルシウムは99％が骨に貯えられ残りが細胞内と血液中にある。骨の材料となるだけでなく細胞機能の維持や筋収縮，血液凝固などにも重要な役割を果たしている。摂取不足は骨粗鬆症の原因となる。日本人はほとんどの栄養素において必要量を充足しているが，カルシウムは依然として目標量を下回っており，高齢者より若年成人のカルシウム不足が際立っている（図3）。

3）鉄

　鉄も不足しがちな栄養素といえる。鉄はヘモグロビンの材料となり不足すると貧血になる。体内でくり返し使われ体外への排泄量は1日におよそ1mgと少ないが，女性はこれに月経血として失われる分（0.5mg）が加わる。鉄は吸収率が悪いので排泄量の6～8倍を摂取する必要があり，推奨量は成人男性で1日7.5mg，成人女性で月経なしの場合6.5mg，月経ありの場合10.5mgである。鉄摂取量は低下傾向にあり，若年成人女性の鉄摂取が不足している（図4）。

4）朝食欠食

　子どもの朝食欠食が話題となることが多いけれども，朝食欠食率が高いのは20歳代でひとり暮らしの人である（図5）。朝食欠食はエネルギー摂取不足と栄養の偏りをともなう可能性があることも問題だが，夜型の生活をはじめとした不健康な生活習慣が背景にある点にも注意すべきだろう。

食育基本法

　日本人のさまざまな「食」に関わる問題を踏まえて，平成17年7月に食育基本法が施行された。前文では，「食育」を「生きる上での基本であって，

知育，徳育および体育の基礎となるべきもの」とし，国民の「食」に関する考え方を育て健全な食生活を実現することが求められる，としている。これを受けて平成18年3月に食育基本計画が策定され，食育に関心を持っている国民の割合を高める（90%），朝食を欠食する国民の割合を少なくする（15%），内臓脂肪症候群を認知している国民の割合を高める（80%），などの具体的数値目標が示されさまざまな取組みが行われている。また，「食事バランスガイド」(http://www.j-balanceguide.com/shokuiku/) が作られているので，各自の食事内容を見直してみるとよい。

(松坂 晃)

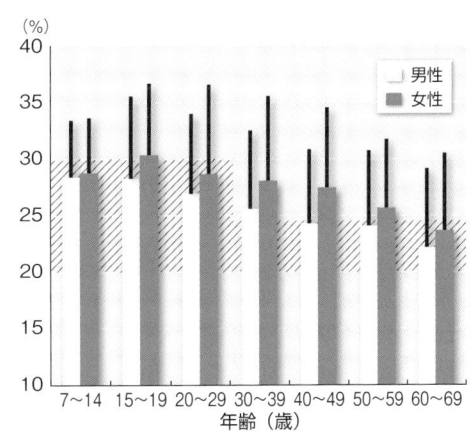

図1　年齢別にみた脂肪エネルギー比率（平均値と標準偏差）斜線部は目標量を示す．
文献2）をもとに作図

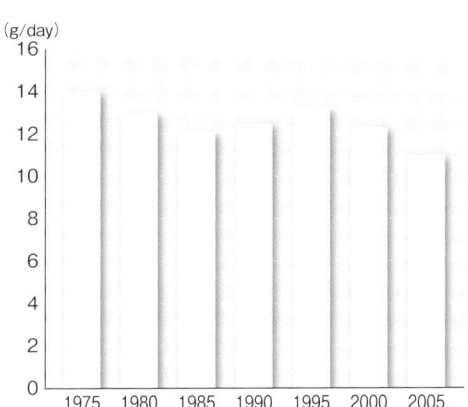

図2　食塩摂取量の年次推移（1人1日当たり）
文献2）をもとに作図

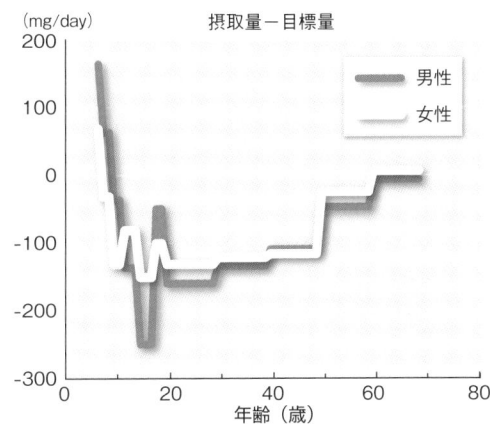

図3　性別・年齢別にみたカルシウム不足量
文献1）と2）をもとに作図

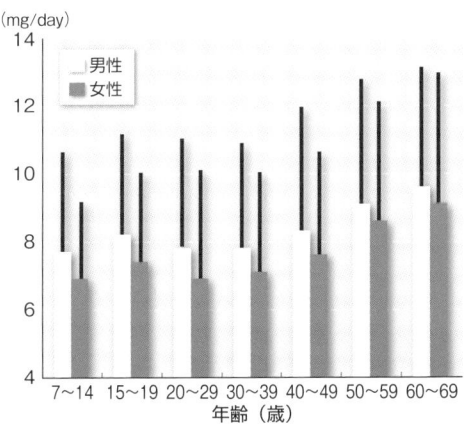

図4　年齢別にみた鉄摂取量（平均値と標準偏差）
文献2）をもとに作図

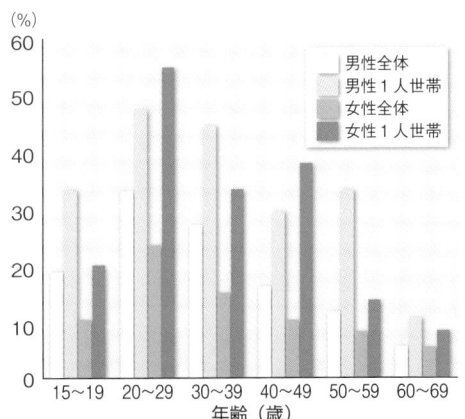

図5　朝食を食べない人（菓子，果物，錠剤のみを含む）の割合
文献2）をもとに作図

【文　献】1）第一出版編集部編（2005）：厚生労働省策定　日本人の食事摂取基準（2005年版），第一出版．
　　　　2）健康・栄養情報研究会編（2008）：国民健康・栄養の現状－平成17年厚生労働省国民健康・栄養調査報告より－，第一出版．

1 健康の保持増進

8 睡眠・休養と健康

日本人の睡眠時間

NHK国民生活時間調査によると，日本人の平日の睡眠時間は1960年の8時間13分から2005年の7時間22分へ減少した（図1）。これにはテレビの普及や産業構造の変化，情報化，グローバル化などにともなう24時間型社会への移行が背景にある。もっとも，日曜日の睡眠時間は1960年の8時間31分から2005年の8時間14分へとそれほど短縮していないことから，生理的な睡眠欲求自体は変わっていないと思われる。諸外国に比べても日本人の睡眠時間は短く，日本人は寝不足状態で仕事に励んでいるといえそうである。

睡眠には大脳の休息，からだの修復，エネルギーの節約などの働きがあり，睡眠不足は不健康な生活習慣のひとつといえる。

睡眠段階

睡眠中の脳波，眼球運動，筋電図などの同時記録から眠りの深さ（睡眠段階）を調べることができる。脳波の周波数や振幅などから段階1～4に分けられ，1と2はウトウトとした浅い眠り，3と4はグッスリとした深い眠りである（これを徐波睡眠と呼ぶ）。さらに，脳波上は浅い睡眠状態にあるにもかかわらず，筋緊張が低下してグッタリとし，しかも眼球がキョトキョトと動く状態があり，これをレム睡眠という（レムはrapid eye movementsの頭文字）。

対比的に段階1～4をノンレム睡眠とよび，一夜の睡眠中にノンレム睡眠とレム睡眠がおよそ90分周期で4～5回繰り返される。段階1＋2が56％，段階3＋4が18％，レム睡眠が25％くらいの割合で出現するが，徐波睡眠（段階3＋4）は睡眠前半に，レム睡眠は後半に多い。また，高齢者になると徐波睡眠が減り中途覚醒が増え，睡眠の効率が悪くなる（図2）。

適正な睡眠時間

最適な睡眠時間には個人差があり，一律には規定できない。睡眠時間の平均値は7時間半くらいだが，6時間以下の人もいれば9時間以上の人もいる。前者を短眠型，後者を長眠型とすると，短眠型は長眠型より中途覚醒や睡眠段階1と2（ウトウト眠り）が少なく，徐波睡眠（グッスリ眠り）の長さには差がないという。すなわち，短眠型は効率よく睡眠をとっており，質的にグッスリ眠れるなら量的に短くとも問題はないと考えられている。

しかし，最近，気になる事実がわかってきた。睡眠時間の短い人は肥満やメタボリック症候群になりやすいというのである。表面的に相関関係があるというだけでなく，睡眠時間を短くするとレプチンやグレリンというホルモンを介して食欲が亢進するらしい。また，インスリンの効きも悪くなる。

時代とともに睡眠時間が減少してきたことと肥満が増加してきたことが鏡像的に一致するといわれる。やはり，安易に睡眠時間を削ることは喫煙，過食，運動不足といった不健康な生活習慣と同義とみなさなければならないようである。なお，こうした睡眠時間短縮の影響は子どもの方が大きく，子どもの就寝時刻が遅くなっていることを見直すべきだろう。

概日リズム

ヒトの生理機能には24時間周期のリズムがある。体温は起床前にもっとも低く午後から夕方にかけてもっとも高くなる。睡眠・覚醒も24時間周期で繰り返されている。ところが，外界から遮断され時刻の手がかりがまったくない環境におかれると25時間周期になるという。この25時間周期の体内時計を地球の自転に同調させる手がかりは光と社会的接触といわれ，午前中の光や社会的接触は位相を前進させ元々の25時間時計をリセットして24時間のリズムに同調させる働きがあ

る。一方，夜の光は時計を遅らせる効果があるらしく，現代の光にあふれた日没後の生活活動は質のよい睡眠をとるには望ましくないだろう。早起きして午前中に光を浴び，適度に運動し，体温の下降期に床につくと入眠しやすい。昼夜逆転のような状況下での睡眠は，ノンレム睡眠とレム睡眠からなる睡眠構造が崩れて質の悪い睡眠になってしまう。睡眠の長さばかりでなく，睡眠のタイミングにも健康づくりの鍵があるといえよう（**表1**）。

（松坂 晃）

表1 健康づくりのための睡眠指針 〜快適な睡眠のための7箇条〜
健康づくりのための睡眠指針検討会報告書（平成15年3月）　http://www.mhlw.go.jp/shingi/2003/03/s0331-3.html

1	快適な睡眠でいきいき健康生活	・快適な睡眠で，疲労回復・ストレス解消・事故防止 ・睡眠に問題があると，高血圧，心臓病，脳卒中など生活習慣病のリスクが上昇 ・快適な睡眠をもたらす生活習慣 　〜定期的な運動習慣は熟睡をもたらす 　〜朝食は心と体のめざめに重要，夜食はごく軽く
2	睡眠は人それぞれ，日中元気はつらつが快適な睡眠のバロメーター	・自分にあった睡眠時間があり，8時間にこだわらない ・寝床で長く過ごしすぎると熟睡感が減る ・年齢を重ねると睡眠時間は短くなるのが普通
3	快適な睡眠は，自ら創り出す	・夕食後のカフェイン摂取は寝付きを悪くする ・「睡眠薬代わりの寝酒」は，睡眠の質を悪くする ・不快な音や光を防ぐ環境づくり，自分にあった寝具の工夫
4	眠る前に自分なりのリラックス法，眠ろうとする意気込みが頭をさえさせる	・軽い読書，音楽，香り，ストレッチなどでリラックス ・自然に眠たくなってから寝床に就く，眠ろうと意気込むとかえって逆効果 ・ぬるめの入浴で寝付き良く
5	目が覚めたら日光を取り入れて，体内時計をスイッチオン	・同じ時刻に毎日起床 ・早起きが早寝に通じる ・休日に遅くまで寝床で過ごすと，翌日の朝がつらくなる
6	午後の眠気をやりすごす	・短い昼寝でリフレッシュ，昼寝をするなら午後3時前の20〜30分 ・夕方以降の昼寝は夜の睡眠に悪影響 ・長い昼寝はかえってぼんやりのもと
7	睡眠障害は，専門家に相談	・睡眠障害は，「体や心の病気」のサインのことがある ・寝付けない，熟睡感がない，充分眠っても日中の眠気が強い時は要注意 ・睡眠中の激しいいびき，足のむずむず感，歯ぎしりも要注意

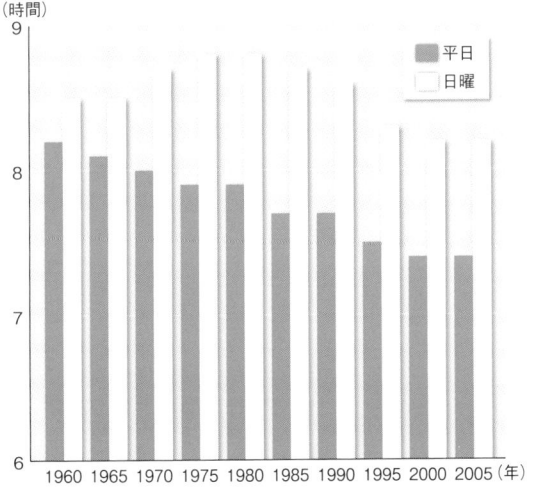

図1　睡眠時間の年次推移
文献1）をもとに作図

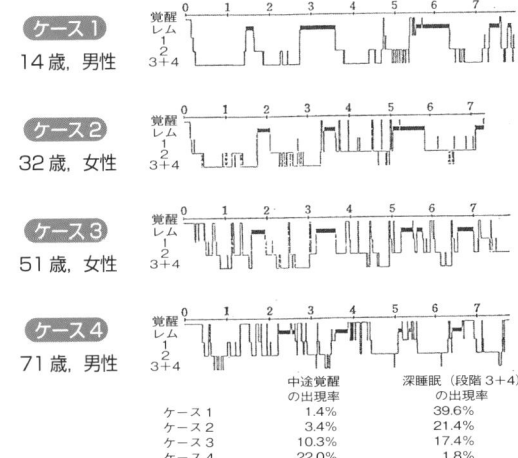

図2　加齢にともなう睡眠構造の変化
文献2）より引用

【文 献】　1）NHK放送文化研究所編（2002, 2006）：日本人の生活時間2000および2005，日本放送出版協会．
　　　　　2）日本睡眠学会編（1994）：睡眠学ハンドブック，pp.38，朝倉書店．

9 飲酒と健康

アルコール消費量

　日本人成人1人あたりのアルコール消費量は純アルコールに換算して毎日30mlであり，この量は日本酒1合，ビール大瓶1本，ウイスキーダブル1杯に相当する。ふだんお酒を飲んでいる人のうち，1日2合以上飲む人の割合は男性で35%，女性では15%を数える。お酒は適量であれば『酒は百薬の長』のごとく，むしろ健康にとって有益である場合も多い。しかし，多量飲酒が続くとアルコール性肝臓病，膵臓病，高血圧などのさまざまな身体的な健康障害を引き起こすばかりでなく，アルコール依存症，アルコール性精神病などの精神的な健康障害を生じる。

アルコールの代謝

　アルコールは図1に示すように主に肝臓のアルコール脱水素酵素（ADH），ミクロゾームエタノール代謝系（MEOS）によりアセトアルデヒドに代謝される。アセトアルデヒドはアセトアルデヒド脱水素酵素（ALDH）により酢酸に代謝される。肝臓におけるアルコールの代謝速度は，体重1kgあたり約0.1〜0.15g/hrである。したがって，体重が60kgであれば1時間あたり6〜9gのアルコールが分解されることになる。アルコール含有量は，酒量にアルコールの比重0.8と度数（%）を掛け合わせて求められる。アルコール濃度が15%の清酒を1合（180ml）飲んだとすると，そのなかのアルコール含有量は $180 \times 0.8 \times 0.15 = 22g$ であるので，3〜4時間で代謝される計算になる。図2に日本酒1合に相当するアルコール飲料を示す。

急性アルコール性障害　イッキ飲み

　アルコールには麻酔作用があり，血中濃度の上昇とともに大脳新皮質から辺縁系，小脳，脳幹と抑制されていく。表1に血中アルコール濃度と酩酊程度を示した。1合の酒ではほろ酔い程度であるが，酒量が増加すると泥酔状態となる。大学生の新入生歓迎コンパなどでお酒をたしなんだことのない学生が，イッキのみをすると急激に血中アルコール濃度が高まり，脳幹部が抑制されて死亡に至ることがある。とくに，日本人の半数はアセトアルデヒドを代謝する酵素が欠損しており，毒性の強いアセトアルデヒドが体内に貯留する危険が大きい。イッキ飲みにより，1986年から1997までの12年間に73人の死亡者が出ている。「イッキ飲み防止連絡協議会」では，命を救う4回のチャンスとして①イッキはさせない，②酔いつぶれたひとを絶対1人にしない，③横向きで自然に吐かせる，④おかしいと思ったらためらわずに救急車を，を提唱している。

アルコール性肝障害

　アルコール性肝障害は組織学的所見にもとづき，脂肪肝，肝線維症，アルコール性肝炎，肝硬変に分類されている。（文部省科研費総合研究 アルコールと肝 研究班の診断基準）脂肪肝，アルコール性肝線維症では特異的な症状を認めず，検査所見でもGOT，GPTの軽度上昇，γGTP，Al-Pの上昇がみられる程度である。病型診断は原則として肝生検を施行して決めるが，脂肪肝は超音波検査で診断が可能である。アルコール性肝炎では臨床的診断基準が参考となる。肝硬変も臨床症状及び肝硬変にともなう諸所見（食道静脈瘤，脾腫，腹水）などから診断される。アルコール性肝障害の診断にあたっては，毎日平均3合以上の飲酒を，少なくとも5年以上続けているという常習飲酒歴にまず着目するとともに，自・他覚症状や肝機能障害が禁酒によく反応するという特徴をよく把握することが大切となる。

アルコール依存症

　アルコール消費量の増加に比例してアルコール

精神病やアルコール依存症の患者も増加する傾向を示している。平成17年の患者調査によると、アルコール精神病が2,400名、アルコール依存症が16,700名、あわせて19,100名であった。

アルコール依存症とは、飲酒行動の制御ができなくなった状態である。飲酒量は増加の一途をたどる。そして酒がきれるといらいらしたり、眠れなくなったり、手が震えたりする離脱症状（禁断症状）が出現するようになる。幻覚やけいれんが出現することもある。この離脱症状は、断酒後すぐではなく48時間以内に出現することが多いが、不快で苦痛な症状を回避するために再飲酒をしてしまう。アルコール依存症では、高頻度に中枢神経障害や末梢神経障害も見られる。ウェルニッケコルサコフ症候群では健忘症が見られ、前後の話のつじつまをあわせるために作話をする。

アルコール依存症の診断基準として、ICD-10（WHOによる国際疾病分類）やDSM-IV-TR（米国精神医学会による精神疾患の分類と診断の手引）が利用されている。問題飲酒をスクリーニングし、依存症を早期に発見するために、いくつかのスクリーニングテストが臨床の場で使用されている。スクリーニングにより依存症の可能性が強く疑われる場合には速やかに精神科専門医の受診を勧める。

（宮川八平・松坂 晃）

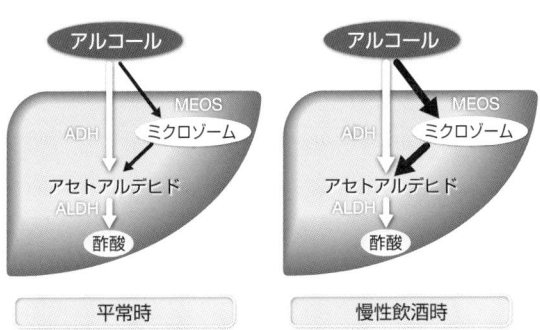

図1　アルコールの代謝

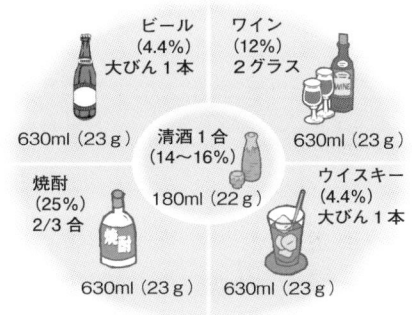

図2　日本酒1合に相当するアルコール飲料

表1　アルコール血中濃度（アルコール健康医学協会より）

血中濃度 %	ビール	日本酒	ウイスキー	酔いの状態
爽快期 0.02〜0.04	〜1本	〜1合	シングル〜2杯	さわやかな気分になる、皮膚が赤くなる、陽気になる、判断力が少しにぶる
ほろ酔い期 0.05〜0.10	1〜2本	1〜2合	シングル3杯	ほろ酔い気分になる、手の動きが活発になる、抑制がとれる（理性が失われる）、体温が上がる、脈が速くなる
酩酊初期 0.11〜0.15	3本	3合	ダブル3杯	気が大きくなる、大声でがなりたてる、怒りっぽくなる、立てばふらつく
酩酊期 0.16〜0.30	4〜6本	4〜6合	ダブル5杯	千鳥足になる、何度も同じことをしゃべる、呼吸が速くなる、吐き気・嘔吐がおこる
泥酔期 0.31〜0.40	7〜10本	7合〜1升	ボトル1本	まともに立てない、意識がはっきりしない、言語がめちゃめちゃになる
昏睡期 0.41〜0.50	10本以上	1升以上	1本以上	ゆり動かしても起きない、大小便はたれ流しになる、呼吸はゆっくりと深い。死亡

【文　献】1）国民健康・栄養調査（2007）：厚生の指標　2007年・特別編集号, 54（16）.
2）融　道男他（監訳）（2004）：ICD10 精神および行動の障害—臨床記述と診断ガイドライン, pp86-88, 医学書院.
3）高橋三郎他（訳）（2002）：DSM-IV-TR — 精神疾患の診断・統計マニュアル, pp210-220, 医学書院.
4）宮川八平, 佐藤千史（1997）：アルコールと肝臓病　からだの科学　192：32-35.

❶ 健康の保持増進

10 喫煙と健康

喫煙の現状

　国民健康・栄養調査によれば，日本の成人男性の喫煙率はしだいに低下傾向を示しており，平成17年には39.3%となり40%を切った（図1）。成人女性の喫煙率は横ばいで平成17年には11.3%であったが，20歳代の女性の喫煙率は平成9年には13.0%だったものが平成17年には16.4%と増加している。

　2000〜2002年の喫煙率の国際比較（図2）では，日本の男性は，アメリカ（25.7%）やイギリス（28%）に比べて依然として高い傾向にある。平成16年の喫煙実態調査では，中学・高校生の喫煙率は学年が上がるにつれて上昇する（高校3年男子21.7%，女子9.7%）が，平成12年の調査に比べると減少傾向を示した。

タバコの有害成分

　タバコの煙には4,000種類の化学物質が含まれ，そのうち有害成分は200種類以上あると言われている。ニコチン・タール・一酸化炭素は3大有害物質といわれている。ニコチンは猛毒で経口致死量は体重1kgに対して約1mgといわれ，とくに小児にとっては危険である。また，ニコチンには血管収縮作用があり，血流が悪化して動脈硬化が促進される。タールには発がん性物質が数十種類も含まれている。一酸化炭素は赤血球中のヘモグロビンと結合して酸素運搬を妨害するため，冠状動脈や脳血管の動脈硬化が促進される。

　喫煙者が吸い込む煙を主流煙，喫煙者が吐き出されたものを呼出煙，タバコの火先から出ている煙を副流煙と呼ぶ。喫煙者が主流煙を吸うことを能動喫煙，非喫煙者が環境たばこ煙（副流煙＋呼出煙）を吸い込むことを受動喫煙と呼ぶ。副流煙の有害物質含有量は主流煙よりも多いとされ，喫煙者の周囲にいる非喫煙者は受動喫煙によって健康障害を被る危険性がある。

喫煙の健康への影響

　喫煙を個人的趣味・嗜好の問題と弁明する向きもあるが，喫煙は"喫煙病（依存症＋喫煙関連疾患）"という全身疾患であり，喫煙者は"患者"という認識がなされている（日本循環器学会など9学会の合同研究班）。最近の研究では，タバコがやめられないのは心理的依存と，ニコチンに対する身体的依存より成り立つ「依存症の一型」であるという認識になってきた。WHO（世界保健機関）も，タバコは依存性のある薬物として認定している。動物実験などの知見からも，ニコチンは明らかな依存性を持つことが知られている。ニコチンは中枢神経のドパミン神経系を活性化するため，一時的に中枢神経系を興奮させて快楽感覚や覚醒作用が得られる。このような薬理作用は，覚醒剤など依存性を有する他の薬物と共通である。ニコチン摂取を長期間続けると，ニコチンに対する耐性（慣れにより摂取量が増加）が生じて離脱症状（イライラ，頭痛などの禁断症状）を引き起こし，喫煙への渇望が生じる。

喫煙による発がん性

　タバコの煙が直接かかる臓器（口腔，喉頭，肺，食道）のがんの罹患率が高まる。とくに本邦の肺がんによる死亡率は年々増加傾向を示しており，現在では日本人の悪性新生物の死亡数の死因の1位（男：1位，女：3位）を占める。喫煙が人体に与える影響は，それまでに吸い込んだタバコの煙の総量と密接に関係する。総量を割り出すには，喫煙指数（ブリンクマン指数＝1日の喫煙本数×喫煙年数）がよく用いられている。400（1日1箱×20年）以上で肺がんが発生しやすい状況になり，600以上の人は肺がんの高度危険群，1,200以上で喉頭がんの危険性が極めて高くなるといわれている。その他，喫煙によって，肝臓がん，胃がん，膵臓がん，膀胱がん，子宮がん（女性）な

どのリスクも高まるとされている（図3）。また，受動喫煙が肺がんを引き起こすことも，今日までに多数の研究によって証明されている。たとえば，喫煙夫を持つ非喫煙妻の肺がん発生率は非喫煙夫を持つ場合に比べて高くなり，そのリスクは受動喫煙量に相関する。

喫煙によるその他の健康障害

喫煙は，がん以外のさまざまな疾患も引き起こすとされ，虚血性心疾患（狭心症，心筋梗塞），脳血管疾患（脳出血，脳梗塞，クモ膜下出血），慢性気管支炎や肺気腫などの慢性閉塞性肺疾患（COPD），胃・十二指腸潰瘍，歯周病などとも深い関係がある（図3）。妊娠中の喫煙は，流産，早産，胎児の発育障害（低出生体重児），先天異常，新生児死亡のリスクを高める。さらに，小児は受動喫煙の影響を受けやすく，家庭内の保護者の喫煙によって喘息様気管支炎や気管支喘息にかかりやすくなるとされる。

喫煙に対する対策

WHOでは，喫煙を「病気の原因の中で，予防できる最大にして唯一の原因」として，タバコ包装への警告表示の義務づけ，広告規制，若年者の喫煙対策，公的場所での喫煙規制など喫煙者（未成年も含めて）に対する対策と非喫煙者を守るための対策などを強力に各国政府に働きかけている。日本でも受動喫煙被害防止の流れを受けて健康増進法が平成15年に施行され，その第25条では多数の者が利用する施設の管理者は受動喫煙の防止措置を講ずるように定められている。

（竹下　誠一郎）

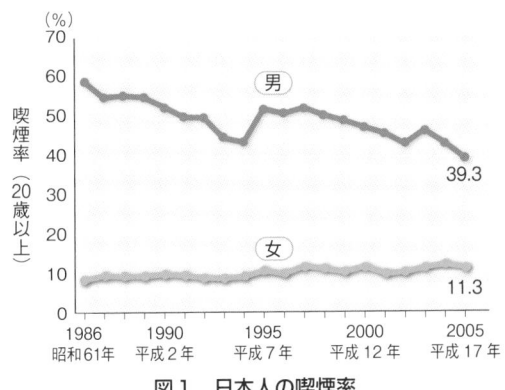

図1　日本人の喫煙率
（国民衛生の動向2007　厚生統計協会編）

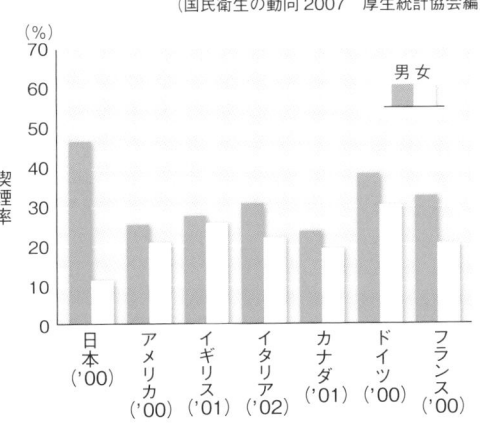

図2　先進国の喫煙率の比較
（国民衛生の動向2007　厚生統計協会編）

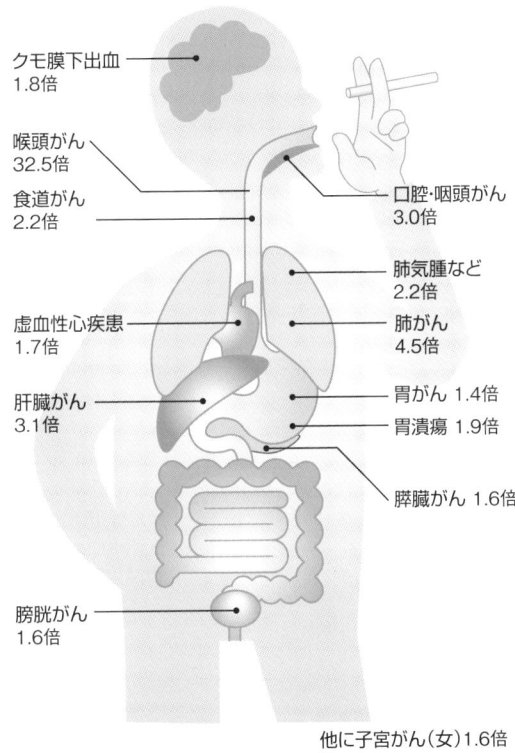

図3　非喫煙者（1.0）と比較した喫煙者の死亡率（男性）
病態生理7：695-705，1988

【文　献】　1）国民衛生の動向2006　厚生統計協会編．
　　　　　2）図説国民衛生の動向2007　厚生統計協会編．

11 貧血

貧血の定義と分類

血球単位容積あたりの血色素（ヘモグロビン，以下 Hb）量の減少」と定義され，WHO（世界保健機関）の基準によると小児（6歳未満）および妊婦では11g/dl 未満，小児（6〜14歳）および成人女性では12g/dl 未満，成人男性では13g/dl 未満が貧血の指標とされる。

貧血の分類

赤血球の寿命は120日で生理的に崩壊するので，人体の血球数を一定に保つためには常に新たな赤血球産生が必要である。赤血球は主に骨髄において産生されるが，未分化な造血幹細胞から赤芽球前駆細胞を経て赤芽球となり，網（状）赤血球に成熟して末梢血に放出される。この過程には鉄，ビタミン，葉酸などが必要であり，造血因子としてエリスロポエチンの刺激が必須である。赤血球の産生と崩壊もしくは喪失とのバランスが崩れて負に傾くと貧血を生じる。一般に，貧血は原因別に以下のように分類される。

1) **出血**：急性出血（外傷，消化性潰瘍，子宮外妊娠など），慢性出血（痔，性器出血，血尿など）
2) **赤血球の産生低下**：骨髄機能障害（再生不良性貧血など），必須物質の欠乏（鉄欠乏性貧血，悪性貧血など）
3) **赤血球の破壊の亢進**：溶血（遺伝性球状赤血球症，自己免疫性溶血性貧血，不適合輸血など）

体内の鉄の動態

健常人の生体内鉄量は3.0〜4.0gであり，その約2/3はHb鉄として赤血球中にあり，約1/4はフェリチンやヘモジデリンなどの貯蔵鉄として肝臓や脾臓に存在する（図1）。その他の少量の鉄が，ミオグロビンやチトクロームCなどの組織鉄として存在する。血清鉄は，運搬蛋白であるトランスフェリンに結合して存在するが体内鉄に占める割合は少ない。ヘモグロビン合成に利用される鉄は20〜30mg/日であるが，このうち大部分は寿命により破壊された赤血球由来の貯蔵鉄から供給される。汗・尿・便等から排泄によって1日に約1mgの鉄が失われる。通常食事に含まれる鉄量は10〜20mgで，このうち1mgが十二指腸や空腸上部から吸収されて体内のバランスを保っている。女性は，月経や妊娠および授乳などによってさらに多くの鉄が喪失して需要も増大する。

鉄欠乏性貧血

生体内の鉄欠乏によりHb合成が障害されて起こる貧血であり，生体内の鉄の需要が供給を上回ったときに生じる。鉄の供給不足の原因として，極端な偏食やダイエット，鉄吸収不全があげられる。鉄需要が増加する原因としては出血，妊娠・出産・授乳，成長，溶血などが挙げられる。とくに成人女性では月経の出血に伴う鉄欠乏性貧血の割合が高い。その他，消化管からの出血（ポリープ・潰瘍・痔核・癌など）や婦人科疾患（子宮筋腫など）に伴うことが多い。

鉄欠乏があるからといって，ただちに貧血を生じるわけではない。まず貯蔵鉄が減少し潜在的鉄欠乏状態になるが，この段階では貧血症状は出ない（図1）。進行すると貯蔵鉄が枯渇して同時に血清鉄も減少してくる。さらに貧血が高度になると，貯蔵鉄は消失して組織鉄の減少も伴うようになる。

貧血の一般的な症状として，易疲労感，息切れ，動悸，立ちくらみ，頭重感，寒さへの抵抗の減弱などがあげられるが，重症になると心不全の原因にもなりうる。大量出血などで急速にHbが下がった時には10g/dlでも症状が出るが，慢性に進行した場合には7g/dl程度でも自覚症状に乏しいことも少なくない。身体所見として，皮膚・粘膜・爪の蒼白，舌炎，口角炎，嚥下障害，爪の変形，月経異常などを認める。

治療としては，鉄欠乏の原因や基礎疾患のある場合にはその除去や治療が優先されるが，一般的には鉄剤の投与が有効である。鉄欠乏性貧血の予防としては，バランスの良い食事によって鉄の補給に努めることが大切である。日本人の鉄の食事摂取基準（mg/日）を表1に示した。食品に含まれる鉄には，肉や魚などの動物性食品に多いヘム鉄と野菜や穀類などに含まれる非ヘム鉄がある。非ヘム鉄は食物繊維やタンニンなどによって吸収阻害を受けるので，鉄吸収率はヘム鉄を含む動物性食品の方が良いことが知られている。鉄を多く含む食品としては，レバー，牛肉，マグロ（赤身），カツオ，貝類（アサリ，シジミ），ひじき，ほうれん草，ごま，豆類（豆腐，納豆）などがあげられる。

運動と貧血

スポーツが原因で起こる貧血をスポーツ貧血といい，比較的ハードな運動を継続する選手に起こりやすい。鉄は汗や尿および便を通じて体外に排泄されるが，とくに運動選手の場合には発汗量が増加して多くの鉄が失われる。また，陸上競技・バレーボール・バスケットボールのように足底へ繰り返し衝撃がかかるスポーツでは，毛細血管内の赤血球が破壊されるため溶血性貧血が起こりやすい。さらに成長期の女子選手では，月経による失血が加わって貧血を増長する。スポーツ選手が貧血になると，赤血球の酸素運搬に支障をきたすため，持久力などの運動能力が低下する。したがって，スポーツ選手の体調管理には，貧血の有無を適切に把握するとともに，鉄の十分な供給が必要である。

（竹下 誠一郎）

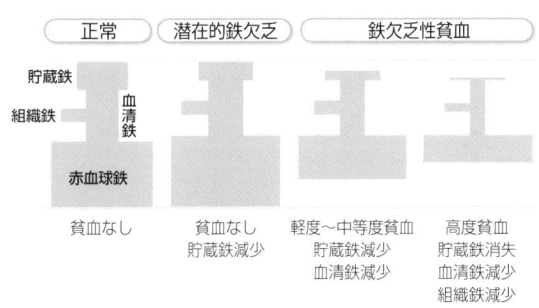

図1　生体内における鉄の分布と鉄欠乏性貧血への進行

表1　鉄の食事摂取基準（mg/日）[1]（日本人の食事摂取基準2005年版，厚生労働省）

性別	男性				女性					
					月経なし[2]		月経あり			
年齢	推定平均必要量	推奨量	目安量	上限量	推定平均必要量	推奨量	推定平均必要量	推奨量	目安量	上限量
0〜5（月）母乳栄養児	—	—	0.4	—	—	—	—	—	0.4	—
人工乳栄養児	—	—	7.7	—	—	—	—	—	7.7	—
6〜11（月）	4.5	6.0	—	—	4.0	5.5	—	—	—	—
1〜2（歳）	4.0	5.5	—	25	3.5	5.0	—	—	—	20
3〜5（歳）	3.5	5.0	—	25	3.5	5.0	—	—	—	25
6〜7（歳）	5.0	6.5	—	30	4.5	6.0	—	—	—	30
8〜9（歳）	6.5	9.0	—	35	6.0	8.5	—	—	—	35
10〜11（歳）	7.5	10.0	—	35	6.5	9.0	9.5	13.0	—	35
12〜14（歳）	8.5	11.5	—	50	6.5	9.0	9.5	13.5	—	45
15〜17（歳）	9.0	10.5	—	45	6.0	7.5	9.0	11.0	—	40
18〜29（歳）	6.5[3]	7.5[3]	—	50	5.5[3]	6.5[3]	9.0[3]	10.5[3]	—	40
30〜49（歳）	6.5	7.5	—	55	5.5	6.5	9.0	10.5	—	40
50〜69（歳）	6.0	7.5	—	50	5.5	6.5	9.0	10.5	—	45
70以上（歳）	5.5	6.5	—	45	5.0	6.0	—	—	—	40
妊婦（付加量）					+11.0	+13.0	—	—	—	—
授乳婦（付加量）					+2.0	+2.5	—	—	—	—

1. 過多月経（月経出血量が80mL/回以上）の者を除外して策定した。
2. 妊婦ならびに授乳婦で用いる。
3. 前後の年齢階級における値を考慮して値の平滑化を行った。

【文　献】 1）杉本恒明，矢崎義雄編著（2007）：内科学，朝倉書店.
　　　　　 2）厚生労働省：日本人の食事摂取基準（2005年版）.

1 健康の保持増進

12 性感染症・HIV／エイズ

性感染症とは

性感染症とは，性行為により感染する病気の総称である。以前は「性病」と表現されていたが，「性行為感染症」さらに「性感染症」へと変わった。

性感染症は，STD (Sexually Transmitted Diseases)，STI (Sexually Transmitted Infections)と表現されることがある。この中には，HIV (Human Immunodeficiency Virus：ヒト免疫不全ウィルス)／AIDS (Acquired Immuno - Deficiency Syndrome：後天性免疫不全症候群)も含まれるが，感染している状況・感染症 (Infection)は必ずしも発病・病気 (Disease)であることを意味しないため，WHOはSTIの表現を採用している。

性感染症には，性器クラミジア感染症，淋菌感染症，性器ヘルペスウイルス感染症，尖圭コンジローマ（尖形コンジロームから変更），梅毒，HIVなどが含まれる。

性感染症の動向

これらの病気は感染症法（感染症の予防及び感染症の患者に対する医療に関する法律：平成11年施行）に基づき，各自治体の保健所に届けられる医療機関からの患者発生報告により動向や患者の年代分布が把握されている。性感染症は，5類感染症定点把握疾患である[1]。性感染症の発生動向は増加傾向にあり，なかでも性器クラミジア感染症の発生が多いことがわかる（表1）[2]。

性器クラミジア感染症

成人では性行為により感染するが，新生児は母親からの産道感染により感染する。クラミジア感染は男女ともに性的活動の活発な若年層に多いが，とくに女子ではその傾向が高く，24歳以下では男性患者数を上回っている（図1）。

男性では症状として尿道炎がもっとも多く，排尿痛，尿道不快感，掻痒感などの自覚症状が出るため泌尿器科を受診し，診断治療にいたるケースが多い。その反対に，女性では感染を受けても自覚症状に乏しいため，診断治療に至らないことも多く，無自覚のうちに男性パートナーや出産児に感染させることもある。

女性は，クラミジア感染により，子宮頸部がんのリスクが3倍になる。また，女性の場合，クラミジアや淋菌は感染すると，子宮頸部から上に上がっていき，その先で炎症をおこすこともある。そのため，子宮内膜の炎症や卵管の炎症につながり，流産や早産，不妊症の原因になることもある。

HIV／AIDS[3]

諸外国に比べて日本では，男性を中心に国内での性的接触を推定感染経路とするHIV感染者，エイズ患者が増加している（図2）。感染経路では男性の同性間性的接触による感染例の増加が著しく，特に15歳から49歳までのHIV感染者では感染例が70％を超えている。

AIDS患者では，30歳代，40歳代を中心とした中高年齢層での報告に加え，60歳以上の年齢層でも増加傾向がみられる。その中でも20歳代，30歳代の男性の若い年齢層の増加がみられる。

性感染症の予防

性感染症にはコンドームで確実に予防できるHIV，クラミジア，淋病のような病原体もあれば，コンドームがあまり有効ではない尖圭コンジローマ，梅毒，コンドームが無効なヘルペス，疥癬もある。セイファーセックスの3つの行動が予防にとって重要である（表2）。

実際に会ったことのない，パートナーの元カノ，元カレが性感染症にかかっていただけで感染の危険は十分にある。そのため，過去1年間の性交人数とクラミジア感染率は，性交相手の人数が多いほど感染率は上がる[4]。現在のパートナーとの間だ

けで感染が起きるのではないといえる。また，コンドームの使用とクラミジア感染率も関連があり，コンドームを必ず使うものほど感染率は低い[4]。

性感染症は，性行為によってうつしうつされる感染症である。そのため，自分だけが治療をしても，相手が菌を持っているとまたすぐうつされてしまい感染することになる。このようなピンポン感染（お互いにうつし，うつされを繰り返すこと）を防ぐためにも，パートナーと一緒に検査と治療を受ける必要がある。

（河田史宝）

表1　年別性感染症患者発生状況

患者報告数

男	1999*	2000	2001	2002	2003	2004	2005	2006	2007
性器クラミジア感染症	11,007	15,856	17,497	18,284	17,725	16,533	15,220	13,909	13,176
性器ヘルペスウイルス感染症	2,975	3,907	3,957	4,074	4,075	3,874	4,129	4,311	3,757
尖圭コンジローマ	1,820	2,511	2,814	3,044	3,299	3,628	3,795	3,547	3,472
淋菌感染症	10,115	14,196	17,205	17,591	16,170	14,299	12,374	10,236	9,104

女	1999*	2000	2001	2002	2003	2004	2005	2006	2007
性器クラミジア感染症	14,026	21,172	23,339	25,482	24,220	21,622	19,837	18,203	16,763
性器ヘルペスウイルス感染症	3,591	5,039	5,357	5,592	5,757	5,903	6,129	6,136	5,466
尖圭コンジローマ	1,370	2,042	2,364	2,657	2,954	2,942	2,998	2,873	2,725
淋菌感染症	1,732	2,730	3,457	4,330	4,527	3,127	2,628	2,232	2,053

*：4〜12月　　（感染症発生動向調査：2008年5月17日現在報告数）

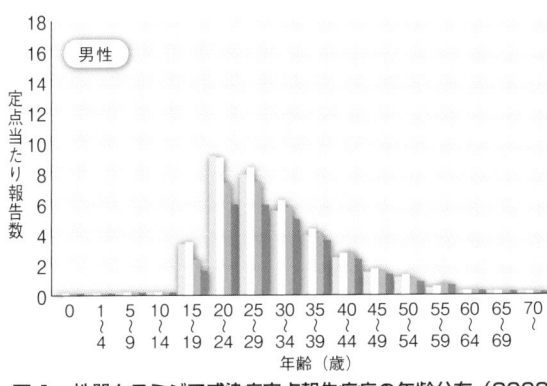
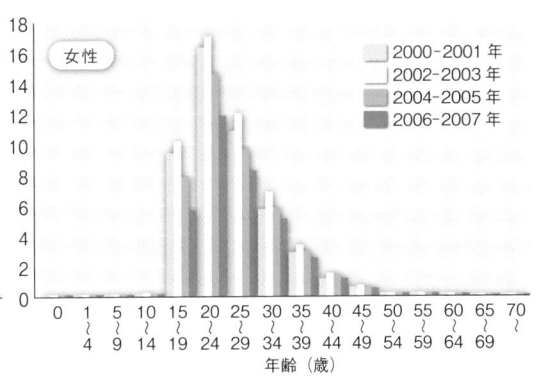

図1　性器クラミジア感染症定点報告疾病の年齢分布（2000〜2007年）（感染症発生動向調査：2008年5月17日現在報告者数）

表2　セイファーセックス

「No sex：セックスをしない」
　性行為による感染予防でもっとも大切なことは危険な性行為をしないことである。

「Steady sex：セックスの相手は一人」
　信頼できるパートナーと1対1の関係を保ち続けること。

「Safer sex：コンドームをつける」
　信頼できるパートナーが現れるまでNo sex が理想であるが，そのような理想的状況が得られない場合，次のような点に注意し，安全な性行為を心がける。
・パートナーを選ぶ（複数のパートナーをもつ人，同性愛の男性，売買春をする人，麻薬のまわし打ちをする人などとの性行為は感染リスクが高い）
・複数のパートナーをもたない
・コンドームを適切に用いる
・肛門性交，口腔性交をしない

図2　HIV感染者の性別，年代別年次推移
　　資料：男女共同参画白書平成20年度版（内閣府）
（備考）1．厚生労働省資料より作成
　　　　2．各年の新規HIV感染者報告数である。

【文献】
1) 厚生労働省：感染症の予防及び感染症の患者に対する医療に関する法律，（平成10年10月2日　法律114号）．
2) 厚生労働省（2008）：感染症発生動向調査．
3) 厚生労働省エイズ動向委員会：平成19（2007）年エイズ発生動向―概要―．
4) 家坂清子（2007）：娘たちの性＠思春期外来，NHK出版．

❶ 健康の保持増進

13 心の健康とストレス

1. ストレスとは何か

　ストレス（stress）とは，もともと金属工学の用語である。金属に外から力を加える（外力）と金属のもつ性質に応じてそれぞれ歪みが生じる。この歪みに応じてその歪みを復元させるために金属自体に「応力」という力が生じる。この応力をストレスとよぶ。

　この概念を医学の世界に導入したのがオーストリア生まれのカナダの生理学者ハンス・セリエ（Hans Selye 1907－1982）である。彼は，1936年に雑誌 Nature に「各種有害作因によって惹起された症候群」という論文を発表した。これがセリエのストレス学説に関する最初の論文である。彼は，生物に対して何らかの有害な刺激（侵襲）を与えると，その刺激が生物的なもの（細菌など），物理的なもの（急激な温度変化など），化学的なもの（酸，やアルカリなど）の種類を問わず，刺激を受けた生物に一定の全身的変化が現れることを明らかにした。この変化を「一般適応症候群」とよび，これを引き起こす外的刺激をストレッサー（stressor）ともよんだ。セリエはこの現象を自律神経系と内分泌系のさまざまな実験経過を経て，発見した。

　このように，ストレスとはストレッサーによって引き起こされる生体の適応反応であり，ちょうど空気が入ったボールを押すと，それを押し返す力が生じるように，生体には必ず生じる生理的現象なのである。

2. ストレスの心への影響

　では，なぜストレスが健康，とくに心の健康において問題にされるのか。実は，この問題は厳密にいえばまだ解明されているわけではない。しかし，少なくとも次のように考えられている。ストレッサーによって適応しようとする生体が，ストレスとして影響をおよぼすのは一般的・全身的変化である。その適応としての変化は，血圧や体温，発汗といった生理学的変化にとどまらず，自律神経系の作用や内分泌系の作用にも影響をあたえると考えられる。そのため，ストレッサーが継続的に生体を刺激している状態では，自律神経や体性神経が常に不安定な状態となり，ドーパミンやセロトニンなどのモノアミン系神経伝達物質の分泌に影響をあたえ，それが気分や感情に変化をあたえると考えられている。そのため，ストレッサーが持続したり，増強したりする状況では，快活な精神の活性が次第に失われ，塞ぎ込むような状態（抑うつ状態）や新しいことに前向きに取り組めなくなる状態（意欲の喪失）などが引き起こされると考えられている。

3. ストレスへの対処

　このようにストレスは，人間が環境に適応するための生体反応の1つであり，それ自体は誰にでも起こる。しかし，強すぎるストレス反応は，人間の日常生活を妨げる頭痛や腹痛などの身体症状を起こしたり，精神的不活発を招いたりする。日常的に起こりやすいストレスの影響は図1～図3のように報告されている。

　そこで重要なのは，この強すぎるストレスを弱め，適度なストレスに戻すことによって，張りがあり，かつしなやかな日々を送るようにすることである。そのためには，ストレッサーが生じやすい仕事や勉学，公的な人間関係の中で，自らにかかるストレッサーを事前に知り，それを弱める工夫をすること，リラクゼーションとよばれる心と身体を弛緩させ，自律神経系の働きを正常に戻すことなどが有効とされる。

　趣味をもったり，気の合う友人との会話やレクリエーションを楽しむようにしたりすることは，過剰なストレスを減らし，心を豊かに保つための方法として，常に心がける必要がある。

（瀧澤利行）

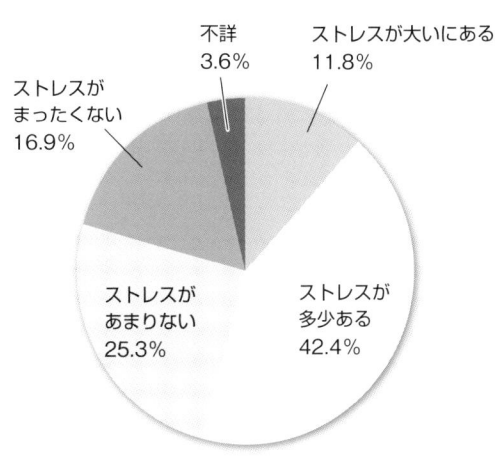

図1　ストレスの程度別構成割合

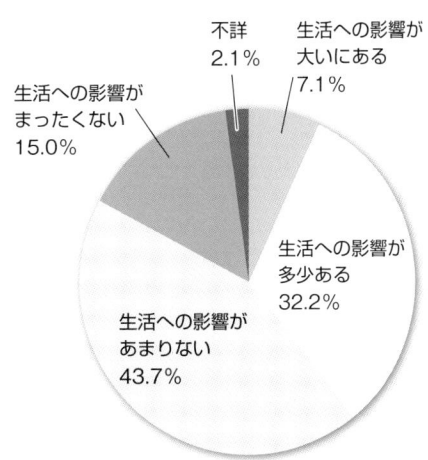

図2　生活への影響の程度別構成割合
（なんらかのストレスありの者）

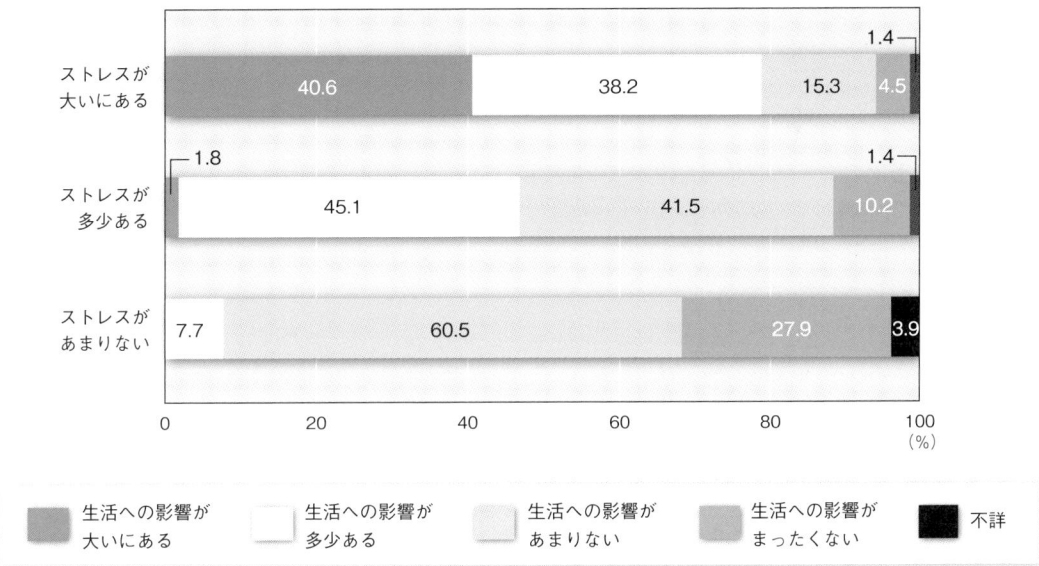

図3　ストレスの程度別にみた生活への影響の程度

平成12年厚生労働省調査結果（http://www.mhlw.go.jp/toukei/saikin/hw/hftyosa/hftyosa00/kekka2.html　2009/2/23）

【文　献】1）ハンス・セリエ（杉靖三郎 他訳）(1988)：現代社会とストレス，法政大学出版局.
2）杉 春夫（2008）：ストレスとはなんだろう─医学を革新した「ストレス学説」はいかにして誕生したか，講談社ブルーバックス.

❶ 健康の保持増進

14 欲求と防衛機制

欲求と適応

　人間には生きていくための基本的な本能としての食欲や次世代をつくるために必要な性欲などの生理的欲求をはじめ，自分の身体の安全を図る欲求，社会の中で自分を認めてもらうなどの社会的欲求，自分の理想像に近づくなどの自己実現の欲求などさまざまな欲求が行動への意志をつくりだす。当然，人間はこの欲求を実現するための行動を周囲の環境に対して働きかける。

　このとき，合理的な手段によって欲求を実現することができた場合にはその人の人格の安定性は保たれる。一方，欲求が達成できない場合，その人の人格の中心が不安定な状態にさらされる。

　20世紀の知の巨人ともいわれる精神医学者フロイト（Sigmund Freud 1856 - 1939）は，人間の精神構造の中でも無意識の領域を探索する精神医学としての精神分析学を創始したが，彼の娘であるアンナ・フロイト（Anna Freud 1895 - 1982）が，戦争孤児の治療にあたっている際に見いだした概念が防衛機制である。彼女は，欲求が満たされない状態の子どもたちがその状況に適応できない時に，自らの意識の中心である「自我 ego」を防衛（状況に適応する）ためにさまざまな心のメカニズムともいえる反応を示すことを見いだし，これを防衛機制と名づけた。その後，広く精神分析学の中で用いられるようになった。

主な防衛機制

　防衛機制にはさまざまな様式のものがあり，研究者によって多少整理の方法や呼び方は異なるが，よく知られたものとして以下のものが挙げられる。

1）抑圧

　欲求が達成できないことによって生じる不快な感情を抑えて意識しないようにするもっとも基本的な防衛機制である。

2）合理化

　充足されない欲求を自らにとって充足されない方が有意義であると考えることをさす。例としてよく挙げられるのは，キツネは届かない位置にあるブドウを「あれはすっぱいブドウ」だと思って負け惜しみをいうイソップ童話の例である。

3）退行

　欲求が満たされないとかつて満たされた未熟な段階の行動に逆戻りすること。たとえば，弟や妹が産まれると，母親の気を引くため年に似合わず赤ん坊のように振る舞うこと。

4）同一化

　理想とする他者に到達してもできない場合に外面的な表象を真似て，欲求を満たした気持ちになること。尊敬している人の服装や口調，癖などを真似たりする。

5）投射

　自らが他者に対して抱いている感情を，相手が自分に対して抱いていると思いこむこと。例えば，自分がライバルに対して劣等感を持っている場合，ライバルの方が自分に劣等感をもっていると思うことなど。

6）反動形成

　抑圧した感情とは正反対の意識を形成すること。例えば，好きな異性への恋愛感情を抑圧したことによって，逆に意地悪な態度に出ること。

7）逃避

　適応ができない状況から逃れること。例えば水泳が苦手だとその日の授業を休むなど。

8）代償

　本来の欲求を別の対象に置き換えることでひとまず欲求を充足したように意識すること。たとえば，バイクを買ってもらうかわりにオーディオで満足しようとするなど。

9）転移

　抑圧された感情や衝動を本来の対象とは別の

対象にふり向けること。たとえば，父親への憎悪を抑圧し，より安全に攻撃できる教師に向ける。

10) 昇華

社会的に容認されにくい欲求を，社会的に評価されやすい対象へと置き換えて充足すること。たとえば，性に対する欲求を芸術作品の創造であらわすなど。

さまざまな防衛機制

上記以外の防衛機制も数多く知られている。とくに，合理的に欲求に対処する適応機制は，日常生活の中でも精神的な安定を得るうえで重要である。具体的な例は，表1を参照のこと。

（瀧澤利行）

表1　さまざまな防衛機制

● **高度な適応機制**

精神的ストレスに対してスムースな適応状態をつくりだし自我を安定させる機制。

1) 予期
　可能性のある将来の事象について，事前にその気持ちを感じたり，結果を予期したりして，種々の反応や解決方法を現実的に考え，実行する。

2) 連携
　他者に助けや指示を求める。問題を他者と共有するが，責任を他者に負わせようとすることはなく自分で責任をもって対処しようとする。

3) 愛他行動
　献身的に他者の欲求を満たすことで自己の欲求を充足する。反動形成に見られる自己犠牲とは違い，他者の反応を通して満足することができる。

4) 健全な自己主張
　自分の欲求や主張を相手に対する威圧や強制，不自然な操作などを行わずに率直に表現することができる。アサーティブな対応，アサーションといわれる。

5) 自己観察
　自分自身の思考，感情，行為の動機や実際の行動を内省的に理解して，その理解にもとづき無理なく合理的かつ適切に対応することができる。

● **高度な防衛機制**

1) 抑制
　複雑な問題，充足されない願望や感情，不快な体験を意図的に考えないようにして避けること。「その事はもういいのです。大して気にしていませんから。」といった対応。

2) 知性化・概念化
　充足されない欲求や感情を抑制して思考の抽象化・概念化して一般論として自我への影響を少なくすること。性的欲求を恋愛論などへと観念化して衝動をコントロールすることなど。

【文　献】1) アンナ・フロイト，(黒丸正四郎・中野良平訳 (1982) (原著1936)：自我と防衛機制 (アンナ・フロイト著作集2)，岩崎学術出版社．

15 ボディーイメージと摂食障害

日本女性の「やせ」

日本でも諸外国でも、BMI＜18.5 を「やせ」と判定している。体重を体脂肪量と除脂肪量に分けて考えてみると、肥満判定においては BMI 増加が体脂肪量増加か除脂肪量増加か判断できないときがあるけれども、やせの判定においては、BMI 低下はほぼ間違いなく除脂肪量低下を意味する。低体重の人が、体重がさらに低下したときには、脂肪が減ったと喜ぶよりも筋量や骨量低下を警戒すべきである。

国際的にみると、社会経済状態が悪く貧富の格差が大きい国ほど「やせ」の者が多い。20～49歳女性のやせ出現率は、発展途上国の都市部で 5.9％、地方で 9.3％といわれている[1]。一方、先進諸国におけるやせ女性の割合はこれらより低い（図1）。ところが、日本女性のやせ出現率は先進諸国の中では際立って高く、20歳代と30歳代のやせ女性が急増している（図2）。発展途上国のやせは貧困にともなう栄養不良が原因だが、日本女性のやせは行過ぎた「やせ願望」が背景にあると考えられている。

ボディーイメージとやせ願望

現実の体型が「普通」であるにもかかわらず、自己の体型を太っていると評価する人は多い。男性より女性に顕著で、15～19歳女性の 58.1％、20～29歳女性の 51.1％が普通の体型であるにもかかわらず自己を太っていると評価するという。また、現実の体型が「やせ」ているのに、そのことを正しく認識している人は半数以下で、なかには太っていると評価する人さえいる（表1）。こうした体型認識のズレに、やせていることのメリット感や社会的流行などの要因が加わり「やせ願望」が膨らんでいくと考えられている。

やせ願望がダイエット行動につながることも稀ではなく、女子大学生の6割がダイエットの経験を有している。しかし、その多くは「普通」あるいは「やせている」人たちであり、ダイエットの必要のない人たちである。ダイエットは肥満にともなう健康障害を有するかそのリスクがある人に有益なのであって、「普通」や「やせている」人にはダイエットの必要はなく、むしろ健康を害するという点では危険行動といえる。

摂食障害

摂食障害には、神経性食欲不振症と神経性過食症、などがある[3]。米国精神医学会の診断基準（DSM-IV）によると、神経性食欲不振症には①標準体重の 85％以下、②体重が増えることの拒否および強い恐怖、③体型認識の感情的障害（低体重の重大さを認めない）と体重変化にともなう過剰な自己評価の変動（体重が増えると自己評価が下がる）、④無月経、などがみられるという。極端な食事制限と著しい低体重が特徴で、過活動、むちゃ食い、排出行動（自己誘発性嘔吐、下剤などの不適切な使用）をともなう場合がある。

一方、神経性過食症は①むちゃ食いの繰り返し（通常の食事時間以外に大量に食べる、食べることを止められない）、②体重増加を防ぐための不適切な代償行動を繰り返す（絶食、過剰な運動、自己誘発性嘔吐、下剤などの不適切な使用）、③これらが少なくとも3ヶ月間にわたって週2回起こっている、④体重変化にともなう過剰な自己評価の変動、⑤神経性食欲不振症は除外する、とされている。神経性食欲不振症のような著しい低体重はみられない。

摂食障害の実態ははっきりしないが、10歳代と20歳代の女性がほとんどであり、病院を対象とした調査では人口10万人あたり 28～74人、女子大学生を対象としたアンケート調査では神経性食欲不振症が 0.4％、過食症が 2.2％といわれている。治療には身体症状への対応と認知行動

第1章 健康

療法や対人関係療法などの心理療法が行われる。治療期間は長期に及ぶけれども，多くは治療可能である。食欲不振症では極度の低栄養や自殺により死亡することもある。ダイエットが引き金となって摂食障害に発展するケースもあり，不健康なダイエット（食事制限）は避けるべきである。

(松坂 晃)

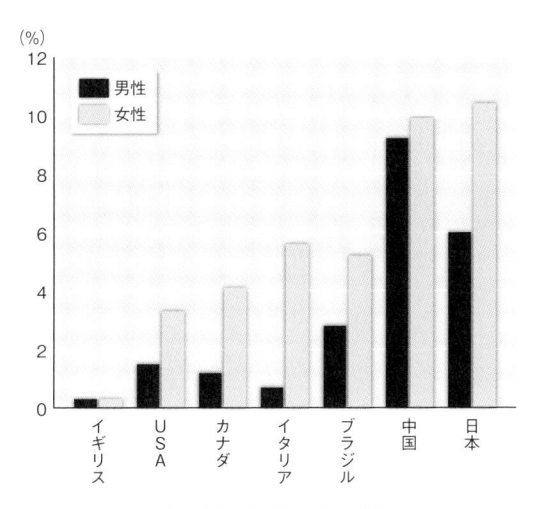

図1 各国の「やせ」の割合
WHO grobal database on body mass index
http://www.who.int/bmi/index.jsp をもとに作図

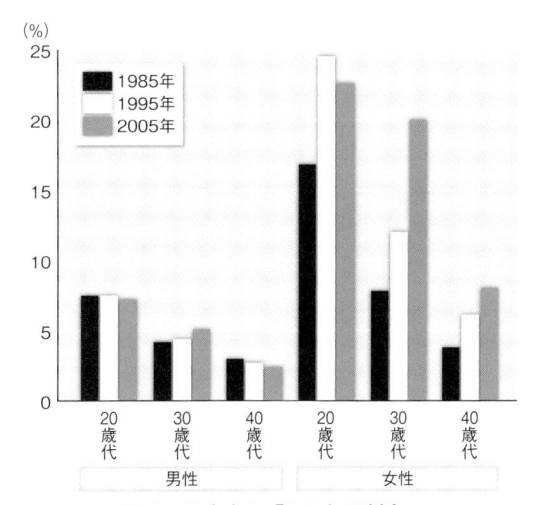

図2 日本人の「やせ」の割合
文献2）をもとに作図

表1 現実の体型別にみた「体型に対する自己評価」（％）
厚生省（平成12年3月）：国民栄養の現状（平成10年国民栄養調査結果）より引用

年齢	現実の体型	体型に対する自己評価					
		男			女		
		太っている	普通	やせている	太っている	普通	やせている
15～19歳	肥満	97.2	2.8	0.0	94.7	5.3	0.0
	普通	21.3	53.4	25.3	58.1	37.8	4.1
	やせ	6.0	12.0	82.0	10.4	50.8	38.8
20～29	肥満	95.4	4.6	0.0	97.8	2.2	0.0
	普通	27.3	51.2	21.5	51.1	45.7	3.2
	やせ	2.1	6.3	91.6	4.6	46.2	49.2
30～39	肥満	93.8	6.2	0.0	100.0	0.0	0.0
	普通	35.8	45.2	19.0	49.1	44.0	6.9
	やせ	3.8	3.8	92.4	3.8	29.5	66.7
40～49	肥満	94.7	5.3	0.0	98.3	1.7	0.0
	普通	34.9	44.4	20.7	51.0	42.9	6.1
	やせ	0.0	0.0	100.0	2.4	19.5	78.1
50～59	肥満	89.0	11.0	0.0	98.9	1.1	0.0
	普通	27.2	52.5	20.3	51.0	39.4	9.6
	やせ	0.0	4.3	95.7	0.0	18.2	81.8
60～69	肥満	91.7	7.1	1.2	95.8	4.2	0.0
	普通	23.8	51.1	25.1	44.5	44.4	11.1
	やせ	0.0	3.0	97.0	2.9	17.6	79.5
70歳以上	肥満	91.3	8.7	0.0	85.9	13.2	0.9
	普通	14.0	51.2	34.8	24.1	49.5	26.4
	やせ	0.0	10.3	89.7	0.0	16.3	83.7

【文 献】 1) Mendez MA. et al. (2005) : Overweight exceeds underweight among women in most developing countries. Am J Clin Nutr, 81, 714-721.
2) 健康・栄養情報研究会編（2008）：国民健康・栄養の現状－平成17年厚生労働省国民健康・栄養調査報告より－，第一出版．
3) 石川俊男ほか（2005）：摂食障害の診断と治療ガイドライン2005，マイライフ社．

❶ 健康の保持増進

16 うつ病とその対応

うつ病とは

　WHOは，1992年「国際疾病分類第10版（ICD-10）を制定した。うつ病の分類は，「V精神及び行動の障害」の下位項目，「気分［感情］障害（躁うつ病を含む）」として分類されている。うつ病は，うつ病性障害と双極障害に大別される。うつ病性障害は，典型的なうつ病である大うつ病と軽症の抑うつ状態が長期間（児童青年期では少なくとも1年間）持続する気分変調症に分類される。気分変調症の経過中に，大うつ病が合併する場合は重複うつ病，大うつ病が反復する場合は反復性うつ病と呼ぶ。双極性障害は，大うつ病と躁病を繰り返す双極性I型障害，大うつ病と軽躁病を繰り返す双極性II型障害に分類される。

子どものうつ病 [1-3]

　子どものうつ病は，青年あるいは大人になっての再発やさまざまな障害の合併，対人関係や社会生活における障害に持ち越されないようにするために適切な治療を行うことが重要である。有病率は，児童期0.5〜2.5％，思春期2.0〜8.0％であり，性差はほとんどみられない。症状は成人のうつ病と同じ症状（興味・喜びの減退，気力低下，集中力減退，睡眠障害，食欲障害，易疲労感）などが出現する（表1）。なかでも，睡眠と食事の障害は，重大なサインである。生きていくうえで重要な要因である睡眠と食事に障害が出ているということは，子どもの心身に重大なことが起きている表れといえる。また，子どもは憂うつ感をなかなか言語化できないため，イライラ感や身体症状，不登校などの行動面で表現することもあるので見逃さず，気づくことが大切である。大人と比較すると，社会的引きこもり（不登校など），身体愁訴（頭痛，腹痛など），イライラ感などが特徴である。

　子どものうつ病は単独で出現するより，不安障害（社会恐怖，強迫性障害，パニック障害），摂食障害，注意欠陥多動性障害（ADHD），行為障害などに合併して出現することが多い。

　児童・思春期の場合，1年以内に軽快する症例が多いが，数年後あるいは成人になって再発する可能性が高い。そのため，十分な休養の上での薬物療法が行われる。また，自分の気分を振り返り，自分を客観視する練習（適応的思考）を行うことで，不安や憂うつを和らげる方法もとられる。学校にどう通うか（1日1時間保健室にいく，11時ごろ登校するなど）は，学校との連携，保護者の理解，協力が不可欠となる。

青年期のうつ病

　青年期のうつ病には，「逃避型抑うつ」，過眠（1日11〜12時間以上の睡眠），過食・体重増加という非定型的な身体症状を呈する「非定型うつ病」，社会的規範意識の希薄化，自責感の乏しさ，他責傾向，回避症状が主体である「ディスチミア親和型うつ病」などがある。

高齢者のうつ病

　高齢社会の進行に伴い，高齢者にとってうつ病は認知症と並んで頻度の高い疾患である。その背景には，高齢者のおかれている環境が，配偶者との死別や自らの身体疾患などさまざまな喪失体験を経験しやすいことがある（表2）。

女性のうつ病

　うつ病が女性に多い要因としては女性ホルモンの疾病成因や経過への関与，ライフサイクル上に生じるさまざまな身体的，心理社会的ストレスがうつ病発症の状況因となる。女性のうつ病を表3に示した。

教師のうつ病

　全国病気休職者の年次推移（図1）を見ると，増加の一途をたどっている。これらの数字は，学校現場において心の病気による健康障害は深刻

な事態を呈していることを示している。教師では，ストレスを原因にした反応性うつ病が多く，異動後1〜2年の受診率が高い。職場内ストレスでは，生徒指導，同僚・管理職との関係，異動，多忙がストレス要因として示されている。

その対応

「労働者の心の健康の保持増進のための指針（厚生労働省，2006）」には職場のメンタルヘルス「精神的に，心の調和がとれた穏やかな状態（WHO）」の基本的な考えが示された。労働者自身がストレスに気づき対処を行う「セルフケア」，管理者が行うストレスラインケア，職場復帰支援の対応が始まった。これは学校現場においても同様である。うつ病がいったん良くなっても本人の思考や行動パターンが変わらない場合，以前と同じことを繰り返してしまうことがある。そのため，専門医のもとでは物事の受け止め方（認知）を変える認知行動療法もあわせて行われている。1人ひとりにあった治療と支援を行っていく必要がある。何より，「あせらず，あわてず，あきらめず」[2]の気持ちでの対応が必要となる。

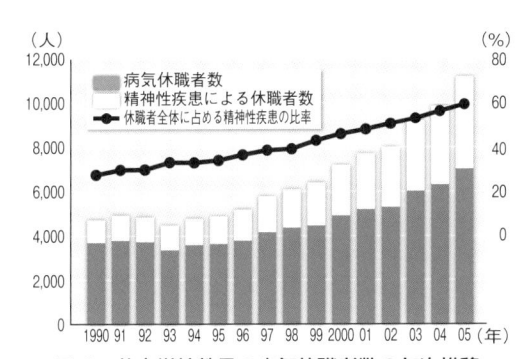

（河田史宝）

図1 公立学校教員の病気休職者数の年次推移

表1 うつ病の主な症状

身体症状	精神状態
①途中で，または朝早く眼が覚める	⑤好きなことが楽しめない
②食欲がない，体重減少	⑥気力が出ない，何事もおっくう
③朝の調子が悪く，夕方から楽になる	⑦集中できず，頭が働かない
④体が重く，疲れやすい	⑧気分の落ち込み，憂うつ感

＊これらの症状のうち，4つが2週間以上続くとうつ病の可能性

表2 高齢者のうつ病の特徴と早期発見のポイント

高齢者のうつ病	早期発見のポイント
・無気力（アパシー）	・新聞を読まなくなった
・心気的，妄想的	・外出しなくなった
・遺伝の関与は少ない	・家の中が散らかってくる
・悲壮感が目立たない	・以前よりやせた
・認知症，身体疾患との合併が多い	・テレビを見なくなった
・「消えてしまいたい」と間接的な訴え（消極的自殺）	・口数が減った
	・上の空である
	・急に呆けてきたような気がする

＊このような状態がうつ病の部分症状として出現してくることがある

表3 女性のうつ病

月経に関連するうつ病
- 月経周期に関連した気分障害として，月経前症候群と月経前不快気分障害がある。
- 月経前10日〜数日前から
- 身体症状（頭痛，腰痛，腹痛，乳房痛，むくみ）や自律神経症状，神経症状（抑うつ，不安，イライラ感）
- 月経の開始と共に症状が消えていく
- 成熟女性の10〜15％に見られる

妊娠とうつ病
- 出生前のケアを不十分にする，妊婦の低栄養状態，自殺とも関連深い，早産，低出生体重児
- 胎児，妊婦の両方に十分な治療が必要である
- うつ病で治療を受けている女性が妊娠を希望する場合は治療のマネージメントが重要である

産後うつ病
- マタニティーブルーに遅れ産後1か月以内に発症する
- 一般的なうつ病と同様，治療を要する
- シングルマザーになる，夫婦関係がきしんでいる，母親を支えるマンパワーや社会的資源が乏しいときに起りやすい

閉経期（更年期）後うつ病
- 閉経直前，45〜49歳ころの閉経周辺期に発症しやすい
- メランコリー，焦燥感，睡眠障害
- 更年期障害の症状：血管運動神経症状（ほてり，発汗，冷え，のぼせ，動悸など），知覚障害症状（手足のしびれ，感覚の鈍りなど），その他の自律神経症状（頭痛，頭重感，めまい，全身倦怠感など），精神症状（不眠，抑うつ感など），頻尿，排尿痛，腰痛，肩こりなどがある。
- 女性のライフサイクルと，更年期への理解が必要である。
- 夫婦関係，子どもとの関係，老親との関係，職場での役割変化，自身の健康不安などに対して家族の協力と理解が得られる必要がある。

【文 献】
1) 傳田健三（2008）：子どものうつ病，355－358，公衆衛生 Vol.72 No5.
2) 傳田健三（2008）：子どもに潜む"うつ"－8人に1人広がる予備軍—NHKうつサポート情報室
3) 傳田健三（2008）：小・中学生にうつ病はどれくらい存在するのか?，12-22，児童心理臨時増刊 No.879，金子書房.
4) 中島一憲（2006）：教師のうつ，2-10，発達106，ミネルヴァ書房.

❷ 健康と運動スポーツの関わり

1 体力と健康

健康関連体力

　体力にはいろいろな要素がある（図1）。各要素の重要度はスポーツ種目や年齢によって異なるが、時代によっても変わっていく。運動不足が生活習慣病の原因とされ主要な死因につながる現代においては、運動不足によって著しく低下し健康に関わる体力要素が重要になってきた。すなわち、運動能力としての体力よりも、心肺持久力、筋力・筋持久力、柔軟性、身体組成などの健康関連体力（health-related fitness）が重要と考えられるようになってきた。

心肺持久力

　心肺持久力は全身持久力や有酸素性体力とも呼ばれ、持久走（1500m走、12分間走など）や20mシャトルランテストにより評価される。実験室では最大酸素摂取量を測定して評価する。自転車エルゴメーターやトレッドミルで運動を負荷しながら酸素摂取量を測定するもので、徐々に負荷強度を強めて酸素摂取量の最高値を求めるものである。

　運動が不足すると、肺や心臓、筋の機能が低下し心肺持久力が低下する。したがって心肺持久力は、遺伝的素因も影響するが、日ごろの運動量を反映し呼吸循環系や筋代謝系機能の良し悪しを表しているといえる。ある集団の追跡研究によると、体脂肪率よりも心肺持久力の方が死亡率に影響するという（図2）。心血管系疾患で死亡する確率は、心肺持久力の高い人に比べてそれが低い人は3倍から4倍高い。生活習慣病発症の危険が高まる最大酸素摂取量は20歳代男性で40ml・kg^{-1}・min^{-1}以下、女性で33ml・kg^{-1}・min^{-1}以下といわれている（表1）。これを20mシャトルラン回数に置き換えると、男子60回、女子30回くらいになり、これ以上の水準を維持したい。心肺持久力を高めるには心拍数や呼吸数を高め呼吸循環系を刺激することが必要で、肥満解消のための運動（消費エネルギーを高めることに重点をおく）に比べると、やや高めの運動強度が必要と考えられる。

筋力・筋持久力，柔軟性，身体組成

　筋肉はスポーツ選手だけに必要なものではない。若い女性が中身を問わず、すなわち脂肪であれ筋肉であれ、とにかく痩せようとするのは間違いである。過剰な体脂肪あるいは内臓脂肪を減少させることは望ましいけれども、筋肉を落としてしまうことは健康上の問題がある。筋肉はエネルギーを消費し（肥満を予防し）、糖尿病を防ぎ、高齢者の骨粗鬆症や転倒／骨折を防ぐ上で大切といえる。筋力は加齢とともに低下する（表2）。筋力の低下はほぼ筋量の低下とみてよい。これらの低下をできるだけくい止め、可能なら増加することが望まれる。柔軟性については健康上のメリットに関するエビデンスが不足しているが、運動障害の予防や転倒／骨折の防止に役立つだろうと考えられている。筋力・筋持久力も柔軟性もエビデンスにもとづく必要最低値は明らかでないが、性別年齢別平均値をひとつの目標にするとよいだろう（表2）。筋力を高めるには、8〜10種目の筋運動をそれぞれ8〜12回繰り返すことができる重量で週2日以上実施することが奨められている。また、柔軟性については、主要な筋や腱のストレッチを一回10〜30秒×3〜4回、週に数回行うとよい。

　身体組成とは身体の構成成分を分析的にみる見方であり、筋、骨、脂肪、その他に分けることが一般的である。これを体力に含めるかどうかは意見がわかれるが、脂肪が増え、筋や骨が減少することは、健康に深く関与するので健康関連体力に含められている。詳しくはそれぞれの項目（肥満、メタボリックシンドローム、筋肉のトレーニング、

骨粗鬆症）を参照してほしい。

子どもの体力低下

1970年頃から子どもの体力が低下し続けている。とくに心肺持久力の低下が明らかで，これは世界的傾向といえる。運動不足が原因とされ，外遊びできる場所がない，時間がない，仲間がいないことが背景にあると指摘されている。たしかに，若い年齢での体力低下は望ましくない状態に長期間曝されることになり，生活習慣病の早期発症につながるだろう。したがって，子どもでも健康関連体力が高い方が望ましいといえる。しかしながら，子どもには，からだを動かすことが楽しいから遊ぶという側面があることも忘れてはいけない。処方的な運動は望ましくないし，健康関連体力以外の体力要素も必要になろう。さらに，運動の楽しさを伝えることが大切で，それが将来の健康につながっていくと考えたい。　　　（松坂 晃）

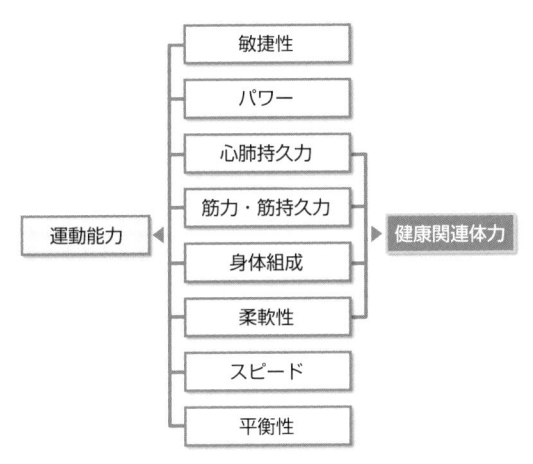

図1　体力の構成要素と健康関連体力[1]

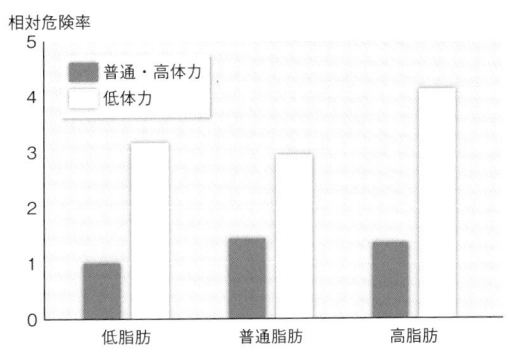

図2　心肺持久力，体脂肪率と心血管系疾患死亡率の関係
文献2）をもとに作図

表1　健康づくりのための性・年齢別最大酸素摂取量の基準値[3]
(ml・kg^{-1}・分$^{-1}$)

	20歳代	30歳代	40歳代	50歳代	60歳代
男性	40	38	37	34	33
女性	33	32	31	29	28

表2　体力テスト各項目の性・年齢別平均値　文献4）より抜粋

年齢（歳）	握力 (kg)		上体起こし (回)		長座体前屈 (cm)		反復横とび (点)		20mシャトルラン (回)		立ち幅とび (cm)	
	男子	女子	男子	女子	男子	女子	男子	女子	男子	女子	男子	女子
18	43.5	26.4	30.1	21.6	49.6	47.0	55.5	45.2	78.7	44.0	228	167
19	44.0	27.2	30.7	22.0	49.8	47.1	56.9	45.4	78.7	43.6	231	167
20-24	48.2	28.5	27.6	19.3	45.1	44.9	52.0	43.7	68.9	37.2	229	168
25-29	48.6	28.9	26.3	17.9	43.7	44.5	51.0	42.7	63.0	33.4	224	165
30-34	49.1	29.4	25.1	17.2	42.8	44.0	49.3	42.3	54.5	30.0	219	163
35-39	49.3	29.9	24.2	16.9	41.8	43.5	48.2	42.2	51.2	29.7	214	163
40-44	48.9	29.8	23.0	16.8	41.3	43.6	47.1	42.0	46.2	27.2	209	160
45-49	47.9	29.6	22.1	15.8	41.2	43.3	46.1	41.1	42.3	25.6	203	155
50-54	47.0	28.3	20.7	13.6	40.4	43.0	43.8	38.7	36.5	21.4	197	146
55-59	45.5	27.0	18.9	11.2	39.4	42.1	40.9	36.1	30.4	17.3	187	137
60-64	42.2	25.8	16.6	9.7	38.0	41.1	37.8	33.2	26.3	14.5	176	128

【文　献】
1) Pate RR. (1983)：A new definition of youth fitness. Physician and sportsmed, 11, 77-83.
2) Lce et al. (1999)：Cardiorespiratory fitness, body composition, and all-cause and cardiovascular disease mortality in men. Am J Clin Nutr. 69, 373-380.
3) 運動所要量・運動指針の策定検討会（平成18年7月）：健康づくりのための運動基準2006〜身体活動・運動・体力〜報告書.
4) 文部科学省（2007）：平成18年度体力・運動能力調査報告書.

❷ 健康と運動スポーツの関わり

2 身体活動・運動・健康

運動不足と生活習慣病

　ヒトの身体活動が減ってきたのは（摂取エネルギーに対して消費エネルギーが減ってきたという意味で），人類の歴史からみればごく最近のことである。狩猟・採集あるいは農耕のためヒトは長い間身体を動かしてきた。しかし，産業革命以後，厳密にいえば第二次大戦後のごく最近になって，機械化が進み労働や生活の中での身体活動が著しく減少してきた。充分ではない食糧環境の中で「動く」ことに適応し進化してきたヒトにとって，現代の豊富な食糧と運動不足は特異な環境であり，これに適応できずに生活習慣病を発症しているといえる。

　生活習慣病とは，食事，運動，休養，喫煙，飲酒などの生活習慣がその発症と進行に関与する疾患群とされている。ほとんど毎日（週に3～4日以上）運動している人の割合は，中学生の頃にもっとも高く約8割に達するが，その後急激に低下し30歳代から50歳代では1割程度である（図1）。この時期の長期にわたる運動不足に過食やストレスなどの要因が加わり，内臓脂肪増加，高血圧，高脂血症，耐糖能低下をひき起こし，最終的に糖尿病や動脈硬化性疾患を発症すると考えられている。

運動基準

　パッフェンバーガーらはハーバード大学卒業生16,936人を追跡調査し，日常の身体活動量と死亡率の関係を調べた。身体活動量のもっとも少ないグループの死亡率がもっとも高く，身体活動量が増えるにつれて死亡率が低くなった。ただ，それがもっとも多いグループは死亡率が若干高くなったという（図2）。こうした疫学研究をはじめとして多くの研究から健康維持に必要な運動量がしだいに明らかになりつつあり，運動基準がつくられるようになってきた。

　運動基準では，身体活動 physical activity と運動 exercise を分けて考えることが多い。「運動」とは体力の維持・向上を目的として計画的・意図的に実施されるものとされ，ジョギングや水泳，各種スポーツが含まれる。一方，「身体活動」は骨格筋の収縮により安静時よりも多くのエネルギーを消費するすべての活動をいい，「生活活動」と「運動」の両方を含んでいる。なお，運動の強度を表す指標としてメッツ Mets が使われている。これは運動中の酸素摂取量（消費エネルギー量）が安静時の何倍にあたるかを示したものである。

　平成18年7月に「健康づくりのための運動基準2006」[3]が策定された。これは国内の研究者が結集し多くの研究成果を精査して，現時点で科学的にもっとも妥当といえる目標を示したものであり，生活習慣病発症予防に必要な最低限の運動量といえるものである。それによると，①3メッツ以上の身体活動を週に23メッツ・時以上，②そのうち4メッツ・時以上を活発な運動で満たすこと，とされている。「メッツ・時」とは各活動の運動強度（メッツ）に時間を乗じたものである。

　表1をもとに具体的に考えてみよう。(1)週5日，通勤などで20分歩く3.3メッツ×(20/60)×5日＝5.5メッツ・時，(2)仕事で軽い作業を2時間行った3.5メッツ×2時間＝7メッツ・時，(3)土曜日に庭の草むしりを20分行う4.5メッツ×(20/60)＝1.5メッツ・時，(4)週2日，一回30分，動物の世話をする5メッツ×(30/60)×2日＝5メッツ・時，(5)週2日，ジョギングと歩行を組み合わせた運動を20分行う6メッツ×(20/60)×2＝4メッツ・時。これらを合計すると23メッツ・時となり①身体活動の基準を，また，(5)が②運動の基準を満たすことになる。

　「身体活動」と「運動」のふたつに分けて設定されているのは，日常の生活行動における身体活動の蓄積と意図的な運動トレーニングの両方が必

要と考えられているからである。運動強度の有効限界についてはいろいろな意見があり，(1) 3メッツ以下のごく軽い身体活動（電車の中で立ったまま通勤する，ブラブラする，こまめに動くなど）でも蓄積すると相当なエネルギー消費になり肥満予防効果が期待できる，(2) 心機能改善には最大酸素摂取量の50％以上の強度が必要である，などの意見もある。いずれにしても，パッフェンバーガーらの研究では大学卒業後の身体活動量と死亡率の間に上述したような関係がみられたけれども，この関係には大学時代のスポーツ活動による差はなかったという。若いときの運動や体力よりも，アクティブライフスタイルを継続することが大切といえるだろう。

（松坂 晃）

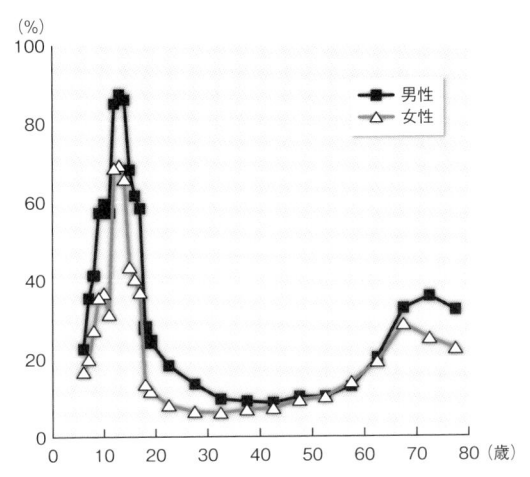

図1 ほとんど毎日（週3～4日以上）運動している人の割合（文献1）をもとに作図）

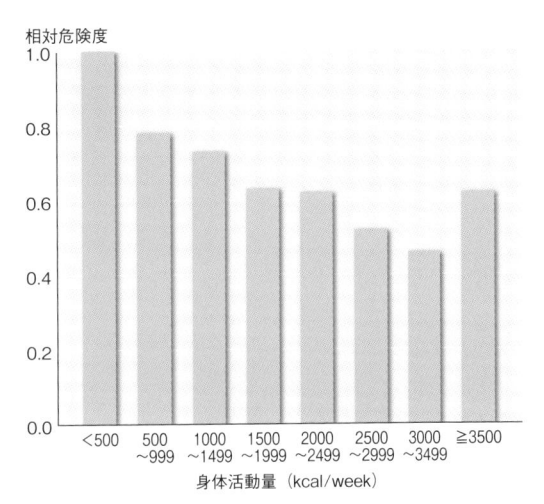

図2 日常の身体活動量と死亡率
（文献2）をもとに作図）

表1　運動強度（メッツ）別にみた活動内容

メッツ	活動内容
3.0	普通歩行（買い物など），屋内の掃除，子どもの世話，ボーリング
3.3	歩行（通勤時など）
3.5	モップ，掃除機，軽い荷物運び，電気関係の仕事，体操（家で軽・中等度）
3.8	やや速歩，風呂掃除
4.0	速歩，自転車，レジャー，通勤，子どもと遊ぶ，動物の世話，水中運動，卓球
4.5	庭の草むしり，耕作，農作業，バドミントン，ゴルフ（クラブを自分で運ぶ）
5.0	子どもと遊ぶ・動物の世話（活発に），かなり速歩，ソフトボールまたは野球
6.0	家財道具の移動・運搬，ウエイトトレーニング，ジャズダンス，ジョギングと歩行の組合せ
6.5	エアロビクス
7.0	ジョギング，サッカー，テニス，水泳，スキー
7.5	山を登る
8.0	運搬（重い負荷），農作業，活発な活動，階段を上がる，サイクリング（20km/hr），ランニング，水泳（クロール，ゆっくり）
9.0	荷物を上の階へ運ぶ
10.0	ランニング（161m/min），水泳（平泳ぎ）
11.0	水泳（バタフライ，速いクロール）

文献3）より抜粋

【文　献】1）文部科学省（2007）：平成18年度体力・運動能力調査報告書．
2) Paffenbarger, Jr. RS et al.（1986）：Physical activity, all-cause mortality, and longevity of college alumni. N Engl J Med, 314, 605-613.
3）運動所要量・運動指針の策定検討会（2006）：健康づくりのための運動基準2006　～身体活動・運動・体力～報告書．

❷ 健康と運動スポーツの関わり

3 活性酸素と運動スポーツ

　われわれヒトをはじめ多くの動物は，酸素を利用してエネルギーを発生させ，そのエネルギーを元に生命活動を維持している。酸素は生存に必要不可欠であるのは言うまでもないが，その反面，酸素を利用する過程で体内では活性酸素が発生する。この活性酸素は，老化，がん，糖尿病，動脈硬化，高血圧と強く関連していることが指摘されている。つまり，活性酸素が体内の物質を酸化し，変性させることによってこれらの病態の原因になると言われている。

活性酸素とは

　酸素は体内における還元の過程で，より反応性が高まる。このようにして生じる，酸素分子より活性の高い酸素種を活性酸素種（reactive oxygen species：ROS）という。一般に活性酸素というと，狭義には「通常の酸素より活性の高い酸素あるいは酸素と水素の結合体」とされ，スーパーオキシドアニオン，ヒドロキシラジカル，過酸化水素，一重項酸素の4種類を指すが，それ以外に，一酸化窒素，次亜塩素酸，過酸化脂質なども体内で同様に作用するため，これらを含め活性酸素種（広義の活性酸素）と呼んでいる（表1）。一方，フリーラジカルという用語も活性酸素と並んで使用されるが，フリーラジカルとは，分子または原子の最外殻に不対電子を持つ不安定な化合物のことであり，スーパーオキシドアニオン，ヒドロキシラジカルなどはフリーラジカルであるが，過酸化水素，一重項酸素はフリーラジカルではない。ここでは，混乱を避けるため，話を活性酸素のみに限定し，広義の意味で用いることとする。

酸化ストレスと抗酸化機能

　活性酸素は物質的に不安定であり，短時間で消滅するが，酸化力が強いためDNA，蛋白質，脂質，酵素など，生命の維持活動に重要な物質に傷をつけたり変性させてしまう。体内でこれらの活性酸素が多く発生する状態が酸化ストレスのかかった状態である（図1）。

　生体はこのような活性酸素の作用に対して，防御機構を備えている。それが抗酸化機能であり，スーパーオキシドディスムターゼ（SOD）やカタラーゼ（CAT），グルタチオンペルオキシダーゼ（GPX），グルタチオンリダクターゼ（GR）などの抗酸化酵素，およびビタミンE，ビタミンC，カロテノイド，尿酸などの抗酸化物質によって活性酸素は緩和・消去される（図2）。

活性酸素と運動スポーツ

　運動やスポーツは大量の酸素を必要とするため，多くの活性酸素が発生し酸化ストレスが高まる。図3は，運動強度と活性酸素の発生量についてラットの骨格筋を用いて実験した結果である。その結果，運動強度が高まるにつれ，酸化ストレスの指標である血漿チオバルビツール酸反応物質（TBARS）が増大すること，つまり活性酸素が多く発生し，酸化ストレスが安静時よりも高まっていることがわかる。

　この結果だけを見ると，運動をすると活性酸素が発生し，体に悪影響を及ぼすのではないのかという疑問が出てくるが，一方で，運動中，あるいは運動後，体内では抗酸化酵素の活性が増大することが明らかになっている。図4はラットの骨格筋における運動後の抗酸化酵素活性の変化について示したものであるが，SOD，GPX，GR，CATのいずれの抗酸化酵素も安静時に比べて上昇している。

　また，適切な運動を定期的に実施している場合は，抗酸化酵素活性が高まり，実施していない場合に比べて同じ強度の運動で発生する活性酸素の量が減少すること，あるいは，日頃からトレーニングを実施している人では，実施していな

い人よりも抗酸化酵素活性，DNAの修復能力が高いといった報告は多い。つまり，活性酸素の発生量のみを問題にしてもあまり意味がない。また，活性酸素は全て悪というわけではなく，体内で免疫細胞ががん細胞や細菌などを攻撃する際に用いられたり，さまざまな細胞内シグナル経路において重要な役割を果たしている。適度な酸化ストレスは生体恒常性維持に必要であり，抗酸化能力とのバランスも含めて考ええなければならない。

(上地 勝)

表1　主な活性酸素

活性酸素	化学式
スーパーオキシドアニオン	O_2^-
ヒドロキシラジカル	·OH
過酸化水素	H_2O_2
一重項酸素	$^1O_2$
一酸化窒素	NO·
次亜塩素酸	HClO
過酸化脂質	
脂質ヒドロペルオキシド	LOOH
ペルオキシラジカル	LOO·
アルコキシラジカル	LO·

図1　酸化ストレスと抗酸化機能のバランス
(文献2) より)

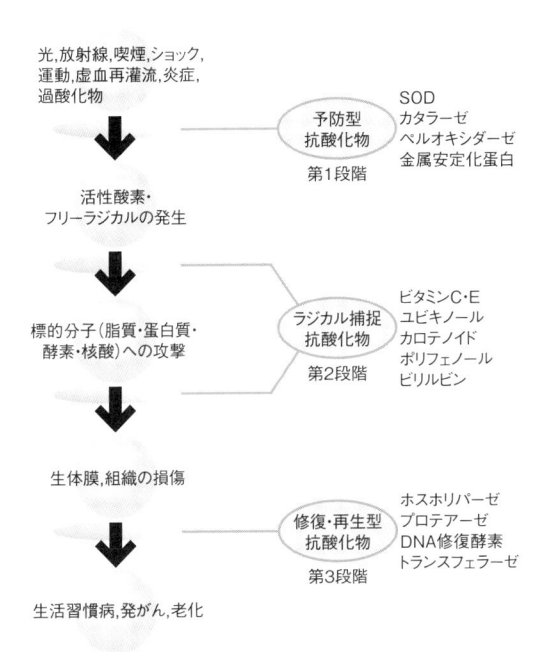

図2　酸化ストレスに対する生体防御機構
(文献2) をもとに作図)

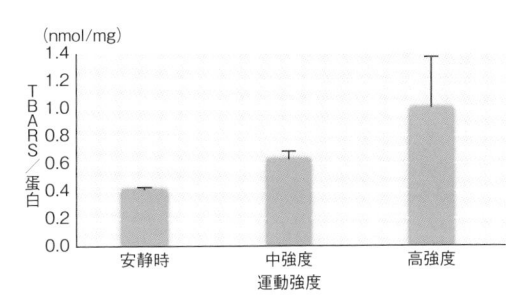

図3　運動強度と活性酸素の発生量
(文献4) より著者改変)

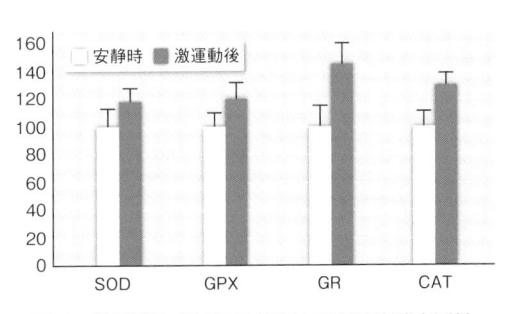

図4　運動時における骨格筋内の抗酸化酵素活性
(文献5) より著者改変)

【文　献】
1) 池上晴夫 (2000)：スポーツ医学Ⅱ－健康と運動．朝倉書店．
2) 小林修平編 (2006)：特集スポーツと食事・活性酸素・抗酸化機能．臨床スポーツ医学, 23 (1)；1－39．
3) 大野秀樹ほか (2001)：運動とフリーラジカル．体力科学, 50；389－416．
4) Allessio HM. (1993)：Exercise-induced oxidative stress. Medicine and Science in Sports and Exercise, 25, 218-224.
5) Ji LL. (1993)：Antioxidant enzyme response to exercise and aging. Medicine and Science in Sports and Exercise, 25, 225-231.

❷ 健康と運動スポーツの関わり

4 免疫機能と運動スポーツ

免疫の基礎

　免疫とは，一言で表現すると，自己と非自己を見分け，非自己の侵入を防ぐための生態防御反応である。免疫反応は大きく自然免疫と適応免疫（獲得免疫とも言われる）に分けられる。

　自然免疫は初期の免疫反応であり，非特異的である。つまり，免疫的な記憶を持たず，侵入してきた異物に対して速やかに反応する。細菌やウイルスが侵入してくると，好中球，好酸球，好塩基球などの顆粒球や，マクロファージやその前駆体である単球，ナチュラルキラー細胞（NK細胞）などさまざまな白血球が働き，侵入してきた細菌やウイルスなどを貪食，攻撃する（図1）。一方，これらの白血球は侵入してきた異物についての情報をリンパ球に伝える。これを抗原提示細胞（主に樹状細胞やマクロファージ）と呼び，適応免疫反応を活性化するための重要な役割を担っている。

　適応免疫ではリンパ球や樹状細胞などが生態防御の中心的な役割を果たすが，高い特異性を示し，以前侵入してきた病原体（抗原）については記憶しておき（免疫学的記憶），2回目以降は初めての時よりも速く，より大量に親和性の強い抗体を産生し，病原体を攻撃する。適応免疫は，大きくT細胞による細胞性免疫とB細胞による液性免疫に分けられる。T細胞はさらにヘルパーT細胞，キラーT細胞，サプレッサーT細胞に分けられる。ヘルパーT細胞はB細胞の抗体産生を助けたり，サイトカインと呼ばれるさまざまな活性物質を分泌してキラーT細胞やNK細胞を活性化させる。キラーT細胞は細胞障害性を発揮し，ウイルスなどに感染した細胞の除去を行う。サプレッサーT細胞は免疫反応を抑える働きがある。B細胞はヘルパーT細胞の抗原提示を受け，抗体（免疫グロブリン）を分泌し，間接的に病原体を攻撃する。

運動スポーツの影響

　運動スポーツは免疫機能にどのように影響しているのだろうか。激しいトレーニングをするアスリートでは，上気道感染症（いわゆる一般的なかぜ症候群）にかかる率が約3倍になるとされている。またマラソンレース参加者では，レース後一週間で上気道感染症に罹患した率が参加していない人に比べ6倍だったという報告もある。一方，ウォーキングプログラムの参加者と非参加者とで比較したところ，参加者では罹患率が半分以下だったとの報告や，症状回復までの日数が約半分の日数だったとの報告がある。これらの一連の研究より，適度な運動スポーツは，運動不足の場合に比べ感染症のリスクを低下させるが，激しい運動やトレーニングは逆にリスクを高めるといったJカーブモデルが有力である。

　免疫機能をつかさどる細胞が運動スポーツによって受ける影響であるが，運動開始直後は好中球，単球，リンパ球は血中細胞数が増加し，その増加率は強度および継続時間に依存する。好中球は運動終了と同時に減少に転じ，運動強度が低い場合はそのまま運動前の値に戻るが，強度が高い場合は再び増加し，数時間は高い値を保つ。リンパ球については，運動終了と同時に減少し，強度が低い場合はすぐに運動前の値に回復するが，強度が高いと運動前の値よりもさらに低下し，いわゆるオープンウィンドウの状態を作り出してしまう（図2）。リンパ球の中でもとくに敏感に反応するのがNK細胞で，運動強度によって大きく変化する。同じリンパ球でもB細胞は運動の影響をあまり受けないとされている。

　激しい運動は免疫機能の一時的低下を招くことが指摘されているが，一方で，マラソンランナーの安静時のNK細胞活性は非運動群よりも高いとの報告がある。これらを考え合わせると，一過性の運動は免疫機能を一時的に低下させるが，

継続的な運動は免疫機能を亢進させる可能性が高い。
　　　　　　　　　　　　　　　　　（上地　勝）

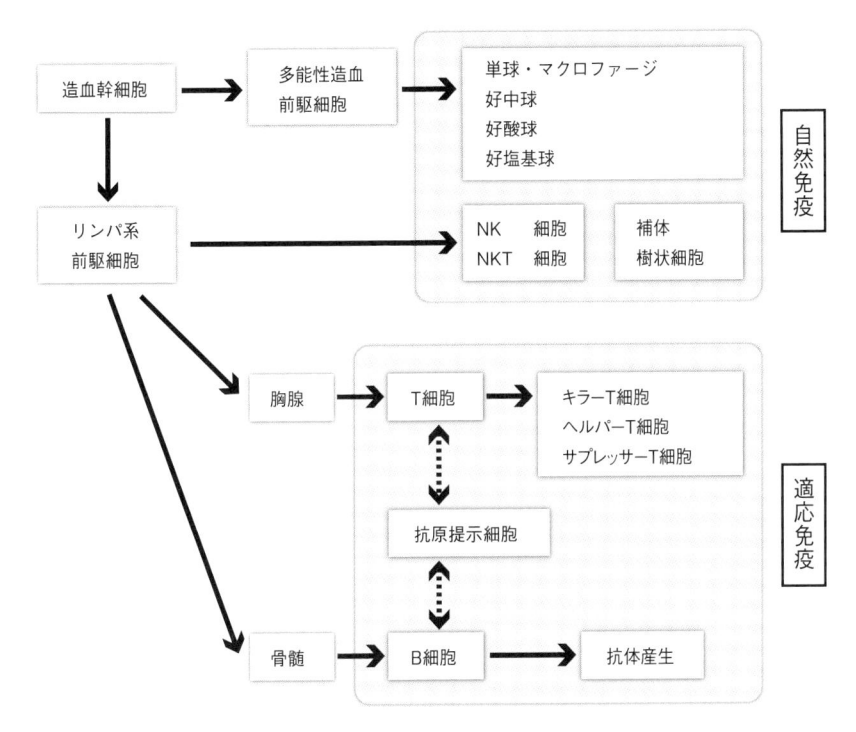

図1　血液の分化と免疫に関わる細胞群

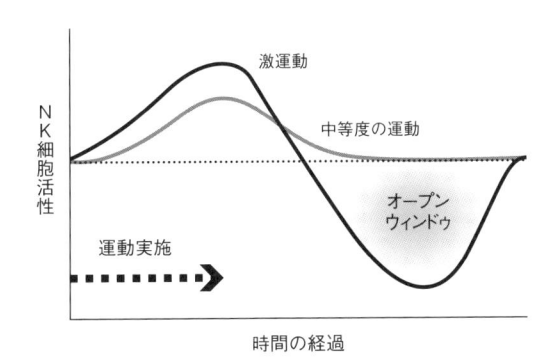

図2　運動が免疫機能に与える急性影響

【文　献】
1) 秋本崇之，河野一郎 (2001)：スポーツ活動時の免疫応答，体育の科学，51, 113−118.
2) 池上晴夫 (2000)：スポーツ医学Ⅱ−健康と運動−. 朝倉書店，東京.
3) 谷口直之，米田悦啓編 (2004)：医学を学ぶための生物学 (改訂第2版)，南江堂，東京.

❷ 健康と運動スポーツの関わり

5 がんと運動スポーツ

　がんと運動スポーツとの関連についての研究が盛んになりはじめたのは1980年代初めのことである。スポーツ競技者と一般人のがん死亡率について比較検討することから始まり，しだいに運動スポーツの実施状況，さらには身体活動量として定量化され，両者の関係性について検討されてきた。また，全がん死亡率，罹患率のみでなく，しだいに部位別に検討されるようになり，部位によって影響が異なることが明らかになってきた。表1はこれまでに研究が行われてきた部位と，その結果についてまとめたものである。ただし，身体活動のがん予防のメカニズムについては十分に解明されておらず，免疫能，ホルモン分泌量，エネルギー消費バランスなどと関連して，さまざまな説がある（図1）。

大腸がんと身体活動

　これまでに多く研究されてきた部位は大腸がんである。大腸は大きく結腸と直腸に分けられるが，結腸がんについては身体活動の予防効果，つまり，身体活動量が多い人では結腸がんに罹患，あるいは死亡する確率が低下することが明らかにされている。一方，直腸ではその予防効果は見られない。また，結腸がんについては男女差が見られ，女性よりも男性において予防効果が高いことが明らかにされている。予防効果のメカニズムとして，身体活動が多いと腸の蠕動が盛んになり，食物の結腸内通過時間が短縮する，つまり，便通が良くなることが知られているが，このことは，糞便が結腸を通過する際，それらに含まれている発がん物質に曝される時間が短くなるということであり，そのことが発がんリスクを低下させている。

乳がんと身体活動

　乳がんと身体活動との関連性についても多くの研究が行われている。過去に実施された研究をまとめると，その影響は閉経前の乳がんに対しては弱く，閉経後の乳がんに対しては明確な予防効果，つまり，身体活動量の多い人では閉経後の乳がん発生リスクが低下するという結果が得られている。その関係性には量−反応関係が見られ，定期的な身体活動が週当たり1時間増えることにより，約6％ずつリスクが減少すると報告されている。

　乳がん予防効果のメカニズムとして，内因性の性ホルモン（エストロゲン，プロゲステロン）の分泌量の動向がもっとも影響を与えていると言われている。これらの性ホルモンは細胞増殖作用があり，それががん細胞に作用するとがん細胞を増殖させてしまうことになる。

　一方，定期的な運動により，これら内因性の性ホルモンの分泌量が低下したり，初経の発現年齢が遅れることが明らかになっている。そのため，生涯においてこれらの性ホルモンに曝される時間や量が少なくなり，乳がんのリスクが低下するという説が有力である。このことは，妊娠・出産経験のある女性の乳がんリスクが大幅に低下することからも理解できる。つまり，妊娠中は月経が無くなり，その期間中はこれらの性ホルモンへの曝露量が低下するため，リスクが減少することになる。また，閉経後のリスクが運動によって減少するのは，体脂肪量の減少によるものとされている。脂肪細胞はさまざまな生理活性物質（アディポサイトカイン）を分泌するが，その中にはエストロゲンなどの性ホルモンも含まれており，体脂肪量が少なければ，体内の脂肪細胞から分泌されるエストロゲンの量も少なくなり，乳がんリスクの減少につながる。

子宮内膜がん

　子宮内膜がんと身体活動の関連性について検討した研究は比較的多く見られる。これまでの研

究結果をまとめた分析（メタアナリシス）では，身体活動の予防効果を報告しており，約20％のがん発生リスクの減少につながるとされている。乳がんの例を考えればメカニズム的にも十分妥当であることが指摘されているが，研究数が十分に多いとは言えず，コンセンサスが得られているわけではない。

前立腺がん

前立腺がんと身体活動の関連性について検討した研究は比較的多く見受けられ，これらの約半数の研究がその予防効果について報告している。そのメカニズムとしては，男性ホルモンであるテストステロン濃度が競技者では低下することが挙げられている。テストステロンも女性ホルモンと同様，細胞増殖作用があり，メカニズムとしては十分に説明のつくものである。しかし，前立腺がんは発症年齢が比較的高いことや，潜在性のものが多いことなどから，研究結果にばらつきが見られ，十分なコンセンサスが得られておらず，今後の研究が待たれる。

肺がん

肺がんと身体活動との関連性について，報告数はあまり多くないが，約半数が身体活動の肺がんに対する予防効果について報告している。そのメカニズムとしては，肺の換気能の向上により気道内における発がん物質の濃度低下，発がん物質への曝露時間が減少し，リスクが低下するとされている。いずれにしても，十分に解明されているわけではなく，今後の研究の蓄積が必要である。

（上地 勝）

表1　身体活動とがんに関する研究とその結果

部位	研究数	結果	
結腸がん	多	予防効果	あり
直腸がん	多	〃	なし
乳がん	多	〃	あり
子宮内膜がん	中	〃	あり？
前立腺がん	中	〃	あり？
肺がん	少	〃	あり？
卵巣がん	少	〃	あり？

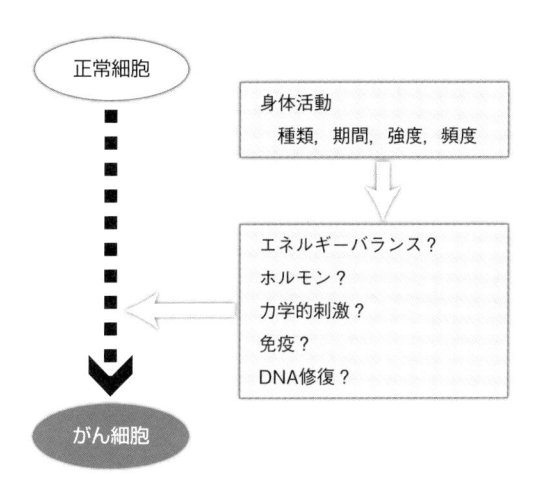

図1　身体活動のがん予防のメカニズム
（文献1）より著者改変）

【文　献】
1) Thune I and Furberg AS. (2001)：Physical activity and cancer risk: dose-response and cancer, all sites and site-specific. Medicine & Science in Sports & Exercise, 33(Suppl.), S530-S550.
2) Monninkhof EM, et al. (2007)：Physical activity and breast cancer: a systematic review. Epidemiology, 18, 137-157.
3) Dorien WV, et al. (2007)：Physical activity and endometrial cancer risk, a systematic review of current evidence. Cancer Epidemiology Biomarkers & Prevention, 16, 639-648.
4) Tardon A, et al. (2005)：Leisure-time physical activity and lung cancer: a meta-analysis. Cancer Causes Control, 16, 389-397.

❷ 健康と運動スポーツの関わり

6 循環器疾患と運動スポーツ

循環器系は心臓を中心として，全身に酸素，栄養分を運搬し，不要物を除去するための血管系，リンパ系によって構成されている。ここでは，主な循環器疾患である虚血性心疾患，脳血管疾患，高血圧と運動スポーツ（身体活動）について言及する。

虚血性心疾患

心疾患は日本人の主要死因の第2位を占めるが，その主要原因が虚血性心疾患である。虚血性心疾患は，心筋への血流が不足し，酸素供給量の不足，および炭酸ガスや代謝産物の蓄積が起きる心筋虚血によって引き起こされ，大きく可逆的である狭心症と，心筋壊死（不可逆的）を伴う心筋梗塞に分けられる。その主な原因は冠動脈（心臓に酸素や栄養を送るための動脈）の動脈硬化によるものである。

虚血性心疾患に対する身体活動の影響については，一次予防と二次予防に分けて考える必要がある。身体活動量が低い人に比べ，高い人では虚血性心疾患の発症率が低いとする一次予防効果についての報告は多い。図1はSofiらの過去の研究をまとめたメタアナリシスの結果であるが，余暇時の身体活動度が低強度の人を1.00とした場合，中強度の人では冠状動脈疾患を発症する確率が0.88倍，高強度の人では0.73倍ということであった。

虚血性心疾患を発症したことのある人について，再発を防止するのが二次予防ということになる。Clarkらの過去の研究をまとめた報告では，運動療法以外の生活習慣プログラム，運動療法単独，運動療法と生活習慣プログラム併用の3つの場合で検討したところ，それぞれ14％，24％，38％の再発予防につながったと報告しており，運動療法の有効性を示している。

一方で，一過性の激しい運動が急性心筋梗塞や心臓突然死の引き金になる可能性もあり，運動の際には留意する必要がある。

脳血管疾患

脳血管疾患と運動スポーツとの関係について検討した研究は，虚血性心疾患に比べると少ない。いくつかの研究において，身体活動が脳血管疾患の発症リスクの軽減に効果があることが指摘されている。たとえばHuらは，フィンランド人を対象に，余暇時の身体活動量が低い人に比べ，高い人では脳血管疾患の発症確率が24％減少すると報告している。また，Nodaらは1日あたりの歩行時間が30分程度の人に比べ，30－60分の人では脳血管疾患による死亡率が20％低下すると報告している。これら過去の研究結果をまとめると，身体活動の予防効果について認める研究は多いが，十分に結論が出ているとはいえず，今後研究の蓄積が必要である。

高血圧

心臓の収縮によって血液は全身を循環するが，その際に生じる血管内の圧力が血圧である。その血圧が高い状態で持続するのが高血圧であり，心疾患，脳血管疾患，腎疾患などさまざまな疾患の重要な危険因子である。

日本においては高血圧患者の90～95％が原因が不明の本態性高血圧であり，残りの5％強が何らかの原因疾患のある二次性高血圧である。本態性高血圧の成因についてはさまざまな説が提唱されているが，未だ明確にはなっていない。高血圧の診断基準は収縮期血圧が140mmHgかつ／または拡張期血圧が90mmHgである（表1）。

運動（身体活動）の高血圧発症予防，降圧効果については多くの研究で検討されている。Huらは職業，通勤，余暇時の身体活動によって3群に分類し，身体活動度が低強度の群を基準とした場合，

中強度，高強度の群では，男性においてそれぞれ発症率が0.63倍，0.59倍，女性において0.82倍，0.71倍に減少することを報告している。

有酸素運動による降圧効果については，非高血圧者においても高血圧患者においても認められている。その効果は非高血圧者では収縮期血圧3mmHg／拡張期血圧2mmHg程度，高血圧患者においては7mmHg／6mmHg前後とされている。また，レジスタンストレーニングによっても降圧作用が認められるといった報告もあるが，十分な結論が得られているわけではなく，さらなる検討が必要である。

（上地　勝）

表1　高血圧の診断基準

	収縮期血圧 (mmHg)	拡張期血圧 (mmHg)
至適血圧	120未満	80未満
正常血圧	130未満	85未満
正常高値血圧	130-139	85-89
高血圧	140以上	90以上
グレード1　高血圧（軽症）	140-159	90-99
グレード2　高血圧（中等症）	160-179	100-109
グレード3　高血圧（重症）	180以上	10以上

図1　余暇時の身体活動強度と冠状動脈疾患の発症危険度
（文献1）より著者作成）

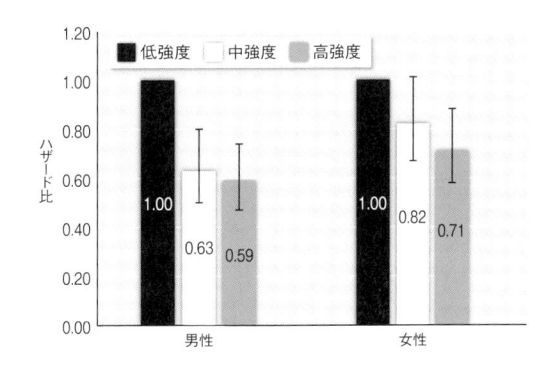

図2　余暇時の身体活動強度と高血圧の発症危険度
（文献8）より著者作成）

【文　献】
1) Sofi F, et al.（2008）：Physical activity during leisure time and primary prevention of coronary heart disease: an updated meta-analysis of cohort studies. Eur J Cardiovasc Prev Rehabil, 15, 247-57.
2) Clark AM, et al.（2005）：Meta-analysis: secondary prevention programs for patients with coronary artery disease. Annals of Internal Medicine, 143, 659-672.
3) 木下訓光（2006）：虚血性心疾患IHD（ischemic heart disease）①：一次予防について．臨床スポーツ医学，23，297-304.
4) 佐藤徹（2006）：虚血性心疾患IHD（ischemic heart disease）②：二次予防について．臨床スポーツ医学，23，465-471.
5) 高尾昌樹，厚東篤生（2006）：脳血管疾患．臨床スポーツ医学，23，693-700.
6) Hu G, et al.（2005）：Leisure time, occupational, and commuting physical activity and the risk of stroke. Stroke, 36, 1994-1999.
7) Noda H, et al.（2005）：Walking and sports participation and stroke. Journal of the American College of Cardiology, 46, 1761-1767.
8) Hu G, et al.（2004）：Relationship of physical activity and body mass index to the risk of hypertension: a prospective study in Finland. Hypertension, 43, 25-30.

❷ 健康と運動スポーツの関わり

7 糖尿病と運動スポーツ

　糖尿病は，遺伝的な素因と生活習慣にかかわる誘因により発症する。糖尿病が「生活習慣病」ともいわれるのは，現代人の生活習慣が，外食産業の隆盛や自動車社会の繁栄，肥満の増加，ストレス社会などが要因となり，食べすぎ・運動不足・ストレス・アルコールの飲みすぎなどを招き，糖尿病になりやすい条件にかたむいているからである。

　糖尿病の該当者と予備軍の数は，2002年の調査から4年間で250万人増加し，計1870万人と推計されることが，厚生労働省が発表した「平成18年国民健康・栄養調査結果の概要」で明らかになった（図1）。

血糖とインスリン

　インスリンは膵臓で作り出されるホルモンで，細胞が血液中のブドウ糖を取り込んでエネルギーとして利用するのを助ける働きをする。インスリンの作用が不足すると，ブドウ糖を利用できなくなり，血液中のブドウ糖濃度「血糖値」が高くなる。これを高血糖[*1]といい，この状態が継続するのが糖尿病である（図2）。

　インスリンの作用不足には，膵臓のインスリンを作り出す能力が低下してしまうこと（Ⅰ型糖尿病），インスリンに対する細胞の感受性が悪くなる（Ⅱ型糖尿病）2つの原因があり，生活習慣病と呼ばれる糖尿病は後者のタイプである。

糖尿病の症状

　糖尿病の症状は気づきにくく，多少血糖値が高いくらいではまったく症状のない人がほとんどである。しかし，その程度の高血糖でも合併症は着実に発症・進行し，さらに高血糖がひどくなると，足先や手先がしびれる・痛い，足が冷たい・ほてる（神経障害），視力が落ちる，物がゆがんで見える（網膜症），だるい，疲れる，足がむくむ，貧血になる（腎症），など糖尿病の三大合併症があらわれる。

糖尿病の治療

　糖尿病の治療は，合併症の発症・進行を予防するために高血糖を是正すること，つまり血糖コントロールがすべての基本であり，食事療法・運動療法・薬物療法の3つが柱となる。

① 食事療法

　食事療法は絶対に必須である。食事で余分に摂取したエネルギーを処理するのは大変で，エネルギー摂取量を抑えるほうが，血糖コントロールが容易である。実際，食事が乱れていれば，ほかの治療法の効果はあまり反映されない。その意味でも，食事療法は糖尿病治療の根幹となる治療法である。Ⅱ型糖尿病の場合，厳格に食事療法を守れば，7割以上の糖尿病患者がそれだけでコントロール可能である。

② 運動療法

　運動で体内に余分に溜まったエネルギーを消費すると血糖値は下がる。また，インスリンの細胞レベルでの働きが高まり（インスリン感受性が高くなり），血糖コントロールがしやすくなる。さらに，血行がよくなる，ストレスが解消される，皮下脂肪が減る，骨格筋が増える，生活の活動度が高まるなど，多くの効果が得られる。

③ 薬物療法

　食事療法と運動療法だけではコントロールがうまくできない時，薬物療法を追加する。経口血糖降下薬（飲み薬）を用いる内服療法と，インスリンを注射で補充するインスリン療法との，2つがある。

　経口血糖降下薬は膵臓からのインスリン分泌を増やしたり，細胞のインスリン感受性を高めて血糖値を下げる。インスリン療法は直接体外から補充したインスリンが，血糖降下を助ける。どちらの薬物療法をいつから始めるかは，それぞれの

糖尿病のタイプや病状，合併症の進行具合など，さまざまな要因を総合して決められる。

運動療法とは

糖尿病の治療としてもっとも効果的な運動は，酸素を十分に取り入れて行う中程度の強さの運動，いわゆる有酸素運動（エアロビクス）である。エアロビクスとは，酸素を十分に取り込み，血糖や脂肪を効率よく燃焼させることを目的とした，リズミカルな全身運動である。具体的にはウォーキング・ジョギング・サイクリング・水泳などを，ある程度の強さを持続して行うものである。

運動は高血糖を改善すると同時に，肥満の解消に大きな効果がある。また，糖尿病患者がかかりやすい血管合併症などの予防や進行を抑える効果もある。さらに，体を動かすのが楽になり，日常生活も快適になる。運動療法による効果をまとめると，

(1) **血糖を下げる効果**
(2) **体重を減らす効果**
(3) **心臓や肺の働きを強化する効果**
(4) **血圧を下げる効果**
(5) **足腰など下肢の筋力を強くして，老化を予防する効果**
(6) **血液の循環をよくする効果**
(7) **ストレス解消など気分転換の効果**
(8) **体力がついて動きが楽になるため，日常生活が快適になる効果**

などがある。

Ⅰ型糖尿病の人，糖尿病性以外の合併症のある人，たとえば，血圧がいちじるしく高かったり，心臓や肺の病気があったり，腰や膝の関節が悪い場合なども，運動内容に注意や制限が必要なので，主治医の判断と指示に従わなければならない。

（富樫泰一）

注
＊1　随時血糖値が 200mg/dl 以上，空腹時血糖値が 126mg/dl 以上，75g のブドウ糖を飲んで 2 時間後の血糖値が 200mg/dl 以上のいずれかを示す人は糖尿病と診断される。

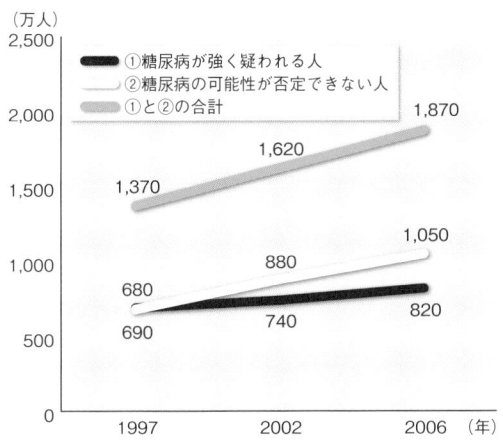

図1　2006 年国民健康・栄養調査，2002 年・1997 年糖尿病実態調査報告
（糖尿病ネットワーク：
http://www.dm-net.co.jp/calendar/2008/05/006893.php より）

図2　インスリンの作用不足のしくみ
（Diabetes.co.jp：
https://www.diabetes.co.jp/CACHE/dbt/index_index.cfm より）

❷ 健康と運動スポーツの関わり

8 骨粗鬆症と運動スポーツ

骨粗鬆症とは

骨の量が減って骨が弱くなり，骨折しやすくなる病気である。古くは古代エジプト文明時代からある病気だが，近年寿命が延び，高齢者人口が増えてきたため，とくに問題になってきている。日本では，約1,000万人の患者がいるといわれており，高齢者人口の増加に伴ってその数は増える傾向にある。骨の構造から見ると，皮質骨（骨の外側）よりも海綿骨（骨の内側）で骨の量の減少が明らかである。海綿骨の量が減ると，複雑にからみあった網目構造がくずれて，あちこちで骨梁がなくなっていくので，骨が弱くもろくなる（図1）。

皮膚と同じように，骨も新陳代謝を繰り返している。つまり，古い骨を壊し，新しい骨を作るというサイクルを繰り返し，骨のしなやかさや強さを保っている。これを骨のリモデリング（再構築）と呼ぶ。ここで重要な働きをしているのが，「破骨細胞」と「骨芽細胞」である（図2）。

骨粗鬆症が問題となる理由は，高齢者の寝たきりの原因のうち約20％が「骨折」で，なかでも大腿骨骨折が問題となる。つまり，骨折をきっかけに寝込んでしまうと，骨折が治った後も自力で歩くことが困難になってしまうからである。また，骨粗鬆症が進むと，背骨が圧迫されてつぶれ（圧迫骨折），その結果，背中が丸くなり内臓が圧迫されるため消化不良や便秘になったり，食べたものが食道に逆流しやすくなり胸焼けがしたりする。さらに，背中や腰などに，骨折に伴う痛みが出てきたり，痛みのために日常生活での動作・行動範囲の制限を受ける。

骨粗鬆症の分類

骨粗鬆症には，もっとも多く見られる原発性骨粗鬆症（閉経や加齢にさまざまな原因が重なっておこる）と，続発性骨粗鬆症（特定の病気や薬剤によって起こる）とがある。

原発性骨粗鬆症には，閉経後の女性は女性ホルモンが少なくなるため骨吸収が強くなる閉経後骨粗鬆症と，加齢とともに男性・女性の両方に見られる老人性骨粗鬆症，妊娠後骨粗鬆症や若年性骨粗鬆症などの突発性骨粗鬆症がある。

続発性骨粗鬆症には，薬剤性のもの，関節リュウマチ，糖尿病が原因となるものがある。

関節リュウマチ（RA）の初期では，罹患関節近傍の骨の密度を低下させる（傍関節性骨粗鬆症）。

インスリン依存型糖尿病（I型糖尿病）によるインスリンの不足は，骨を造る細胞の働きを弱めたり，腸管からのカルシウム吸収を増やす活性型ビタミンDの腎臓での産生を低下させ，骨量を減少させる。

女性の骨はホルモンの影響を大きく受ける

女性の骨量は，骨格の完成する思春期まで急峻に増加したのちに20代半ばまで増え続ける。その後30代後半までは最大の骨量値を維持する。女性の骨にとって欠かせないのが女性ホルモン（エストロゲン）で，エストロゲンは骨をつくり，骨からカルシウムが溶けだすのを抑える働きをしている。そのため，閉経によってエストロゲンの分泌が急に低下してしまうと，骨からカルシウムが溶け出す作用のコントロールができなくなって，骨量が急に低下しはじめる。このように骨量が急激に減少する時期が閉経後5〜10年間継続する。これは女性であれば誰にでも起こることでやむを得ないともいえるが，食事や運動である程度はその減少を抑えられるので，なるべく骨量が減少しないように心掛ける。その後，加齢とともに骨量の減少の程度は緩やかになるが，減少は食い止められないので，食生活や運動に気を配る必要がある。特に閉経までに骨量を蓄える「貯骨」が重要となる。

骨粗鬆症と食事療法

　日本人は慢性的なカルシウム不足だと言われている。日本人のカルシウム1日所要量は600mgとされているが、諸外国に比べこの値はかなり低いが、この値すら達成できていない。さらに、骨粗鬆症の治療ガイドラインでは1日800mgのカルシウムの摂取を勧めているので、日々の食生活の中で積極的にカルシウムをとるようにすべきである。また、骨のためにはカルシウムだけでなく、ビタミンDなどほかの栄養素にも気を配らなければならない。

　カルシウムが多く含まれる食品として、乳製品、干しエビ・煮干し、大豆製品、ひじき・昆布などがある。ビタミンDが多く含まれる食品として、シラス干し、鮭（生）がある。ビタミンDは食品から得られるほか、日光に当たることによっても皮下で合成される。また、腎臓・肝臓でビタミンDが活性化されると、腸でのカルシウムの吸収を助ける。

　スナック菓子、インスタント食品、炭酸飲料にはリンが多く含まれており、リンは体に必要な栄養素であるが、とりすぎるとカルシウムの尿中への排出を促進し、またカルシウムの腸からの吸収を妨げるので、これらの食品のとりすぎには注意が必要である。

骨粗鬆症と運動療法

　骨に適度な力（主に体重）をかけることで、骨の強さは維持される。例をあげると、宇宙飛行士は無重力に近い状態にいるため体重が骨にかからず、意識して運動をしないでいると、短期間で骨の量が飛行前より低下したというデータがある。また、運動によって筋力が維持され、反射神経もよくなるので、転びにくくなるとも考えられる。

　骨粗鬆症予防は、定期的な運動のほか、散歩、立っている時間を長くする、買い物に歩いて行く、家の掃除をする、エレベーターの代わりに階段を使うなど、スポーツでなくても日常生活の中で体を動かすことにより可能である。

　骨に対する運動の効果の現れ方は、一般に運動の時間が長いほど、また骨にかかる力が大きいほど、著しいとされている。しかし、強い運動は運動習慣のない中高年の人には不適である。軽い運動であっても、時間を十分かければ効果がある。体力や骨折の起こりやすさは個人差があり、高齢者では他の病気の合併も考えられるので、運動を始める前に主治医と相談するとよい。

　逆に、重い物を持ち上げる、強く体をねじる、転倒の危険があるといった運動には注意が必要である。

（富樫泰一）

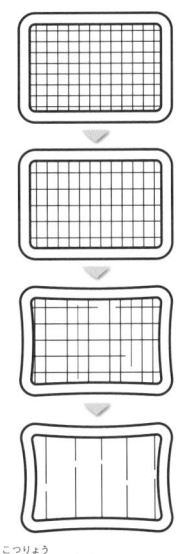

図1　骨梁の減少
外側が皮質骨、内側（格子線）が海綿骨を表し、内側の骨梁の減少によって骨が弱くなる
（http://www.oizumi-clinic.com/pc/free2.html より）

図2　骨が減るメカニズム
（http://www.takeda.co.jp/pharm/jap/seikatu/osteoporosis/shikumi/04.html より）

破骨細胞	骨芽細胞
古くなった骨を溶かしていく（骨吸収）	破骨細胞によって溶かされた部分に新しい骨を作り修復する（骨形成）

❷ 健康と運動スポーツの関わり

9 肥満と運動スポーツ

肥満のとらえ方

　一般に，肥満の判定にはBMI（Body Mass Index＝体重（kg）／身長²（m））が使われる。日本ではこの値が25以上，アメリカやヨーロッパでは30以上のとき「肥満」と判定する（表1）。日本の基準が厳しく設定されているのは軽度肥満でも合併症を有する危険が高いためである。同一基準を用いると，諸外国に比べて，日本では肥満が少ないけれども（表2），男性肥満者の増加が懸念されている（図1）。肥満は「体脂肪の過剰蓄積状態」と定義され，筋量や骨量が多く体重が重い場合には肥満ではない（スポーツ選手）。一方，体重が標準的でも体脂肪が多いときには肥満といえる（隠れ肥満）。したがって，肥満か肥満でないかはBMIより体脂肪を測定して判定する方が望ましい。

　しかし，肥満のとらえ方は，近年，急速に変化している。単に体脂肪が多いだけで健康上の問題がない場合には「肥満」とし，肥満に加えて健康障害を有するか，そのリスクがある状態を「肥満症」とするものである。さらに，肥満でなくとも（BMIが25未満であっても），内臓脂肪が多く，軽度でも高脂血症，高血圧，耐糖能異常などの集積がみられる場合には「メタボリックシンドローム」として治療対象とする考え方である。こうした肥満症あるいはメタボリックシンドロームは動脈硬化性疾患の発症につながるので，治療および予防が重要といえる。なお，肥満には，原因疾患がなく主に生活習慣が関与する「単純性肥満」と，何らかの一次疾患が背景にある「随伴性肥満」があり，後者では一次疾患の治療が必要になる。

肥満と食事療法

　肥満（症）の治療法には，食事療法，運動療法，薬物療法，行動療法，外科療法などがある。これらの目的は体脂肪とくに内臓脂肪を削減し，これに起因する合併症（高脂血症，高血圧，耐糖能異常など）のリスクを軽減することにある。単なる「やせ願望」から体重を減らしたい場合は対象としていない。内臓脂肪は皮下脂肪よりも食事や運動で変化しやすく，わずかな変化でも健康上のメリットは大きいと考えられている。

　食事療法では，摂取エネルギーを肥満症患者の仕事内容や運動量を考慮して医師や栄養士が1,000〜1,800 kcal/dayの幅の中から選択し処方することになる。このとき，各種栄養素が不足しないよう配慮される。大幅な体重減少が必要な場合には600 kcal/day以下に設定されることもあるが，副作用が多く（ときには突然死の危険もあるので），原則として入院管理下で実施される。言い換えれば，安易なダイエットは危険といえる。

肥満と運動療法

　体脂肪を減らすにはエネルギーバランス（＝摂取エネルギー量－消費エネルギー量）を負にしなければならない。摂取エネルギー制限（食事療法）に比べると消費エネルギー増加（運動療法）は容易でなく（表3），運動療法の効果は表れにくい。しかし，食事制限はエネルギー代謝や糖代謝に重要な筋機能の低下につながりリバウンドを起こしやすいのに対して，運動は内臓脂肪削減，インスリン抵抗性改善（インスリンの効きをよくする），高血圧改善，さらにストレス軽減効果なども期待できる。一般に食事療法と運動療法を併せて実施するのがよいとされ，さらに行動療法を加えるとよい。消費エネルギーを多くするには，①強度の低い運動を長く行うこと，②週あたりの回数を多くすること，③日常生活の活動量を増やすことがポイントで，一過性の強い運動をしてもその後の生活が不活発になると消費エネルギーは多くならない。原則的には，中等度以上の有酸素運動を毎日30〜60分，さらに減量した体重

を維持するには毎日60〜90分必要とされている。整形外科的障害を防ぐ意味から水泳や自転車こぎなどの体重負担の少ない運動スポーツが望ましい。なお，局所筋の収縮によりその上層にある皮下脂肪を選択的に除去することはできないと考えられている。

肥満とスポーツ

肥満は運動能力を低下させる。とくに体重移動をともなう運動のパフォーマンス（できばえ，記録，成績）を低下させる。たとえば，陸上競技の短距離走や長距離走のタイム，さまざまな球技におけるボディーコントロール能力，ジャンプの高さなどが低下する。これは余分な体脂肪が荷重負荷や慣性負荷となることと，皮下脂肪の断熱効果により体温が上昇しやすいことなどによる。運動強度が高くなり，乳酸が蓄積され，運動をきつく感じるようになり，さらに自信喪失も加わることになる。このため肥満になると運動スポーツに参加しにくくなり，このことがさらに肥満を重度化していく。したがって，とくに発育期にある子どもにおいては，こうした悪循環をできるだけ早期に防止するという視点も必要だろう。

（松坂　晃）

表1　BMIによる肥満判定基準 [1]

BMI値	日本肥満学会基準	WHO基準
BMI < 18.5	低体重	Underweight
18.5 ≦ BMI < 25.0	普通体重	Normal range
25.0 ≦ BMI < 30.0	肥満（1度）	Preobese
30.0 ≦ BMI < 35.0	肥満（2度）	Obese I
35.0 ≦ BMI < 40.0	肥満（3度）	Obese II
40.0 ≦ BMI	肥満（4度）	Obese III

表2　世界各国の肥満出現率（％）（BMI ≧ 30）

	男性	女性
USA	31.1	33.2
イギリス	22.6	25.8
ニュージーランド	21.9	23.2
メキシコ	18.6	28.1
カナダ	17.9	12.5
オーストラリア	17.8	15.1
ドイツ	13.6	12.3
スペイン	13.0	13.5
ペルー	11.5	13.1
スウェーデン	10.4	9.5
イタリア	9.3	8.7
ブラジル	8.9	13.1
スイス	7.9	7.5
オランダ	7.2	11.9
シンガポール	6.4	7.3
日本	2.9	3.3
中国	2.4	3.4
韓国	1.7	3.0

http://www.who.int/bmi/index.jsp をもとに作成

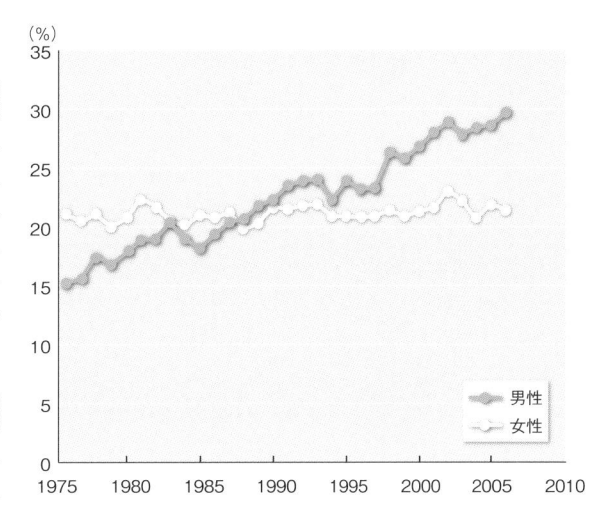

図1　日本の肥満出現率（％）（20歳以上，BMI ≧ 25）
http://www.mhlw.go.jp/houdou/2008/04/dl/h0430-2c.pdf をもとに作図

表3　運動による消費エネルギーと食事による摂取エネルギー [2]

100kcalを消費する運動		100kcalの食材		
ウォーキング	30分	ごはん	62.5g	茶碗半膳
サイクリング	30分	食パン	37.5g	6枚切り1/2枚
エアロビックダンス	30分	ゆでうどん	94g	1/2玉
ジョギング	20分	牛乳	150g	コーヒーカップ1杯
水泳（平泳ぎ）	10分	ジュース	210g	コップ1杯
ゴルフ	40分	マグロ赤身	81g	刺身6切れ
テニス	20分	ひき肉	44g	卵大ひとかたまり
ボウリング	45分	油	11g	大さじ1杯弱

年齢40歳，体重60kgの女性の場合（運動強度によって時間は異なる）

【文　献】 1）日本肥満学会肥満治療ガイドライン作成委員会(2006)：肥満治療ガイドライン2006, 肥満研究12(臨時増刊号).
2）中田由夫，田中喜代次（2007）：減量後の体重維持と運動量，臨床スポーツ医学，24, 885-889.

❷ 健康と運動スポーツの関わり

10 運動スポーツ中の突然死

突然死とは

突然死についてWHO（世界保健機関）は「発症から24時間以内の予期せぬ内因性（病）死」と定義している。一般的に急性心不全，急性心停止又は特別な外因が見当たらない頭蓋内出血等が直接死因とされた病死である。

日本における突然死の中でスポーツ中の突然死は数％に満たない程度である。しかし，記憶に新しいところでは2002年11月21日にカナダ大使館で高円宮殿下のスカッシュ中の突然死，2003年サッカーカメルーンのフォエ選手が試合中に突然死した例など，社会に大きな衝撃を与えた事例も存在し，スポーツを行う上ではわずかではあるが存在するリスクとして正しい理解と予防について学んでおきたい。

スポーツによる突然死は，潜在性または顕性の基礎疾患からスポーツによるストレスが引き金となって発症することが多いが，器質的な問題がなく発症する場合もある。いずれにしろ，スポーツが直接体に悪影響を与えるわけではない。

運動スポーツ中の突然死の死因

スポーツにおける突然死の大半は心循環系に原因があり，他は脳血管障害，呼吸器疾患が次いでいる。死因については原因の特定できない急性心不全を除けば，虚血性心疾患[*1]がもっとも多い（表1）。スポーツ中の突然死はあらゆる年齢層に発生しているが，中高年者では虚血性心疾患の割合が高く，若年者では不整脈や心筋症，冠動脈奇形などその他の心疾患が多い。子どもにおいては近年心臓震盪も認められている。心臓震盪とは比較的軽微な胸部への鈍的外力により心室細動が誘発されて死に至るものである。野球の守備の際に取り損ねた打球を胸に受け，ボールを拾って投げようとしたが突然倒れ心停止にいたることが典型的な例として挙げられる。

運動スポーツ中の突然死の種目

スポーツにおける突然死はあらゆる種目で認められ，強度や競技性の高さとは関係しない（表2）。もっとも突然死が多いのはランニングである。簡便に行える上に一般市民が参加する機会が多いこと，トレーニング前後，学校体育，部活動の練習などでも行われており，発生数が多くなっていると考えられる。次にゴルフ，水泳，野球などが多い。ゴルフは潜在性，顕性の心疾患を有しながら中高年の多くが楽しめる種目であり，運動強度は低いが発生数は多い。水泳は一瞬の意識喪失であっても，水没し死亡することが多いため，発生数が多いと考えられる。野球は先に挙げた心臓震盪なども含め，若年層での発症が多い特徴がある。

運動スポーツ中の突然死の予防と対策

スポーツ関連の突然死は潜在性の基礎疾患，発症のメカニズムなどを理解すれば予防できる場合が多く，適切な対応により救命の可能性がある。

中高年のスポーツにおける突然死例の約半数は，心疾患の既往あるいは冠危険因子（高血圧，糖尿病，高脂血症，動脈硬化など）を有すると言われている。

近年はメタボリックシンドロームが叫ばれ，その予防には運動が適しているが，そのような人たちは突然死のリスクが高いと考えられるので，メディカルチェックや専門医の運動処方が必要である。また，心疾患の既往あるいは冠危険因子がない場合でも突然死は起こりうるので，メディカルチェックはすべての人がすべきである。中でも安静時心電図，運動負荷試験，また運動負荷中の継続的な血圧測定は行っておきたい。

突然死の前には何らかの前触れ症状があったという報告がある。坂本[4]は危険の前触れ症状について述べている。

胸痛：胸の中心が押さえられるように痛み（圧迫感に近い），数分続き，死の恐怖感とともに冷や汗が伴うもの。あごや歯，左手，左肩が痛む場合もある。

息切れ（呼吸困難）：今までは息切れがしなかった強度の運動で息切れが生じる。夜間に息苦しさで目が覚め，起き上がると楽になる。

失神，失神前兆：心臓が原因で眼前暗黒，冷や汗，悪心を伴うもの。しかし心臓が原因での失神かの区別は容易ではないので失神があった場合は医療機関で検査を受けると良い。

動悸：不整脈による動悸。急に始まる激しく，規則正しい動悸，急にとまる特徴がある。

頭痛：突然，頭を棒で殴られたような激しい頭痛。脳出血やくも膜下出血が小さい出血で済んだ場合の可能性があるので医療機関で検査する必要がある。

AED（自動体外式除細動器）について

　AEDとは突然心臓停止状態に陥った時，心臓に電気ショックを与え正常な状態に戻す医療機器である。コンピューターを内蔵し電極を胸に貼ると心電図を自動的に解析し心室細動か否かを判断し，機械が電気ショックを指示する。わが国では平成16年7月から一般使用ができるようになった。スポーツにおける突然死は最終的には心室頻拍や心室細動などの致死性頻脈性不整脈が大半であるため，発症後ただちにAEDを使用すれば救命の可能性は高まる。スポーツに関わる人なら誰でも，講習会を受講するなどAEDについての知識を持っておきたい。

（櫻井健太）

表1　わが国におけるスポーツ突然死の死因

死因	件数	割合
虚血性心疾患	231	43.3%
急性心機能不全	116	21.7%
他の心疾患	83	15.5%
脳血管破綻	64	12.0%
大動脈瘤破裂	20	3.7%
他の脳疾患	6	1.1%
他の内因疾患	14	2.6%

（文献1を改変）

表2　突然死が認められたスポーツ種目

種目	件数	平均年齢±標準偏差
ランニング	118	32.9±18.9
水泳	68	38.7±23.7
野球	42	32.4±14.5
ゴルフ	40	56.6±12.9
体操	31	48.8±23.6
ダンス	25	61.5±16.1
バスケットボール	19	18.8±5.0
ボーリング	18	40.7±14.1
ゲートボール	17	73.2±7.2
剣道	13	58.2±16.0
テニス	27	52.6±17.3
卓球	18	38.4±18.0
サッカー	13	33.5±15.6
バレーボール	11	30.7±14.3
バドミントン	10	41.2±13.4

（文献1を改変，10件以上の種目を抜粋）

＊注
＊1「虚血性心疾患」：動脈硬化や血栓症などにより，心臓の冠状動脈が心筋の活動に必要な酸素を供給できず，心筋が酸素不足に陥ったために起こる心疾患の総称。

【文　献】
1）畔柳三省，他（2002）：スポーツ中の突然死，日本臨床スポーツ医学会誌，10，479-489.
2）武者春樹，他（2006）：スポーツと突然死，治療，Vol88，1751-1755.
3）輿水健治（2007）：スポーツと突然死，救急医学，31，637-641.
4）坂本静男（1995）：スポーツでなぜ死ぬの―運動中の突然死を防ぐには―，メトロポリタン．

❷ 健康と運動スポーツの関わり

11 運動スポーツ中の事故

スポーツ事故の現状

　スポーツ事故とは，スポーツを行う過程において突然に発生する異常な事態と考えられるが，スポーツは身体を使って活動するため事故が起こりやすい行為と言える。スポーツ事故には次のような要因が挙げられる。

① **施設，設備，用具の不備による事故**
　「老朽化した鉄棒が使用中に折れて床に落下する」，「整備を怠ったグラウンドでイレギュラーした打球が顔に当たる」などの事故が考えられる。施設，設備，用具に関しては事前事後の点検と使用規則や使用上の注意を遵守することの徹底が必要である。用具については服装にかかわる内容も含まれる。近年，身体接触を伴う種目中に指輪，ネックレス等の装飾品を外さずに行う場面を目にすることがあるが，他者への危険性を十分に理解し，種目に適した服装の準備をする必要がある。

② **スポーツ特性に関わる原因の事故**
　「ラグビーのタックルによる脳震盪」などはそのスポーツの競技特性ゆえであり，種目により事故の危険性は異なる。また「サッカーで，後ろからタックルし相手の靱帯を損傷する」などルールを守らずに起こる事故も含まれる。スポーツには安全にかかわるルールが存在する。柔道の河津掛けなど格闘技では禁止技が存在し，野球では選手の衝突を避けるために打者走者の走るゾーンが定められている。「勝つためなら仕方がない」という意識は大きな事故を招きかねない。競技特性を理解し，ルールを遵守する姿勢がのぞまれる。

③ **スポーツを行う人自身にかかわる事故**
　「寝不足，朝食を取らないまま動き始め体調が悪化する」などは本人の体調管理の問題である。自らの体調を主体的に管理し運動に参加するか否かを判断しなければならない。「技術が足りない状態でスキーのジャンプを行い転倒し手首を骨折」などは自身の技術レベルを見誤った結果と考えられる。

④ **自然環境による事故**
　とくに普段の生活環境とは違う野外での活動では事故が起こりやすく，死亡事故など大きな事故になりやすい。野外での事故については別項にて扱う。

山岳遭難の現状と対策

　平成18年度における山岳遭難の発生件数は1,417件で，遭難者数は1,853人であり，昭和36年以降過去最高の結果となった。過去10年間を見ても山岳遭難は右肩上がりで増加している（図1）。近年の遭難の特徴は装備が不十分，登山知識の欠如など基礎的知識や技術がないために起こる「初歩的遭難」の増加で，遭難者の多くは40歳を越える中高年者である。若者の遭難は多くはないが，レジャー白書によると過去も現在も中高年になると登山へ参加する人口は増大する。現在の若者は潜在的に今後登山者となる可能性を持っているため認識を改める必要がある。山岳遭難を防止するためには，装備と山岳知識の充実，単独での行動を避ける，天気や状況によっては無理をせず引き返す，緊急連絡手段の確保などが挙げられる。

水の事故の現状と対策

　平成18年度の水難事故発生件数は1,448件で，水難者は1,674人である。過去10年間の水難事故発生状況を見ると，多少の変動はあるが，減少傾向にある。一方，平成18年度のマリンレジャーに伴う海浜事故者数は881人，過去10年間の変動を見ると，横ばいであり，大きな減少は見られない。またモーターボート，水上オートバイなどの海難船舶隻数を見ると近年は減少の傾向ではあるが，10年前に比べやや増加している（図2）。モーターボートや水上オートバイの事故原因は愛

好者が船の取り扱いに慣れていないことが挙げられている。有免許者の安全への意識の改善が求められる。マリンレジャーにおいてはライフジャケット着用の徹底や気象，海象の把握などが考えられる。本来，楽しいはずのレジャー活動を事故につなげないよう水の怖さと特性を良く知った上での計画，行動が望まれる。

スキー・スノーボードでの事故

スキー場での事故は，スノーボード（以下ボード）愛好者の増加や用具の発達などにより変化している。レジャー白書によれば平成16年のスキー参加人口は760万人で，ボード参加人口は470万人である。スキー人口は平成7年の1,630万人から半分以下に減少しているが，ボード人口は平成9年の320万人から平成14年の540万人をピークに全体的には増加している。全国スキー安全対策協議会の報告書によると，平成16－17年のスキーシーズンのスキー受傷率に比べボード受傷率は2.2倍であり，周辺数年は2倍前後から変化はない。また，ボードの特徴として頭部を打つ可能性が高い。死亡事故者はスキーヤー5名，ボーダー7名と参加人数から考えるとボーダーの死亡率は高い。また，カービングスキーの普及により年々カービングスキーでの受傷者が増加している。受傷箇所は膝がもっとも多く，肩，下腿，頭等が多い。ノーマルスキーに比べ，肩の受傷割合が高いのが特徴である。また，他の用具に比べ速いスピードでの受傷の割合が高く，用具への不適応がうかがえる。

スポーツに含まれる危険

スポーツにはもともと本質的な危険が含まれている。それを最大限に避けようとすると，スポーツの意義を失う可能性もある。スポーツをする際には本質的な危険性を理解した上で，危険性を最小限に抑える配慮をしながら活動を楽しむべきである。十分な配慮をした上でも万が一事故に遭ってしまった時のために保険に加入すること，また，負傷者を救うための救急法，迅速な連絡などの体制を整えておくことも必要である。

（櫻井健太）

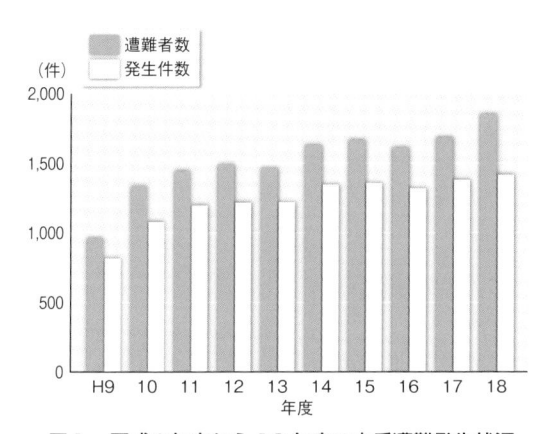

図1　平成9年度から18年度の山岳遭難発生状況

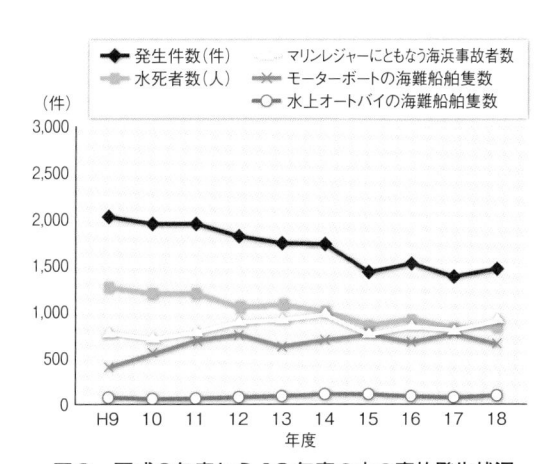

図2　平成9年度から18年度の水の事故発生状況

【文　献】
1）三浦嘉久（1995）：スポーツ事故の総合的研究，不昧堂出版．
2）菅原哲朗（2005）：スポーツ法危機管理学，エイデル研究所．
3）警察庁生活安全局地域課（2007）：平成18年中における山岳遭難の概況．
4）警察庁生活安全局地域課（2007）：平成18年中における水難の概況．
5）海上保安庁（2007）：平成18年における海難及び人身事故の発生と救助の状況．
6）財団法人社会経済生産性本部（2005）：レジャー白書2005．
7）全国スキー安全対策協議会 HP：http://www.safety-snow.com/

❷ 健康と運動スポーツの関わり

12 熱中症とその予防

人間は生命活動を維持するために，脳，心臓，肝臓など身体内部の重要な臓器の体温（深部体温）を37℃前後に保つ必要がある。深部体温が37℃よりも±3℃以上変化すると，多くの酵素の働きが阻害され，正常な代謝や生命維持に必要な臓器などの機能が損なわれてしまい，時には生命が危険に曝されてしまう。

運動は体温上昇とともに発汗を伴うものであり，暑熱環境下において運動を実施する場合，適切な体温調節，水分補給が行われないと熱中症をはじめさまざまな障害を引き起こしてしまう。

熱中症とは

熱中症とは，暑熱環境によって生じる障害の総称で，大きく次の3つの病型に分けられる。

1)熱けいれん

多量に発汗した時に，水のみで水分補給をした場合，体内のナトリウムやカルシウムなどの電解質濃度が低下し，筋の興奮性が亢進してけいれんが起こりやすくなる。

2)熱疲労

多量の発汗によって脱水状態になると，循環する血液量が不足して心拍出量が低下する。このために循環不全あるいはショック状態となり，全身倦怠感，脱力感，めまい，吐き気，嘔吐，頭痛などの症状が起こる。体温の上昇は顕著ではない点が熱射病とは異なる。

3)熱射病

熱中症の中でも重篤な状態であり，適切かつ迅速な対応が必要である。熱射病は体温調節機能が破綻して起こり，高体温と意識障害が特徴である。体温が42℃以上，あるいは発汗停止（皮膚の乾燥）が見られる場合は特に緊急性が高い。

表1は安岡らが提唱した熱中症の重症度分類である。実際の現場では，症状を診断することよりも，この重症度に合わせて対処したほうが適切な措置が可能となる。Ⅰ度の症状があれば，すぐに涼しい場所へ移し体を冷やすこと，水分を与えることが必要である。また，誰かが付き添って見守り，改善しない場合や悪化する場合には病院へ搬送する。Ⅱ度やⅢ度の症状であればすぐに病院へ搬送することである。

熱中症の発生状況

図1は学校管理下における熱中症による死亡事故について示したものである。月別に見た場合，もっとも暑い7月から8月にかけて発生件数が多いが，とくに梅雨明けの急に気温が上昇する時期は注意が必要である。また，夏以外の時期でも，長時間の運動実施の場合，あるいは湿度が高い場合などは注意が必要である。

図2は熱中症の種目別発生数である。野球やラグビー，サッカーなど屋外の種目が多いが，屋内の種目においても多く発生していることがわかる。

熱中症の予防

図3は日本体育協会から出されている，熱中症予防のための運動指針である。ここではWBGT（湿球黒球温度）を指標としている。熱中症予防の原則として，①運動指針に基づき，環境条件に応じた運動を実施すること，②こまめに水分補給をすること，③熱さに慣れる期間を設けること，④通気性や吸湿性の良い着衣を選び，直射日光は帽子で避けること，⑤肥満などとくに暑さに弱い人は気をつけること，などが挙げられる。水分補給については2章で詳述する。

（上地 勝）

第1章 健康

表1 熱中症の症状と重症度分類（環境省，2008）

分類	症状	重症度
Ⅰ度	**めまい・失神** 「立ちくらみ」という状態で，脳への血流が瞬間的に不充分になったことを示し，"熱失神"と呼ぶこともある。 **筋肉痛・筋肉の硬直** 筋肉の「こむら返り」のことで，その部分の痛みを伴う。発汗に伴う塩分（ナトリウムなど）の欠乏により生じる。これを"熱痙攣"と呼ぶこともある。 **大量の発汗**	
Ⅱ度	**頭痛・気分の不快・吐き気・嘔吐・倦怠感・虚脱感** 体がぐったりする，力が入らないなどがあり，従来から"熱疲労"と言われていた状態である。	
Ⅲ度	**意識障害・痙攣・手足の運動障害** 呼びかけや刺激への反応がおかしい，体にガクガクとひきつけがある，真直ぐ走れない・歩けないなど。 **高体温** 体に触ると熱いという感触で，従来から"熱射病"や"重度の日射病"と言われていたものがこれに相当する。	

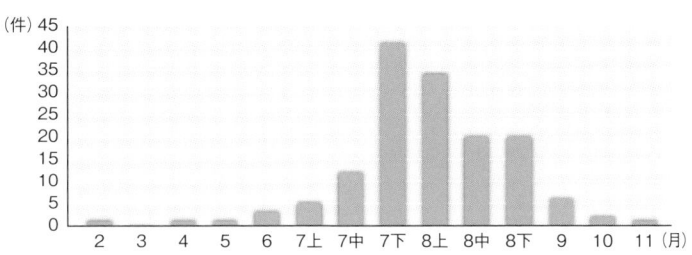

図1 学校管理下における熱中症の月別発生件数（1975 – 2006年）

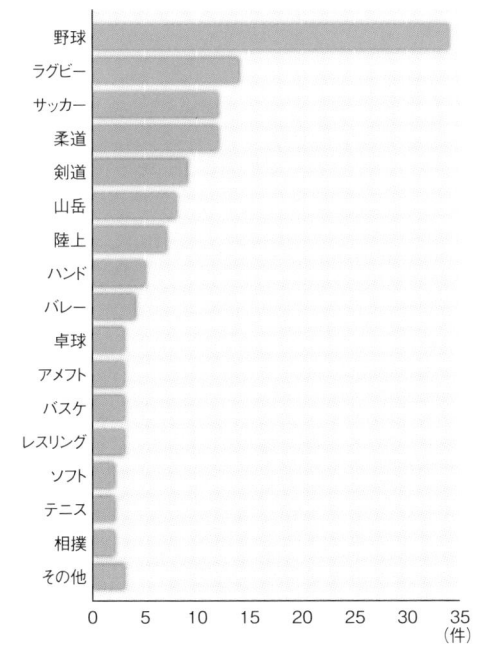

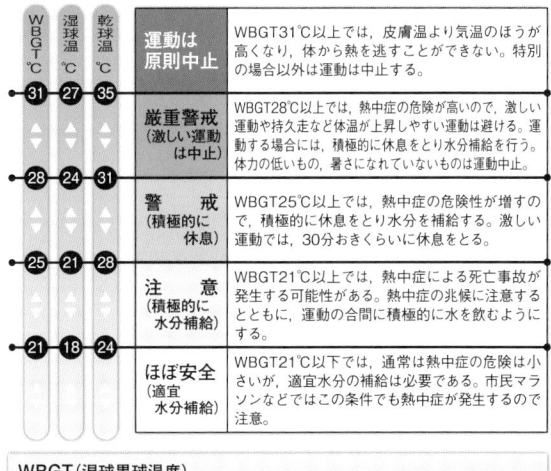

図2 学校管理下における熱中症の種目別発生件数（1975 ～ 2006年）

図3 熱中症予防運動指針（日本体育協会 2006）

WBGT（湿球黒球温度）
屋外：WBGT＝0.7×湿球温度＋0.2×黒球温度＋0.1×乾球温度
屋内：WBGT＝0.7×湿球温度＋0.3×黒球温度
● 環境条件の評価はWBGTが望ましい。
● 湿球温度は気温が高いと過小評価される場合もあり，湿球温度を用いる場合には乾球温度も参考にする。
● 乾球温度を用いる場合には，湿度に注意。湿度が高ければ，1ランクきびしい環境条件の注意が必要。

【文 献】 1) 財団法人日本体育協会（2006）：スポーツ活動中の熱中症予防ガイドブック.
2) 文部科学省スポーツ・青少年局（2007）：熱中症を予防しよう－知って防ごう熱中症－，独立行政法人日本スポーツ振興センター.
3) 安岡正蔵，赤居正美，有賀徹他（1999）：熱中症（暑熱障害）Ⅰ～Ⅲ度分類の提案－熱中症新分類の臨床的意義－．救急医学，23，1119-1123.
4) 環境省環境保健部環境安全課（2008）：熱中症環境保健マニュアル2008，環境省.

第2章

運 動

❶ 運動とは

1 運動構造とは

　「もの」を調べるために，構造的に分析するように，一見つかみどころのない「運動」も構造的に捉えると理解しやすい。運動はものと違い，たしかに眼前にあるが，あっという間に消え去っていく「現象」である。しかしその現象も，運動形態として視覚に捉えられるものも事実である。そんな運動の，視覚的に捉えられる運動経過の特徴を浮き彫りにし，幾万とある運動の基本的な成り立ちや骨組みの共通性や一般性をさぐるのが，構造的理解の課題である。

　運動構造をふまえた運動の観察は，その人の運動の善し悪し（熟練の程度）を判断する資料となる。しかし，スポーツ運動として重要なことは，視覚的な判断といっても，スポーツとしての意味，内容がしっかり達成されているかという前提にあるということである。このことを踏まえて，人間の運動はまず基本的な3つの運動の成り立ち（基本的な形式）を確認することができる。①循環運動，②非循環運動，③組み合わせ運動である。

　循環運動の代表的なものは，歩や走の運動である。左右の足を交互に踏み出し，地面をけり，そして引き寄せる。同一の形式の運動が問題なく，循環的に繰り返されるのが特徴である。自転車をこぐ運動，縄跳びの連続ジャンプなどもその例である。これに対して非循環運動は，単一の運動経過で運動が達成されるもので，たとえば投げる，打つ，蹴るなどがその代表で，単一経過で運動としては完結するのが特徴で，再び行うには開始体勢まで戻らねばならず，基本的には循環的な連続はおこらない。組み合わせ運動は，複数の運動を継続的に組み合わせ，連携することによって運動の意図の達成を図る場合である。野球の捕〜投球，走り幅跳びの走〜跳，体操競技の技の連続など多様な運動例がみられる。運動の種類や組み合わせの様態によって，複数の運動のさまざまな結びつき（融合）がおきるのが特徴である。

　そして，観察される運動経過は明らかに区別できる一定の諸局面に分節される。その分けられた空間・時間的分節を「局面構造」という概念で表される。同時に運動は，力をいれていく過程の増減，緊張と脱力なども観察される。この分節は「力動・時間的構造」あるいは「運動リズム」として概念化される。局面構造と運動リズムは，運動構造を捉える2つのカテゴリーである。それでは3つの運動の形式について局面構造をみてみよう。局面構造がもっとも明瞭に現れるのが，非循環運動である。局面構造として，次の3つの分節が区別される。

　① 準備局面（導入局面ともいわれる）
　② 主要局面
　③ 終末局面（消失局面ともいわれる）

　この場合，重要なのはこれらの局面は個々に存在するのではなく，経過全体のなかで課題に対応したさまざまの機能を果たしながら相互に結びついているのである。

　準備局面は主運動（主要局面）が十分に力を発揮できるようにするための準備，導入の役割があり，特徴的なことは，運動方向が主運動に対して反対方向に行われるということである。主運動のいわば加速局面であり，準備局面の良否は，主運動の成否に強く影響する。そして，運動の目的である課題を果たす主要局面を経て，終末局面に入っていく。終末局面は，力動的な運動の頂点から平衡状態あるいは静止状態におさめる局面であるが，継続する運動が控えていれば，その準備につながる局面である（図1）。

　非循環運動の3分節構造に対して，循環運動は2分節構造が特徴的である。それは，①主要局面，②中間局面の2局面である。縄跳びの連続ジャンプを例にとると，空中から下りる動作と次にとび上がる動作が連結して，途切れなくジャンプしている。これは下りる終末局面と次のジャ

ンプの導入局面が，中間局面と呼ばれるひとつの局面に融合されているのである。この現象は「局面融合」と呼ばれ，運動者からみれば，先の運動の終末局面を同時に次の運動の準備局面としてとらえているのである（図2）。

局面融合は異なった種類の運動をスムーズに組み合わせる場合に意義あるものとなり，特徴的に観察される。たとえば野球で，内野手が打球を捕球し，走者を塁に刺す場合などに見ることができる。すなわち捕球と投球の2つの動作の結合が求められるのであるが，走者を刺すためには，捕球から投球までの一連の動作がスムーズにしかも素早く行われる必要がある。そのためには，捕球動作の終末局面と投球のための準備局面が融合されるのである。異なった運動の組み合わせでは，先行する運動が十分に習熟されていることが前提であり，しかも先行する運動のなかで，後の運動についての「先取り」（予見）が十分に図られていることが大切である。内野手の例で言えば，捕球動作の経過において，打球の速さや方向，走者のスピードなどが十分に先取りされて，その対応の中で投球動作との融合が行われるのである（図3）。

運動学習の面からみると，局面構造の特性が明確に確認できるか否かということは，その運動者の運動の発達や習熟の度合いの指標になり，学習や指導の手がかりとなる。たとえば，年少者や初心者では準備局面の欠落が観察されるからである。

また，「テークバックをしっかりとれ」とか，「フォロースルーを十分に」とか，フェイントや素早いスタートのために準備局面の変化や応用をはかるなど，具体的な練習目標ともなるのである。

よくマスターされた運動は，局面から局面へ円滑な移行がなされ，それに加えて，強と弱，緊張と弛緩の周期的交代がはかられている。うまく協調した運動では，固有の時間・力動的分節すなわち運動リズムが特徴的にあらわれ，運動経過にはっきり認められる。組み合わせ運動においても，個々の運動の固有のリズムばかりでなく，先と後の運動をスムーズにひとつにまとめる。融合局面のリズムの習得が必要である。リズムとは何か，ということを把握することは意外に困難であるが，単一的な時間要素であるタクト（拍子）とは厳密に区別することが，リズムの複合的概念を理解する上で重要である。

（三浦忠雄）

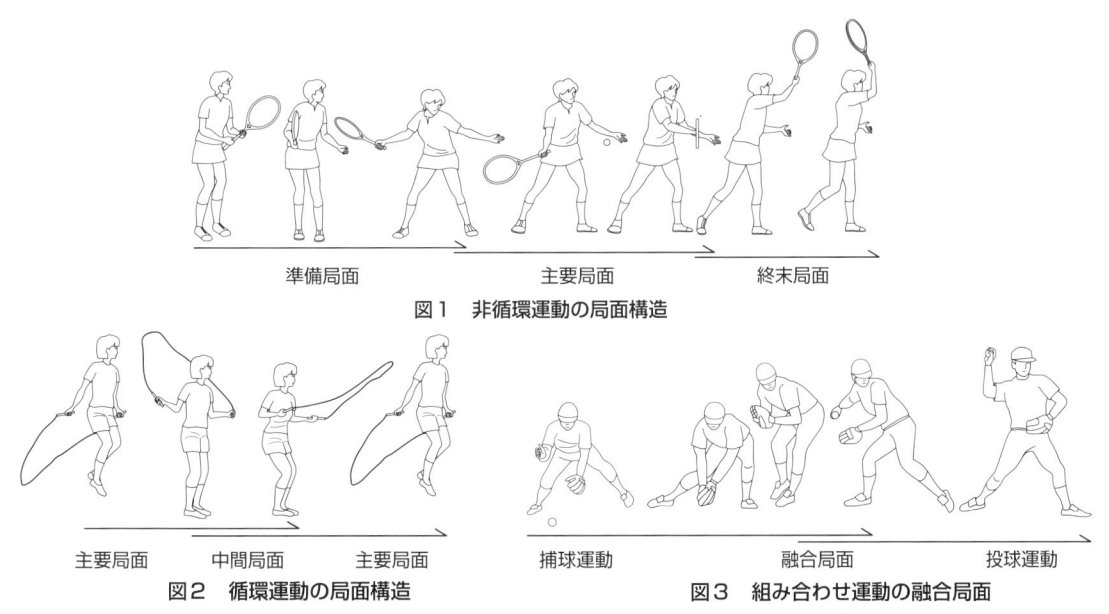

図1　非循環運動の局面構造

図2　循環運動の局面構造

図3　組み合わせ運動の融合局面

【文　献】　1）K. Meinel, 金子明友訳（1981）：マイネル・スポーツ運動学，大修館書店.
　　　　　 2）金子明友，朝岡正雄編著（1990）：運動学講義，大修館書店.
　　　　　 3）M. Grosser, A. Neumaier（朝岡，佐野，渡辺訳）（1995）：スポーツ技術のトレーニング，大修館書店.

❶ 運動とは

2 運動技術の概念

　かなりの急な斜面を，2本のスキーで転ばないで滑り下りるには，うまく方向を変えたり，スピードをコントロールする特別なやり方が必要である。それを知っているか否かには，天と地の程の違いがある。そのような特別なやり方は技術と呼んでもよいであろう。またその技術を知る（すなわち身につける）には，特別な学習が必要である。世の中には，たとえば自転車では，スキーのように，技術としてまとまった形で学習しないが，バランスのとり方やペダルのこぎ方など，見よう見まねで（時には倒れないように支えてもらうこともあるが），試行錯誤のうえ，乗れるようになることもある。このような自転車の場合でも，スキーのように名前のついた技術と言われなくても，技術というものはあると思われる。練習し，学習しなければ乗れないのも事実だからである。

　鉄棒運動の支持回転のように，先生の説明するやり方は理解できなくても，思い切りやったら思いがけず回れてしまったということがある。それをふまえて，改めて先生の説明するやり方をやってみると，思いのほかスムーズにできて，改めて，確実にできる技術の存在に気がつくこともある。

　また，たとえば，かつてのマラソンの瀬古選手の上下動が少ないランニング・フォームは，意図した技術トレーニングの成果なのか，独特の運動習熟の現れなのか，プロ野球のイチロー選手の話題になった振り子打法は，準備局面の個人的変容なのか，他人にも使える技術なのか興味深い。またスキー・ジャンプのV字飛行のように，技術にも古い技術や新しい技術ということが言われたり，スピードスケートのクラップシューズのような新しい用具に付随した独特の技術ということもある。

　ある運動課題をうまく成し遂げるための特別なやり方（方法）を技術と呼ぶにしても，技術にはさまざまな「在り方」があるようである。何でもかんでも技術と呼ぶわけにはいかない。誰でもそれを技術と認めているということや，練習すれば身につけられるようなものでなければならない。ここに「技術」の概念というもの，あるいは技術として存在する要件みたいなものがありそうである。以下，運動技術の特性をみながら，運動技術の概念について論述する。

　文献（「運動学講義」）によれば，「技術とは用具，施設，ルール，戦術，選手の能力といった，スポーツの達成を規定しているあらゆる要因を考慮して，特定の課題解決に現在のところもっとも合目的的だと判断された，ある具体的な運動の仕方」と概念化される。しかしこのままでは，具体的にこれが技術であると判断するには困難が伴う。課題解決といっても，たとえば，どのようにチームを編成するか，対戦相手を考えてトレーニング計画をどうするかなどは戦略としての技術であり，チームのフォーメーションの流れの組立てなどは戦術としての技術であり，ここで問題とする運動の技術（あるいは運動経過としての技術）とは区別されることをまず確認しておきたい。

①技術概念の階層性

　戦略，戦術の個所でも触れたが，スポーツの現場ではさまざまなレベル（階層）で技術が語られる。たとえば走高跳びの背面跳びが出現した時，バーを跳び越す新しい仕方，すなわち技術として注目された。しかし，背面からの落下を安全にする着地マットが普及するにつれて，誰でも挑戦できるものとなり，人々の技術としての関心も，運動形態の獲得もさることながら，独特の助走，踏み切り技術をも含めた運動経過全体に移った。このように運動技術は，目標とする運動形態とそれにつながる下位技術まで含めた階層全体と考える必要がある。

②技術の公共性（転移可能性）

　ある選手が新しい仕方で優れた成果をあげて

も，それが他の人に伝播されないと，その時，うまいやり方（あるいは優れた運動習熟）だな，と思われても，その人とともに消え去ってしまう。新しい仕方が個人的な特殊条件（たとえば，格段に優れた筋力や柔軟性など）によって生まれたものではなく，一定の公共性をもった，合理的な運動形態として認められた時，運動技術として成立してくる。その運動形態は誰でも挑戦でき（一般妥当性），学習の対象となる（転移可能性）など，多くの人々の検証にさらされて運動技術として確立する。

③**変容・発展性**

ある運動の仕方がその合理性を多くの選手に認められ，新しい運動技術として支持されても，多くの挑戦の中から，また新しい課題解決の方法が生まれてくる。運動を学習，指導するうえで大切なことは，運動技術はけっして金科玉条的な存在ではなく，常に新しい模索を求める変容，発展の中にあるということを念頭に入れておくべきである。

世の中には人間の数だけ運動がある。しかも優れた選手ほど，洗練された，独自のフォームを示し，技術が個人的特徴に彩られる場合が多い。このような個人的な運動習熟の中から，技術性の存在を見抜き，固定的，形式的な技術認識に陥らず，清新な技術観，運動観を持つことが大切である。

（三浦忠雄）

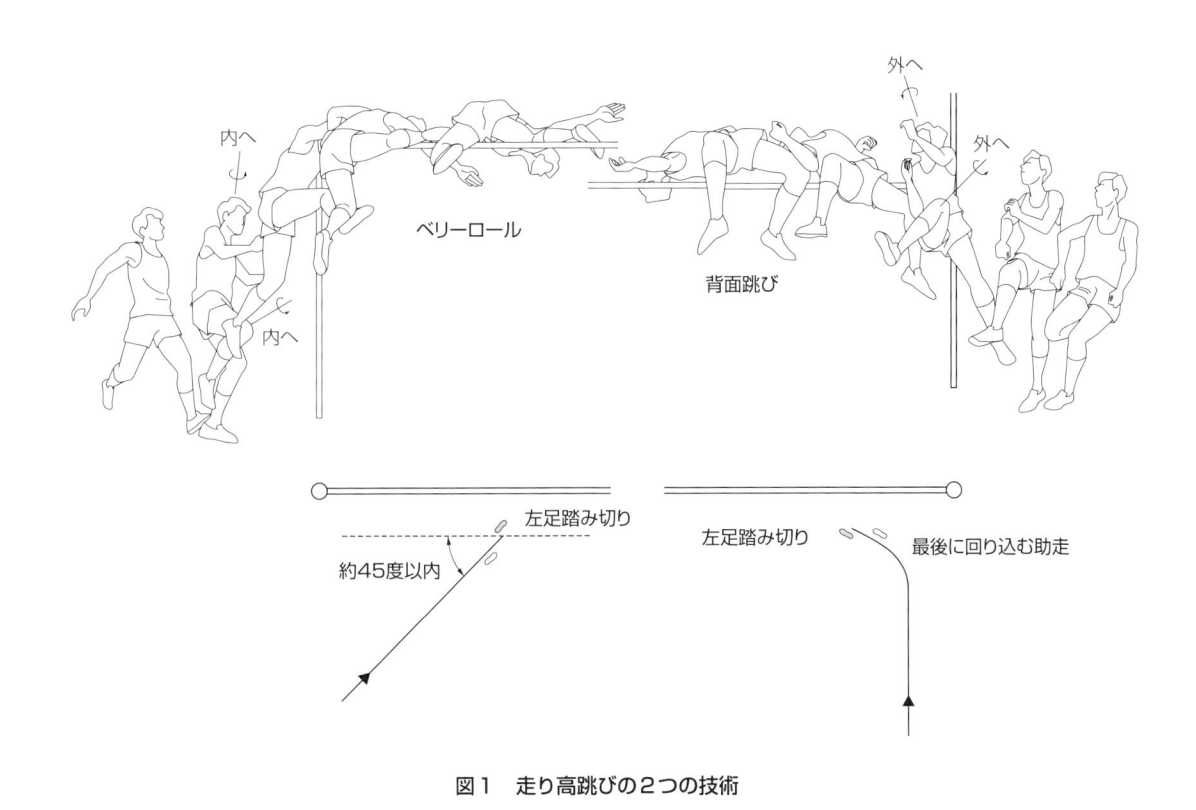

図1　走り高跳びの2つの技術

【文　献】　1）金子明友，朝岡正雄編著（1990）：運動学講義，大修館書店.
　　　　　2）K. Meinel（金子明友訳）（1981）：マイネル・スポーツ運動学，大修館書店.
　　　　　3）大修館書店編集部編（1996）：ビジュアルスポーツ小百科'96，大修館書店.

❶ 運動とは

3 トレーニングの原則

基礎体力トレーニング

　人間の能力には精神的なものと身体的なものがあり，一般に前者を精神力，後者を体力とよんでいる。そして，体力は外界に対して直接的に働きかける作業量としての行動体力と，外界のストレスに対応して生命を維持発展させる防衛体力に分けて考えられる（図1）。

　スポーツの場で要求されるのは直接には行動体力であり，これらは基礎体力といわれる。一方，競技の場面などでは精神力も重要であり，メンタルトレーニングとして競技に活用されている。

　トレーニングとは「運動刺激に対する人体の適応性を利用して，人体の作業能力の増大を図る過程である」と定義され，体力を高めるためには，身体活動における運動刺激の条件が整っていなければならず，それがトレーニングの原則である。基礎体力トレーニングの原則は，以下のようなものがある。

① 過負荷の原則（オーバーロードの原則）

　身体活動における運動刺激が，ある一定のレベルを超えていなければトレーニングの効果は得られない。このレベルは，個々人の体力レベルによって異なり，トレーニングによって体力が向上すれば，そのレベルが上がる。

② 特異性の原則

　トレーニング効果は，トレーニングした部位や動作に現れる。また，トレーニングに用いた速度や角度などの条件によって効果が違ってくる。たとえば，短距離の陸上選手が，持久走の練習を繰り返しても効果は少ない。したがって，トレーニングの運動様式は，目的とする運動内容に近い形式で行うことが望ましい。

③ 全面性の原則

　トレーニングでは，特定の体力要素や特定の部位に偏らないことが重要である。また筋力，持久力，瞬発力，柔軟性，平衡感覚などの全面的な向上を図るようにする。さまざまな要素で構成されるトレーニングを実践することが望ましい。

④ 漸進性の原則

　からだの器官や組織の変化はきわめてゆるやかであり，急激な運動量や負荷の増加はかえってけがの原因になる。個人の体力レベルにあわせて，運動刺激は徐々に強さや量を増していく必要がある。

⑤ 個別性の原則

　トレーニング負荷は，個々人の体力レベルや特性を考慮して選択しなければならない。同年齢，同体重であっても体力のレベルは同じとは限らない。チームスポーツでもトレーニングでは，とくに個別性の原則を考慮する必要がある。

⑥ 反復性の原則

　トレーニングは反復することにより，はじめて効果が現れる。負荷のさまざまな条件を満たしつつ継続して続けることにより，トレーニングの効果が得られる。トレーニング効果は，一定期間後でないと現れてこないので，記録をつけるなど，継続する工夫が必要である。

⑦ 意識性の原則

　トレーニングは，目的を理解して行うことにより，よりよい効果が得られる。目的を理解しないトレーニングでは，同じ刺激を与えても効果は薄いことが確認されている。十分な効果をあげるためには，トレーニングの理論を学んで実践することが大切である。

　ダンベルトレーニング，チューブトレーニング，マシントレーニングなど，さまざまなトレーニングが実践されているが，すべてこの原則に基づいて行われることが重要である。また体力要素の中でも，筋力，スピード，持久力のどの要素をトレーニングの目的としているか明確にしておくことも大切である。

（尾形敬史）

図1　体力の分類

体力

行動体力

1. 行動を起こす能力 ……… 関与する主な機能
   - （1）筋力 …………… 筋機能
   - （2）筋パワー ……… 筋機能
2. 行動を持続する能力
   - （1）筋持久力 ……… 筋機能
   - （2）全身持久力 …… 呼吸循環機能
3. 行動を調整する能力
   - （1）平衡性 ………… 神経機能
   - （2）敏捷性 ………… 神経機能
   - （3）巧緻性 ………… 神経機能
   - （4）柔軟性 ………… 関節機能

防衛体力

1. 物理化学的ストレスに対する抵抗力
   寒冷，暑熱，低酸素，高酸素，低圧，高圧，振動，科学物質
2. 生物的ストレスに対する抵抗力
   細菌，ウイルス，その他の微生物，異種タンパク質
3. 生理的ストレスに対する抵抗力
   運動，空腹，口渇，不眠，疲労，時差など
4. 精神的ストレスに対する抵抗力
   不快，苦痛，恐怖，不満など

COLUMN

Q 過負荷の原則とトレーニングの関係は？

A 運動刺激は，適応の原則によって身体に影響を及ぼす。ルーの3原則といわれる次のような理論がある。

①適度な刺激が与えられれば人体機能は発達する。
②刺激が弱すぎれば機能は低下する。
③刺激が強すぎると不適応を起こして障害を起こす。

　言い換えると，運動刺激が適度であればプラスの適応がもたらされ，弱すぎればマイナスの適応が生じ，強すぎれば適応不能を起こしてしまうことになる。

　スポーツ運動に対してプラスの適応をした場合，トレーニング効果が得られるわけである。反対に，骨折してギブス固定をした場合などは，マイナスの適応を起こして筋肉が萎縮して細くなってしまう。また，強すぎる運動でトレーニングを行うと，筋肉や関節を傷めてしまうことになる。

Q トレーニング効果をあげるためには？

A トレーニングの効果を得るためには，次のような注意が必要である。

①トレーニングの原則にしたがって練習やトレーニングを正しく行う。
②栄養のバランスやカロリーを考慮した正しい食事を行う。
③睡眠時間を規則正しく適度にとるなど休養を十分取る。

　これらの3条件を満たした生活を送らないと，いくらハードトレーニングをしても十分な効果は得られないばかりか，睡眠不足や栄養不足の状態を続けていると病気や障害のもととなってしまう。

Q 筋力トレーニングの方法は？

A 理論的に3つの方法がある。

①アイソメトリック（等尺性）トレーニング
　筋の長さを変えない筋運動である等尺性収縮を用いたトレーニングの方法である。これは，関節角度や姿勢を変えないで壁や柱を押したり，両手を組んで押したり引いたりするような運動である。特別な用具や場所も必要としないので，いつでも，どこでも，誰にでも手軽に行うことができる。

②アイソトニック（等張性）トレーニング
　関節角度を変えながら，すなわち筋が長さを変えながら一定張力を発揮する等張性収縮を用いたトレーニング方法である。バーベルなどの重量物や腕立て伏せなど体重の負荷を利用した方法がある。等張性収縮には，筋が短くなりながら張力を発揮する短縮性収縮と，筋が引き伸ばされながら張力を発揮する伸張性収縮とがある。

③アイソキネティック（等速性）トレーニング
　筋が最大張力を発揮しながら，一定の速度で収縮するような運動によって構成されるトレーニングのことである。このトレーニングでは，筋が収縮するスピードを制御することのできる特別な装置が必要になる。

❶ 運動とは

4 有酸素トレーニング

有酸素運動と無酸素運動

　筋収縮の直接のエネルギーはアデノシン3リン酸（ATP）という物質の中に蓄えられている。これが分解されるときに放出されるエネルギーが筋収縮に利用される。運動を持続するにはATPを再合成しなければならないが，そのしくみには無酸素性と有酸素性の2つがある。前者は筋中のクレアチンリン酸やグリコーゲンを分解してATPを再合成するもので，酸素が供給されなくともATPを再合成できるが，いつまでも持続することはできない。短時間で高出力の運動，たとえば100m競走や400m競走などでは主役となる。一方，後者の有酸素性エネルギー供給システムは体内のグリコーゲンや脂肪を肺からとり入れた酸素と結合させてATPを再合成するもので，ウォーキングやジョギングでは主要なシステムとなる。多くの運動・スポーツは有酸素性と無酸素性の両方に依存し明確に区別できないが，前者が主役の運動を有酸素運動，後者が主役の運動を無酸素運動という。表1に有酸素運動と無酸素運動の例をあげた。ただし，これらは運動の強弱によって，分類されるカテゴリーが変わることもある。たとえば，サイクリングは一般に有酸素運動といえるけれども，坂道を登るときには一時的に無酸素運動になる。

有酸素能力の評価

　肺で摂取された酸素は循環系によって筋肉に運ばれ，筋細胞内のミトコンドリアでATP再合成に使われる。どれだけ高レベルの有酸素運動ができるか（ATPを再合成できるか）は単位時間当たりに摂取できる酸素量で決まる。そこで，強い運動中に摂取できる酸素量の最大値，すなわち最大酸素摂取量を有酸素能力の指標とすることが一般的である。成人男性の平均値は45〜50ml・kg^{-1}・min^{-1}，女性で35〜40ml・kg^{-1}・min^{-1}くらいだが，持久性競技選手では男性で70〜80ml・kg^{-1}・min^{-1}，女性で60〜70ml・kg^{-1}・min^{-1}に達する。陸上競技の長距離走タイムとも相関関係がある[2]。また，低すぎると心疾患の危険が高まるなど健康との関連も深く，生活習慣病予防のための下限値が提案されている（p.41「体力と健康」を参照）。

　最大酸素摂取量を測定するには実験室でやや煩雑な手技を要するため，これを簡単に知ることはできない。そこで，いくつかの推定法が検討されており，自転車こぎ運動中の心拍数を利用する方法や，持久走成績を利用する方法などがある。20mシャトルランテストから最大酸素摂取量を知ることもできる（表2）。

トレーニングによる有酸素能力の改善

　最大酸素摂取量は日常の身体活動量やトレーニングによって可逆的に変化する。すなわち，極度に不活動の状態（ベッドレスト）を続けると20%くらい低下し，トレーニングすると20%くらい向上する。したがって変動幅は±20%くらいあるが，トレーニングを開始する前の状態がどのレベルにあるかによってトレーニングによる改善率は異なる。まったく運動をしていない人では30%くらい向上することもあるが，競技選手では数%しか改善しないだろう。

　また，すべての人がトレーニングすれば持久性競技者のような高い最大酸素摂取量を獲得できるとはいえない。筋線維には無酸素能力に優れた速筋線維と有酸素能力に優れた遅筋線維があり，その比率には個人差があって遺伝的影響が強いためである。なお，有酸素トレーニングにおいても特異性の原則が成り立ち，トレーニング様式は課題とするスポーツ種目に近い方がよい。すなわち，競泳のタイム向上を目的とするなら，ランニングよりスイミングの方がよい。

有酸素トレーニングの方法

有酸素能力を高めるには有酸素運動をすればよい。ここでは,健康な一般成人が最大酸素摂取量の向上を目的にトレーニングする場合の原則を述べる。アメリカスポーツ医学会は次のように提言している[4]。(1) 運動様式:大筋群を動員した動的・持続的・有酸素運動,(2) 頻度:週に3日〜5日,(3) 強度:50〜85%(体力の低い人では40〜49%),(4) 時間:20〜60分。頻度×強度×時間が大きいほど効果も期待できるが,運動障害の危険も高まる。低強度×長時間の方が危険も少なく脱落率も低いとされる。個々の体力水準を考慮するとともに,軽めの準備期をおいて漸進的にトレーニングを進めるべきである。運動強度を知るには心拍数を利用するとよい(表3)。運動中に測定することが望ましいが,代わりに運動直後に10秒間測定し6倍してもよい。なお,強度50%(または40%)以下では最大酸素摂取量改善効果は少ないけれども,生活習慣病リスク軽減効果はあると考えられている。

(松坂 晃)

表1 有酸素運動,無酸素運動,混合運動の例[1]

有酸素運動	無酸素運動	混合運動
歩行	短距離の全力走	サッカー
ジョギング	重量物の保持	ラグビー
サイクリング	壁押し	アメリカンフットボール
テニス	ジャンプ	ハンドボール
バレーボール	投てき	バスケットボール
ゴルフ	相撲	アイスホッケー
遠泳	筋力トレーニング	インターバルトレーニング
エアロビックダンス	潜水	

表2 20mシャトルランの回数と最大酸素摂取量の関係

シャトルラン (回)	最大酸素摂取量 ($ml \cdot kg^{-1} \cdot min^{-1}$)
10	28.3
20	30.5
30	32.8
40	35.0
50	37.3
60	39.5
70	41.8
80	44.0
90	46.3
100	48.5
110	50.8
120	53.0
130	55.3
140	57.5

文献3)より抜粋して作成

表3 運動強度別心拍数(拍/分)[1]

年齢(歳)	運動強度(%)										
	0	10	20	30	40	50	60	70	80	90	100
20〜29	65	79	92	106	119	133	146	160	173	187	200
30〜39	65	78	90	103	115	128	140	153	165	178	190
40〜49	65	77	88	100	111	123	134	146	157	169	180
50〜59	65	76	86	97	107	118	128	139	149	160	170
60〜69	65	75	84	94	103	113	122	132	141	151	160
70〜79	65	74	82	91	99	108	116	125	133	142	150

【文 献】
1) 池上晴夫(1990):新版・運動処方—理論と実際—,朝倉書店.
2) 山地啓司(2001):改訂・最大酸素摂取量の科学,杏林書院.
3) 文部科学省(2008):平成19年度体力・運動能力調査報告書.
4) American college of sports medicine (1998): Position stand. The recommended quantity and quality of exercise for developing and maintaining cardiorespiratory and muscular fitness, and flexibility in healthy adults., Med Sci Sports Exer., 30, 975-991.

5 筋肉のトレーニング

筋肉の構造と収縮様式

　筋肉は男性で体重の約50％，女性で約40％を占める。主要なエネルギー消費器官であり，身体を支える，運動を発現する，熱を産生するなどの役割がある。筋肉は筋線維からなり，筋線維は筋原線維から，さらに筋原線維はアクチンとミオシンというふたつのフィラメントから構成されている。ミオシンがアクチンを引き込むことにより筋肉が収縮する（図1）。筋線維には，遅筋線維と速筋線維という性質の異なるふたつの種類があり，前者は収縮速度が遅く瞬発力も劣るが有酸素能力に優れ，後者は収縮速度が速く無酸素能力に優れるが疲れやすいという特徴がある（表1）。両者の比率（筋線維組成）には個人差があり，一流の短距離選手は速筋線維が多く，長距離選手は遅筋線維が多い。ひとつの神経細胞が数本から数千本の筋線維を支配しており（運動単位），繊細な動きをする筋肉では神経に対する筋線維の比率（神経支配比）が低く，大きな力を発揮する筋肉ではその比率が大きい。

　筋収縮の様式は等尺性，等張性，等速性の3つに分けられる。等尺性収縮は筋肉の両端が固定され長さを変えないで力を発揮するもので静的収縮と呼ばれる。等張性収縮は一定の張力を発揮しながら筋肉が収縮する場合をさす（図2）。等速性収縮は特殊な機械を使って一定の角速度で関節を動かすような筋収縮をさす。等張性と等速性には，筋が短縮しながら力を発揮する短縮性収縮と，受動的に伸ばされながら力を発揮する伸張性収縮がある。

筋肉と健康

　成人期以降，加齢とともに筋力は徐々に低下していく。50歳を越える頃から一段と低下し，これをサルコペニアという。運動神経細胞の減少や筋線維数の減少，速筋線維断面積の減少などをともなう。サルコペニアは歩行速度低下，バランス能力低下，エネルギー消費の低下をもたらし，2型糖尿病や転倒・骨折の危険が高まる。身体的自立を制限し，さらに不活動が筋力低下を招くという悪循環に陥ることもある。

　これまで，生活習慣病予防のため主に有酸素運動の効果が検討されてきたけれども，筋力トレーニングも有効であることが明らかになってきた。(1) 加齢にともなう骨密度低下をくい止める，(2) インスリンの効きをよくする，(3) 体脂肪や内臓脂肪を減らす，(4) 筋力を高める・筋量を増やす，(5) 生活の質を高めると考えられており，死亡率に影響するという報告もある（図3）。

筋力トレーニングの方法

　筋力トレーニングを行うと筋力が高まる。トレーニングの初期段階では筋肥大はみられず，筋収縮に参加する運動単位が増えて筋力が高まる。その後，筋断面積が増えて筋力がさらに高まる（図4）。速筋線維が太くなるが，筋線維の本数や筋線維組成は変わらない。

　等尺性トレーニングは数秒間の静的収縮により筋力を高める方法で，簡便だが関節角度特異性がある。等張性トレーニングはフリーウエイトや自重を使って行うウエイトトレーニングをさす。バーベルなどの重量物を特定の回数だけ持ち上げることのできる最大重量を反復最大重量（Repetition maximum, RM）という。1RMは1回だけ持ち上げられる重量であり，8RMは最大筋力の80％，12RMは70％，60RMは35％くらいの負荷になる。筋力を高めるには8〜12RMくらい，筋持久力を高めるには20〜60RMくらいの負荷がよい。発揮される筋力は関節角度により変化するため，フリーウエイトを用いるとき関節角度の小さい動き始めの筋力が反復最大重量を制限してしまうことがある。等速性トレーニングは機械を

使って関節の角速度を一定にして力を発揮するトレーニングで，どの関節角度でも最大の負荷が加わりもっとも効果があるといわれている．安全であることも特徴だが，高価なトレーニング機器が必要になる．さらに，伸張性トレーニングはもっとも大きな筋力を発揮できるので効果も大きいが，筋肉痛を生じやすいといわれている．

（松坂 晃）

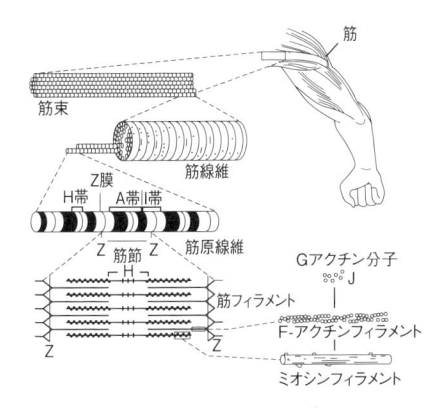

図1　骨格筋の構造[1]

表1　遅筋線維と速筋線維[1]

	遅筋（Type I）	速筋（Type II）
収縮速度	遅い	速い
クレアチンリン酸貯備	低い	高い
発揮張力	小さい	大きい
解糖系酵素活性	低い	高い
酸化系酵素活性	高い	低い
毛細血管密度	高い	低い
ミオグロビン含有量	高い	低い
ミトコンドリア密度	高い	低い
グリコーゲン貯備	高い	高い
中性脂肪貯蔵	高い	低い
疲労耐性	高い	低い

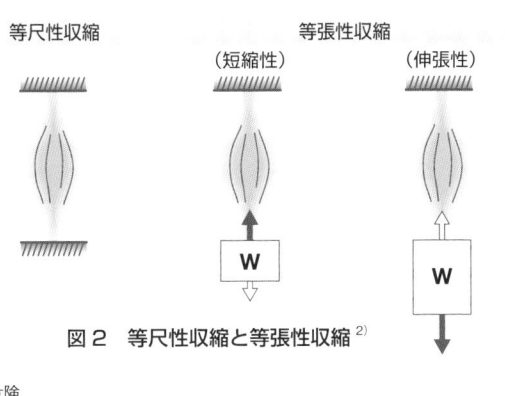

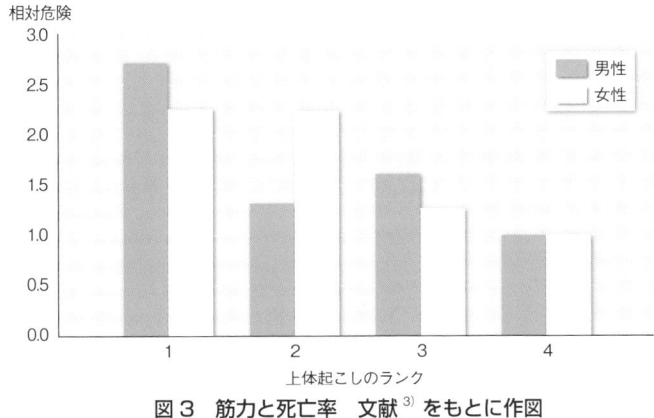

図2　等尺性収縮と等張性収縮[2]

図3　筋力と死亡率　文献[3]をもとに作図
上体起こしの回数が上位25％を4，下位25％を1とした．

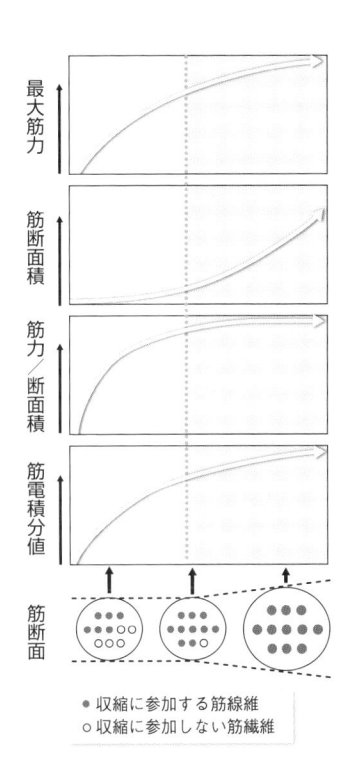

図4　筋力トレーニングにともなう最大筋力，筋断面積，神経性因子の変化[1]

【文　献】
1) 勝田茂編（1999）：運動生理学20講　第2版，朝倉書店．
2) 石河利寛，杉浦正輝編（1989）：運動生理学，建帛社．
3) Katzmarzyk PT, CL Craig. (2002): Musculoskeletal fitness and risk of mortality. Med Sci Sports Exerc. 34, 740-744.

❶ 運動とは

6 巧みさのトレーニング

「トレーニング」という言葉から，筋力トレーニングやインターバルトレーニングなど身体に大きな負荷をかける運動を思い浮かべる人は多いだろう。ところが，近年は運動感覚を養うようなトレーニングが注目されている。とくに巧みな動きは，幼少時代のさまざまな遊び（表1）を通して，神経と筋肉の調整能力を高めて習得してきた。

図1に示すように，ゴールデンエイジ（9～12歳頃）までに神経系の発達がほぼ終了するために，この段階までのさまざまな運動体験は，身体の調整力を養うで大変貴重である。

しかし現代社会では，生活環境の変化にともない運動体験が激減しており，体力だけでなく調整力も低下しているのが現状である。そこで最近注目されているのが，巧みな動きを習得するためのトレーニングの1つ，「コーディネーショントレーニング」である。コーディネーショントレーニングは，次の7つの能力をもとに分類される。

① 定位能力

定位能力は，決められた場所や動いている味方・相手・ボールなどと関連付けながら，動きの変化を調節することを可能にする。実践例としては鬼ごっこがあり，アクロバティックな技術系や状況対応が求められるボールゲーム系種目には，欠かせない能力である。

② 変換能力

変換能力は，急に状況が変わり違う動きをしなければならなくなった時，条件にあった動作の素早い切替を可能にする。定位能力と反応能力との間に，密接な関係を持っており，予測し，先取りする力でもあり，フェイント動作がポイントである。

③ リズム能力

リズム能力は，耳による音や音楽，あるいは真似をするときの目からの情報を，動きによって表現することと，一方でイメージとして持っている動きのリズムを表現することを可能にする。新体操やフィギュアスケート，シンクロなど音楽の伴奏に合わせて演技する種目や，ボートあるいは集団演技で特に大切である。

④ 反応能力

反応能力は，ひとつないし複数の合図を素早く察知し，適時にそして適切な速度によって，合図に対する正確な対応動作を可能にする。合図には，スタートの音や味方の動き，柔道やレスリングなどの触覚または筋感覚によるものも含む。

⑤ バランス能力

バランス能力は，空中や動いているときの全身バランスを保つことや，崩れた体勢を素早く回復することを可能にする。回転や旋回を加え三半規管を刺激したり，ケンケンなどで意図的にバランスを崩したうえで行う。スキー・スケートや水上種目などで必要である。

⑥ 連結能力

連結能力は，からだの関節や筋肉の動きを，タイミングよく無駄なく同調させることを可能にする。フィギュアスケートなどの連続ジャンプや器械体操の旋回，あるいは複数の動作を連続する場合などに発揮され，力加減やスピード調節によって，動きをスムースにする能力である。

⑦ 識別能力

識別能力は，手や足，頭部の動きを微調節する際の視覚との関係（ハンド・アイコーディネション）を高め，ボールやハンドルなど用具操作を精密に行うことを可能にする。ボール感覚と呼ばれるものも，識別能力に含まれている。

いろいろな運動の組み合わせを考え，どの能力を強化するものなのか明確にしながらトレーニングを組み立ててみる。

図2～図4は，トレーニングの具体例をあげたものである。これらを参考にしながら，新しい動きのトレーニングを考えてみよう。

（勝本 真）

第2章　運動

表1　身体を使った昔の遊び

とうよみ
しけい
缶けり
ぶらんこジャンプ
ベイゴマ
水面石飛ばし
馬飛び
陣取り
飛行機飛び
ロープ遊び
ケンケン
べったん（カード）

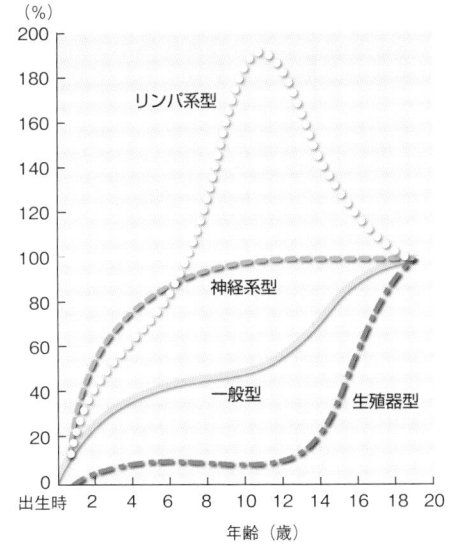

体組織の発育の4型．図には，20歳（成熟時）の発育を100として，各年齢の値をその100分比で示してある。

一般型：全身の外形計測値（頭径をのぞく），呼吸器，消化器，腎，心大動脈，脾，筋全体，骨全体，血液量

神経系型：脳，脊髄，視覚器，頭径

生殖器型：睾丸，卵巣，副睾丸，子宮，前立腺など

リンパ系型：胸腺，リンパ節，間質性リンパ組織

図1　臓器別発育パターン（Scammon）[3]

【やり方】
① 3人1組で，それぞれボールを持つ。
② パスできる位の間隔を空けて列になる。
③ 真ん中の人は，両側の人と交互にすばやくパスを交換する。

【バリエーション】
片手やバウンドパスで行う。

識別能力

識別能力

図2　スリーメンパス

図3　ツーボールパス

【やり方】
① 3人以上で行う。
② ゼッケンを付け，番号がバラバラになるように円になる。
③ 小さい数から順にパスを回していく。
④ パスをするときは，「はい！」と言う。パスを受けるときは，「はい！」と言って手を上げる。

【バリエーション】
● 大きい数から順に回す。
● 動きながら行う。

定位能力

はい！
はい！

図4　ナンバリングパス

【文　献】
1) NPO法人日本コーディネーショントレーニング協会：http://www.jacot.jp/coordinationtraining.htm
2) 東根明人（2007）：子どものつまずきがみるみる解決するコーディネーショントレーニング運動（ボール編），明治図書．
3) 松尾 保（1996）：新版小児保健医学，p.10，日本小児医事出版社，東京．

❷ 運動と身体

1 身体のとらえ方：身体知

人間の運動と身体

「運動」という用語は，物理現象として「A地点からB地点への物体の移動」を意味するだけではなく，「自由民権運動」のように社会現象についても使用される。もちろんここで扱っている「人間の運動」の場合でも，眼球運動から，身振りやしぐさ，作業や演奏，そしてスポーツ活動やダンスなどその指し示す範囲は広い。この「運動」という用語を正しく理解するためには，運動の主体である「人間」，とくにその「身体」に着目する必要がある。

私たちは，隣にいる人を見て容易に「他者」と認識する。それは，隣にいる人が机や椅子や犬や猫といった他の物体や生物とは異なるものであることを直感するからである。このことは，身体を通して「他者」を認識していることを示しており，社会に生きる私たちは，お互いに「身体」を通してこの世の中に存在していることを意味している。

ところが自分の身体を客体化してみた時，そこに精神の存在が認められる。精神活動に没頭している人は，病気やケガをして初めて自分の身体が自分自身であることに気づく。

生きものとしての人間は，生理学的な意味で常に運動している。心臓が鼓動し，呼吸をし，食事をし，排泄する。このように生命を維持するために必要な運動体としての体を「肉体」と呼ぶことにしよう。この肉体の生命維持と機能回復を目的に活動している代表者が医者である。これに対し，社会に生きる一人の人間としてその存在を主張するための運動体としての体を「身体」と呼ぼう。この身体の持つさまざまな社会的機能の増進を目的に活動している代表者が保健体育教師である。もちろん「肉体」がなければ「身体」も存在しないし，どちらの場合も「運動」が前提である。運動しない人間の体は「死体」に他ならない。

身体知

人類が言語的活動によって文明を築き上げてきたことは確かであるが，私たちはすべてのことがらを言語によって理解しているわけではない。狭いコート上を素早く動き回るバスケットボール選手は，いったいどうしてそこにその人がいることを察知しているのかわからないぐらいに素早く正確なパスを通す。しかも熟練者になると，国境を越え初めてチームを組んだ仲間との間でも，見事なまでの連携プレイを実現する。このことは，バスケットボールという一定のルールに則って行われるスポーツにおいて，言語的理解を越えたところで人々が共通の何かを体得していることを意味している。

このように運動する主体としての身体が，ある時間や空間の流れの中で体得しているものを「身体知」と呼ぶことにしよう。これは「刺激―反応」という生体のメカニズムだけで説明されるものではなく，社会的動物である人間の「身体」そのものが運動を通してとらえている知である。もちろんこの「知」の一部を言語によって表現することは可能であるし，言語によって「身体」や「運動」を理解することが身体知を補強することは否定しない。しかし，体験することなしに言語的活動だけで理解できるものではない。

運動学習とは，多様な運動体験を通して身体知を培うものである。運動主体としての身体がその可能性を広げ，身体的教養を身につけることが，とりもなおさずその人自身の教養を広げることなのである。

（加藤敏弘）

表1　体の3区分

肉体	生物としてのヒトの体－生命 動物としての本能的な暴力性を内在している 生物学，生理学，生命科学，西洋医学の対象 食欲，排泄欲，性欲 生まれてすぐに呼吸をし，母乳を吸う。
身体	社会的人間としての体－生 文化的文脈の中で行動様式が形成され，暴力性を抑制することができる 社会学，歴史学，文化人類学の対象 物欲，名誉欲 生まれてすぐに手招きやスポーツはできない。
からだ	生かされている人類の体－いのち 宇宙に浮かぶ地球上に存在し，いのちを直接感じることができる＝暴力性とは無縁 文学，芸術，宗教の対象 すべてのいのちを愛する気持ち 生まれてすぐに，性別や民族や宗教の区別なく共通に守られる。

（遠藤の説をもとに加藤が作成，1998）

COLUMN

「からだ」への気づき

　肉体が持っている暴力性を抑制する身体が，その社会性によって蝕まれている以上，私たちはどのようにして生をまっとうしたらよいのだろう。善く生きるために私たちは心と体をどのようにとらえ，どのように生活したらよいのだろう。とても難しい問題に直面しているようであるが，実はやさしいことである。

　精神と肉体を分離し，肉体をいくら切り刻んでみても，生命の秘密は未だに解けない。文字によって築き上げられた文明社会は，崇高な精神世界と自然科学を発展させ，確かに人間としてその生を豊かにしてきた。しかし，今日では地球環境を破壊し，人類のみならず，ありとあらゆる「いのち」を危険にさらしている。どんなに科学が発達しても，私たちはすべてを頭で理解しているわけではない。言語によらない何かを私たちは日常的に感じながら生きている。

　自然の美しさを感じ，自然との一体感を味わう。いやな予感が的中し，身内に不幸が起こることもある。言葉では言い尽くせない喜びや悲しみを感じる時がある。これらは，国境を越え，文化の枠組みを越え，どんな人間でも共通に感じている。その根源に横たわるもの，それが「いのち」である。私たちは，万物に「いのち」を感じている。

　この「いのち」を感じている母体を「からだ」と呼ぶ。動物としての人間が太古から感じてきたはずの「いのち」を感じるためには，無意識のうちに社会の影響を受け，緊張し，こわばり，堅くなっている身体を「ほぐす」必要がある。精神と肉体という区分を前提とせず，身体をも包含する「からだ」。その「からだ」の声に素直に耳を傾ける。「からだ」が感じている「いのち」を大切にする。たったそれだけのことで，私たちは善く生きることができるようになる。

　21世紀を迎えるにあたって，私たちは人種や性別や世代や宗教を越え，人間以外の他の動植物や私たちすべてを包み込んでいる地球や宇宙と共に生きなければならない。そのためには，まず，すべての「いのち」に直結した「からだ」の存在に「気づく」ことから始める必要がある。

（加藤敏弘）

❷ 運動と身体

2 運動と感性

　私たちは、さまざまな運動を行っているが、誰一人として同じ動きをすることはない。体操競技やフィギュアスケートの規定演技のように同じ動きが求められていても、そのパフォーマンスは個々によって異なる。演技者の手足の長さや体つき、顔つきが異なることにもよるが、演技者の「感性」に大きく影響されている。

　このことは、あらゆるスポーツにおいても同様で、ある技術を習得する際に「センス」の有無が問われることがある。この「センス」という言葉は、いくら努力してもある技術がうまく獲得できなかったり、達成できなかったりする場合に使用されることが多い。「センス」は先天的なもので、各個人がいくら努力しても獲得することのできないものとしてとらえられている。たしかに、生まれながらにして通常の感覚とはまったく異なる特異な「センス」を持ち合わせている競技者もいる。しかし、幼いときからの生活環境や運動刺激によって後天的に備わる部分を認めることもできる。また、たとえ成人になってからでも、感覚に対して意識すべき内容を学ぶことによって「センス」を身につけることができる。いわゆる五感（視覚・聴覚・嗅覚・味覚・触覚）を鋭くしようとした場合、私たちはじっと目を凝らしたり、耳をそばだてたりする。また、非常に緊張した場面では、美味しい食事を味わうこともできないし、誰かに肩を叩かれても気がつかないことすらある。つまり、感覚を鋭敏にするには、集中し、なおかつリラックスした状態が求められるのである。

　ところが運動するには、激しく鋭い動きをしようとすればするほど、筋肉の爆発的な緊張が求められる。敵味方が入れ乱れて行われるボールゲームでは、自ら移動しながら瞬時に周囲の状況を察知し、判断し、決断を下して正確なパフォーマンスをしなければならない。つまり、あるひとつのことに集中するためにじっとすることもできないし、リラックスした状態を持続することもできないのである。感覚を鋭敏にするためには、静止して集中したり、リラックスした状態が求められるのに対し、運動場面では動きながら筋肉を爆発的に緊張させなければならない。この相反する2つの状態をいかに巧みにコントロールできるかの狭間で競技者はしのぎを削っているのである。

　スポーツの世界では、「強く、速く、巧く」を実現するために、肉体を強化し、反復練習を強いることが多い。競技者は激しい緊張状態の中で、常に最高のパフォーマンスを求められ、幼いときから大人顔負けの筋力や持久力トレーニングを行う傾向にある。しかし、上述したようにそのような肉体的なトレーニング方法だけでは、いわゆる「センス」を磨くことはできない。集中力を高め、いかなる場面でもリラックスした状態で周囲の状況を敏感に捉えることができるようにするための訓練が必要なのである。

　そこで最近注目されているのが「メンタルトレーニング」である。肉体を激しく動かすのではなく、静かに成功のイメージを頭の中で思い浮べたり、心と身体をリラックスさせるためのヨガや呼吸法などを行うのである。当然、積極的な休養としても有用で、トレーニングの一環としてオフ（休日）を位置づけることが重要となってきた。

　今日、衛星放送の普及で世界中のトップ・アスリートたちのパフォーマンスをテレビ画面で観ることができるようになり、「運動を見る目」を養うことが以前より容易になった。日本では、1年365日休まず練習をしている子どもたちがたくさんいる。しかし、いわゆる「センス」や「感性」を発達させ、そのスポーツの真の楽しさを味わわせるためには、「メンタルトレーニング」や積極的な休養が必要である。あらゆるスポーツに共通した発達段階に応じたトータルなトレーニングプランの実行が期待される。

（加藤敏弘）

COLUMN

メンタルトレーニング

　スポーツ選手に必要な能力として，筋力や技術力もさることながら，心理的な競技能力が重要である。日本では従来,「根性」という言葉に代表されるように忍耐力，闘争心，自己実現意欲，勝利意欲が重視されてきた。そのため，誰もが「頑張れ！頑張れ！」と声援し，たとえ試合でよい結果が得られなかったとしても「よく頑張った！」といって慰めてきた。それが当たり前のようになってしまったために，いつの間にか「頑張りさえすればよいのだ」と錯覚している選手が多い。つまり，練習ではよくできているのに本番になるとめっきり弱いのである。

　スポーツでは，たしかに競技意欲を高めることが重要であり，「頑張れ！」という応援によって意欲が促進されるが，精神を安定させ集中させることのできる能力（集中力，リラクセーション，自己コントロール能力）が必要不可欠なのである。つまり，頑張るのは当たり前で，いかに周囲の状況を察知し，判断し，決断し，仲間と協力することができるかが勝負の分かれ目となる。とくにスポーツが高度化，専門化してきたために，戦術や戦略が非常に大きなウェイトを占めるようになってきた。次に起こる状況を予測し，作戦を立て，それを実行する能力が問われている。つまり，しゃにむに頑張っていたのでは，競技に勝ち抜くことができない。この精神を安定させ集中する能力や作戦能力を培うために，メンタルトレーニングが行われるのである。具体的なメンタルトレーニングの方法については下記の著書に詳しい。

1）白石　豊（1997）：実戦メンタル強化法，大修館書店．
2）徳永幹雄（1996）：ベストプレイへのメンタルトレーニング，大修館書店．
3）ジョー・ヘンダーソン（1991）：ランナーのメンタルトレーニング，大修館書店．
4）ハーベイ・A・ドルフマン，カール・キュール（1989）：野球のメンタルトレーニング，大修館書店．
5）ロバート・S・ワインバーグ（1988）：テニスのメンタルトレーニング，大修館書店．
6）ジェイ・マイクス（1987）：バスケットボールのメンタルトレーニング，大修館書店．

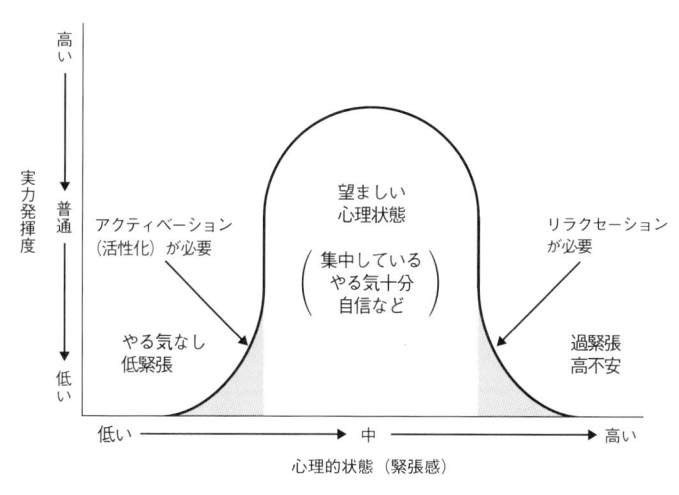

図1　緊張と実力発揮の関係（徳永，1996）

❷ 運動と身体

3 コツとカン

　技能習得の際に「コツをつかんだ」とか「カンが鋭い」と言うことがある。この「コツ」と「カン」はいったい何を指しているのだろう。

「コツ」とは何か

　通常，カタカナで表現されるコツは，漢字の「骨」である。広辞苑では「①ほね。②火葬にした死者のほね。③からだ。④人がら。気質。⑤芸道などの才能。⑥骨法の略。礼儀作法。⑦要領。ぐあい。呼吸。⑧ほねのように，事物のしんとなっているもの。かなめ。」とあり，⑦の用例に「コツを呑み込む」が掲載されている。ここで注目したいのは，「呼吸」である。用例でも呑み込むものとして表現されており，何か身体の奥深くへ浸透していくものとしてとらえられている。たとえば，複数人で協力して何かを達成しようとするとき，そのタイミングを合わせることを「息を合わせる」と言う。また，連携プレーなどで「息が合ったプレー」と言うこともある。こうした表現は私たち日本人が古くから技能を習得し，身体を使って何かを達成する際に，身体内部へ浸透していく何らかの動きとその連動性を感じ取っていたからであろう。

　それまで力任せに行っていた作業が，ちょっとした身体の使い方の変化によっていとも簡単にできてしまった体験は誰にでもあるに違いない。とくに職人の世界では身体内部の感覚ばかりではなく，道具とのかかわりが重要となる。道具が自分の身体の一部と化し，視覚に寄らずに道具の先にある物の状態を探り当てながら繊細な作業が続くこともある。身近な例では，ネジを回すドライバーがネジ山と直線になっているかどうかを直感できる人とできない人とでは，その苦労に大きな差が出てしまう。

　このようにコツとは，ものごとの要領，やり方のぐあいを示すが，目に見えるものよりも身体内部の感覚であったり，身体と一体化した道具とのかかわりなどで語られる。

「カン」とは何か

　コツと同様，カタカナで表される「カン」は，漢字の「勘」である。広辞苑では「①考えること。つき合わせて調べること。②罪を問いただすこと。③直感。第六感。」とある。また，大辞林では「①物事を直感的に感じ取る能力。第六感。「—がいい」「—が狂う」「—に頼る」「—がはたらく」②よく調べて考えること。罪を調べただすこと。」とある。こちらも「コツ」と同様，目に見えない何かを直感的に感じ取ることやその能力を指すが，コツとは異なりその何かが身体の外部にあり，そこに気づくことができるかどうか，自己を取り巻く周囲の状況の変化を読み取ることができるかどうか，という場合に使われる。

「コツ」や「カン」は指導できるか

　伝統工芸や伝統芸能の世界では，「コツ」や「カン」は師匠が教えるものではなく，弟子が寝食を共にしていく中で獲得するものとしてとらえられてきた。しかし，人工知能や工業用ロボットの開発によって，「コツ」や「カン」を機械化する試みがなされている。また，バイオメカニクスが発達し，重心や加速度や反力を測定し，身体の動きをコンピュータグラフィックでわかりやすく解説できるようになってきた。筋肉の動きを立体的に表現することも可能となり，目に見えない何かを視覚的にとらえようとする試みによって，身体の動きが解明されている。いずれは空気のように目に見えない何かが，身体の内外を微妙に曲線的に動きながら，技能が習得されていく様子を示してくれる日が来るだろう。

　しかし，コンピュータグラフィックで表現されなくとも，その微妙な何かの動きを的確に感じ取れる能力を持った指導者はすでに存在する。金子は

「生徒の主観性を直感できる動感力をもった先生が現にいて，他人である生徒の主観的な動感作用に入り込んでコツやカンを指導できるのです。その教師の動感指向体験のなかには教えている生徒の動感地平になじみが生じ，生徒と似たような動感メロディーが流れるのです。その生徒と教師は共通の間動感世界に一緒に住み込んでいることがわかります。こうして伝える指導者と承ける学習者のあいだに共通の動感伝承の大地が創り出されます[1]。」としている。こうした指導者を特殊な能力の持ち主とするのではなく，指導者が備えなければならない能力としてそれを養成するためのカリキュラムを開発することが，今，求められている。

（加藤敏弘）

```
動感形態化（かたちつくり）の地平分析
1 原生成（同時発生）の地平分析
  ①原志向（なじみ）の地平分析
  ②探索（さぐり）の地平分析
  ③偶発（まぐれ）の地平分析
2 自我中心化（コツつくり）の地平分析
  ①コツ統覚化（コツまとめ）の地平分析
   触発化（コツ誘い）の地平分析
   価値覚比較（コツ比較）の地平分析
   共鳴化（コツメロディー化）地平分析
  ②コツ図式化（かたちまとめ）の地平分析
   身体化（コツつかみ）地平分析
   縁どり（コツ確かめ）地平分析
  ③動感作用反転化（回転ドア）の地平分析
3 情況投射化（カンづくり）の地平分析
  ①伸長作用（伸びるカン）の地平分析
  ②先読み作用（先読みカン）の地平分析
  ③シンボル化（シンボル読み）の地平分析
```

```
動感修正化（かたち仕上げ）の地平分析
1 修正起点化（起点づくり）の地平分析
   調和化作用（調和の感じとり）の地平分析
   解消化作用（更地つくり）の地平分析
   分化作用（動感差感じとり）の地平分析
2 時空修正化（時空仕上げ）の地平分析
   局面化作用（局面感じとり）の地平分析
   優勢化作用（片側感じとり）の地平分析
   再認化作用（感じ呼び戻し）の地平分析
3 力道修正化（力道仕上げ）の地平分析
   リズム化作用（リズム感じ）の地平分析
   伝達化作用（勢い伝え）の地平分析
   弾力化作用（反動とり）の地平分析
```

```
動感自在化（自ずから）の地平分析
1 安定化（しなやか）の地平分析
2 軽減化（わざ幅）の地平分析
3 動感質（冴え）の地平分析
4 自在化（それ）の地平分析
```

図1　動感創発の地平分析体系

（金子明友，2007，p.262）

【文　献】　1）金子明友（2007）：身体知の構造，明和出版．

❷ 運動と身体

4 身体コミュニケーション

コミュニケーションの多様化

　インターネットと携帯電話の普及により，コミュニケーション手段が多様化した。電話での直接の会話よりメールでのやりとりが増え，掲示板の機能が強化され，SNS（ソーシャル・ネットワーク・システム）によってネットワーク上のコミュニティが広がっている。さらにネット上のバーチャル世界に，仮の自分が3D-CGとして投影され，そこで新たなコミュニケーションを展開しつつ，第2の人生を送ることができる。これらはパソコンや携帯電話を使いこなすことを前提としたコミュニケーション手段であるが，難しい操作を求めない新たな展開もある。テレビがアナログからデジタルに切り替わると，これまでの放送の概念が一変し，視聴者がリモコン操作で直接番組に参画する時代に突入する。放送のデジタル化とネットワークの融合によって，これからは1対1のコミュニケーションから，1対多，多対多のコミュニケーションが多次元で展開されるようになり，いったい何が現実なのかわからなくなってしまうだろう。

求められる対人関係

　こうした時代だからこそ，人と人が直接に向き合ってのコミュニケーションがますます大切になっている。テレビがあるのが当たり前，インターネットや携帯電話があるのが当たり前，デジタル家電による双方向のデータ交換が当たり前の環境で育つ子どもたちには，生身の体と体が触れ合うようなコミュニケーションを欠かしてはならない。仮想世界ではなく現実世界で共に感動し，喜びや悲しみを分かち合い，実社会でお互いが気持ちよく生活できるように，マナーを大切にしたい。

非言語コミュニケーションにおける身体

　マジョリー・F・ヴァーガスは，非言語コミュニケーションの媒体を9つにまとめている。

① ボディ・メッセージ：コミュニケーション当事者の遺伝因子にかかわるもろもろの身体的特徴の中で，なんらかのメッセージを表すもの。たとえば，性別，年齢，体格，皮膚の色など
② 動作と表情：人体の姿勢や動きで表現されるもの
③ 目の使い方：「視線の交差」〈アイ・コンタクト〉と目つき
④ 周辺言語の伝えるもの（パラランゲージ）：話しことばに付随する音声上の性状と特徴
⑤ 沈黙の世界
⑥ 触れ合いの諸相：相手の身体に接触すること，またはその代替行為による表現
⑦ 空間と距離：コミュニケーションのために人間が利用する空間
⑧ 時間の流れの中で：文化形態と生理学の2つの次元での時間
⑨ 色彩と人間

　言語によらないコミュニケーションの中核に身体動作，空間行動，身体接触があり，実は，言語以上に多くのことを伝えている。言葉が通じない時などは，身振り手振りで物事を伝えることができるばかりか，言葉が通じる場合でも顔で笑って体で避けて，相手に「私はあまりあなたと話したくありません」という無意識のメッセージを言外で伝えてしまうこともある。身体コミュニケーションとは，身体を通じて暗黙のうちにお互いが共振している状態を指す。

身体の軸を大切に

　コンビニの前で地べたに座り込む若者に対して大人たちが眉をひそめる。では，仮に背筋を伸ばして正座していたらどう思うだろうか？　新興宗教か何かと勘違いされるかもしれないが，姿勢のよさは何となくよい印象を与える。
　物事に集中して取り組む姿の中に，芯の強さを

感じるのは，まさにその人に一本筋が通っているかどうかを表している．

自分の軸を見失ってしまうと，不安が増し，周囲に流されてしまう．ストレス社会だからこそ地に足をつけて，物事にじっくりと取り組みたい．そのためにも，最低限骨格を維持する筋力（インナーマッスル）を鍛え，身体の軸をしっかりと維持したい．身体そのものが周囲の人々とのコミュニケーションの媒体である．無意識に広がるその影響力の大きさに気づき，お互いを尊重する意味でも，1人ひとりが軸をしっかりと保ちつつ，協力して物事に向かい合えるようにしたい．　　　（加藤敏弘）

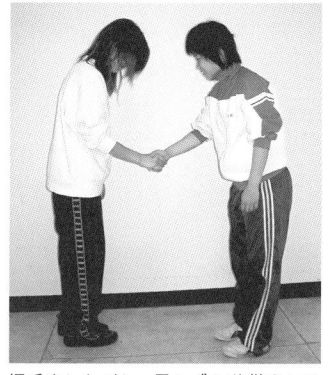

握手をしながら，思わずお辞儀をしてしまう日本人．欧米では握手をしながら相手の顔を見る．

日本の「おいでおいで」は，欧米では「あっちへ行け！」の意味

欧米諸国の「Come on!」

図1　身体動作（身体動作は文化によって異なる）

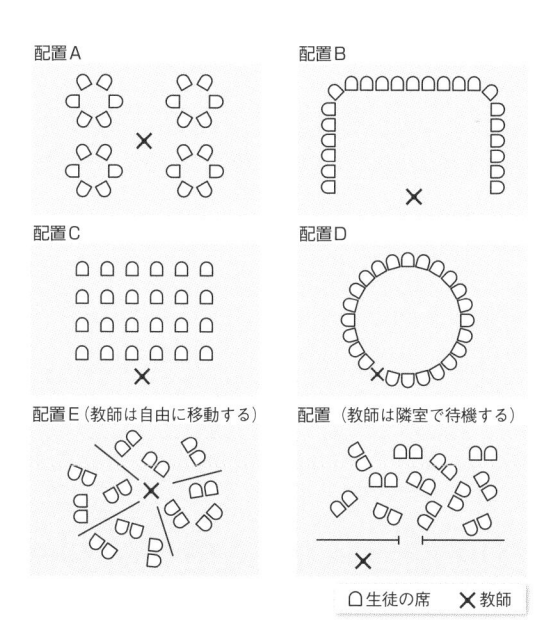

図2　対人的空間
座席行動は，対人的空間を反映する．座席の配置を変えることで新たな座席行動を生み出す

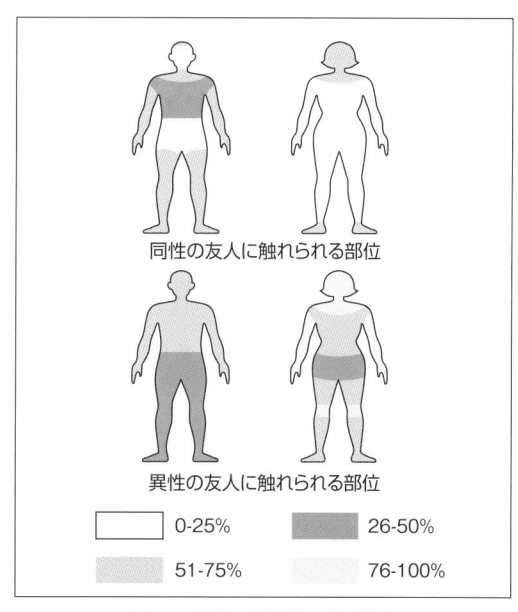

図3　接触・非接触の身体部位
（ジェラード，1996）

【文　献】　1）マイケル・ポランニー（1966）：暗黙知の次元―言語から非言語へ，ちくま学芸文庫．
　　　　　　2）マジョリー・F・ヴァーガス（1987）：非言語コミュニケーション，新潮選書．

❷ 運動と身体

5 心身調整法

身体に聴きながら無理をしない

ストレスに満ち溢れた現代社会に生きる私たちにとってもっとも大切なことは、自らの生命を維持することはもとより、1人ひとりが自らの心と体のバランスを整えることである。そのことが、ストレスを解消し、人間関係を豊かにし、社会や地球環境に優しくなることにつながる。

ここでは、特別な施設や用具を必要とせず、日常的に誰もが気軽に行うことのできる心身を整えるための具体的な方法を紹介する。いずれの方法も、自分の身体に聴きながら行うこと。そして決して無理をしないこと。こわばった身体をゆるめることによって、身体が持っている自然の力を促進しようとするものである。

姿勢の確認

日本では「姿勢を正せ！」と言われると、背筋を緊張させて伸ばして直立不動になることを意味している。この姿勢がいかに疲れるかは、誰もが実感していることだろう。

ここで勧めるのは、仰向けに寝た状態で姿勢を確認することである。たとえば朝目覚めた時に仰向けになったまま、思い切り伸びをしてみよう。この時、枕ははずしておく。できれば柔らかいベッドよりも畳の上に薄い布団を1枚敷いたぐらいのところがよい。おそらく両足は軽く開き、両腕を頭の上で開きながら伸びているに違いない。その後、両腕を静かに足の方へ持っていき、ゆったりとする。しばらくしてから、腰のあたりを自分でゆらゆらすりながら、今日の身体の具合を確かめてみる。身体の各部の調子を自分の身体に尋ねてみよう。

十分に重力を感じるようになると、腰のあたりがちょっと浮いていることに気づく。そこで、おなかにちょっとだけ力を入れて腰のあたりを布団に押しつける動作を10回ぐらいやってみる。

最後に、この腹筋に力がはいった状態のまま、すっと上体を起こしてみよう。背筋を無理矢理伸ばしたあの「気をつけ！」とは違って、上体のどこにも緊張がなく、自然に腰の上に上体が載っていることに気づく。椅子に座って仕事をする時もこの姿勢なら疲れにくい。

深呼吸

緊張状態にある時、よく深呼吸を勧められる。ところが、思い切り息を吸い込むことから始めると、ますます気持ちが高ぶってしまう。深呼吸は、まず、息を吐くことから始めるとよい。口から細く長くゆっくりと息を吐き出した後に、鼻から自然に息を吸い込む。くれぐれも無理をしないこと。ゆったりとした気持ちで行い、吸いすぎたり吐きすぎたりしないこと。深呼吸を「思い切り」行う必要はない。

ゆらぎ体操

体操というとラジオ体操の影響か、一定のテンポで力強く行うイメージがる。ここでは、テンポも力強さも必要としない体操を紹介する。といっても特別な体操ではない。誰もが自然に行っていることだが、ちょっとだけ積極的に身体の各部や全体をゆらゆらと揺らすのである。まるで海の中に漂う海藻のようである。全身をゆるめて身体にまかせてしまうのがよい。あまり細部にこだわらずに、全体のゆらぎの中で部分をゆるめるのがよい。

そとから見ている人が心配するかもしれないので、「ゆらぎ体操をしているんだよ」とそのやり方を伝えて、一緒に行うとよい。ただしその様子を見ている第三者は、ますます心配するかもしれないので要注意。

（加藤敏弘）

図1　姿勢の確認

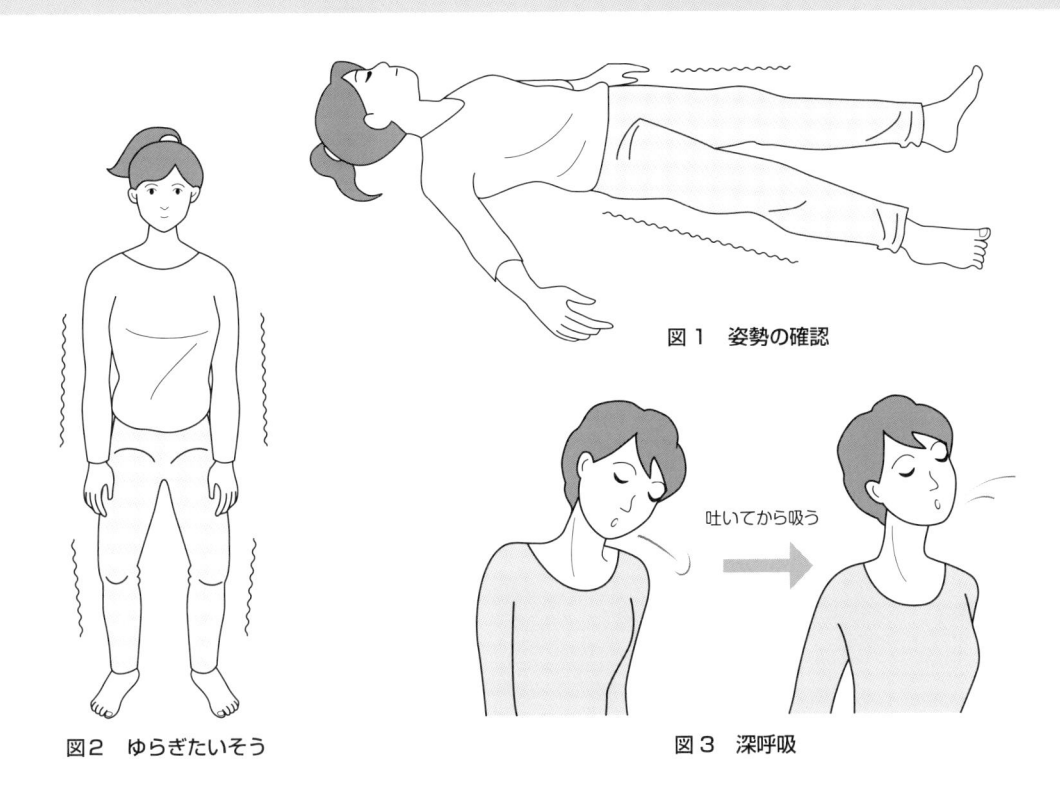

図2　ゆらぎたいそう

図3　深呼吸（吐いてから吸う）

表1　治すと癒す

【治す】	【癒す】
病気を敵視する	病気をからだの大切なメッセージと考える
病気と戦う	病気の原因と和解する
病の原因と向きあわずに症状を消してしまう	病と向きあってそれを統合する
もとの状態に帰す	たえず流れていく
専門家が操作しやすい	自己との対話が基礎になる
対症療法になりやすい	社会と自然のなかでの調和を第一としてからだの調和をはかる
からだへの不信	からだにまかせる

（気で治る本，別冊宝島220, p.15）

COLUMN

森林浴

　樹木から発散されるテルペンという香りの素となる物質は，人間の身体をリラックスさせる働きがあるとされている。テルペンを構成するαピネンという物質が副交感神経を刺激し，血圧が下がり，瞳孔反射が遅くなるなど生体に与える影響が確認されている。この効果を利用したのが，アロマテラピーで，樹木の香りを人工的に抽出し，部屋の中に居ながらにして人々の心を落ち着かせようというものである。ただし，香りがきついとかえって不快になることがあるので要注意。やはり，一番良いのは森林へ足を運んで，森林浴をすることだろう。小鳥たちの囀りに耳を傾けながらのハイキングは適度な運動にもなり，心身を整えるにはもってこいである。

【文　献】　1）津村喬（1983）：東洋体育の本（別冊宝島35号），JICC出版局.
　　　　　2）津村喬・高田勝弘編（1995）：気で治る本（別冊宝島220号），宝島社.

❷ 運動と身体

6 マッサージ

マッサージは，人々の心と体をリラックスさせるものとして，一般に広く普及している。しかし，その目的や種類や正しい方法については意外と知られていない。ここでは，それらを簡単に紹介し，とくにマッサージを行う際のマナーや心構えについて解説する。

マッサージの目的とその効果

マッサージは，専門のマッサージ師が行うものから自分で行うものまで多彩である。その目的も多様であるが，次のようにまとめることができる。

① 治療：痛みをやわらげる。神経刺激により機能回復を図る。血液と栄養の循環をよくし治癒を促進する。
② 疲労回復：筋肉の緊張をほぐし，リラックスさせる。血液とリンパ液の流れを促進し，疲労回復を早める。
③ 美容：皮脂腺，汗腺の機能を高め，皮膚呼吸を活発にして肌を美しく保つ。
④ 気分転換：長時間にわたる単純作業による特定部位の緊張をほぐす。パソコンなどで目を使いすぎた時の疲れをとる。
⑤ ケガの予防：疲労している部位を探し当て，必要であればテーピングなどによってケガを予防する。関節の可動範囲を広げ，柔軟性を高める。
⑥ コミュニケーションの促進：おじいさんやおばあさんへの肩たたきに代表されるように，人と人とのふれあいを促進する。
⑦ 身体や健康への意識を高める：自分や他人の体に触れることによって，身体に対する意識を高め，健康に対する知識欲を刺激する。

マッサージの種類

マッサージと一口に言っても，他者に施すマッサージのほか，機器によるマッサージから自分で行うマッサージまでその範囲は広い。肩たたき器，青竹，特殊なサンダル，電気刺激を利用した小型機器などの使用も，広い意味ではマッサージである。しかし，もっとも古くから行われ現代でも一般的なのは人の手によるマッサージである。病院や整骨院での整体，旅先の旅館で頼む按摩や指圧，クアハウスやスポーツジムでのマッサージ，サラリーマンあふれる大都会のオフィス街での短時間マッサージなど，いずれも人の手によるマッサージが主流である。

マナーと心構え

治療目的で医師や鍼灸師などの資格を持たない人が他者の身体に触れることは，法律で禁じられている。したがって，一般に他者に施す場合は治療目的以外で，受ける者と行う者がお互いに同意した上で行わなければならない。とくに自分が気持ちよかったからといって，他者に無理強いしないこと。人によってもまたその時の状態によっても感じ方が異なるので，要注意。当然，くすぐるなどの嫌がることはしない。爪を切り，手を清潔にしておく。できるだけオープンで明るく整理整頓された清潔な場所で行うようにする。

マッサージを施す相手とのコミュニケーションを大切にする。気持ちがよければ気持ちがよい，痛い時は痛い，もう少し違った部位を望むならその場所を指摘してもらうようにする。ただし呼吸に合わせることが重要なので世間話などの会話は避けること。また，「こうしてやろう，ああしてやろう」と思わないこと。反対に緊張したり，ビクビクしない。おおらかな気持ちで，手に任せ，自然な動きを大切にすること。潤滑剤や香料を使用したり，音楽をかけることもあるが，肝心なのはあくまで自分の手と相手の身体の接点の感覚であることを忘れないこと。

(加藤敏弘)

第 2 章　運動

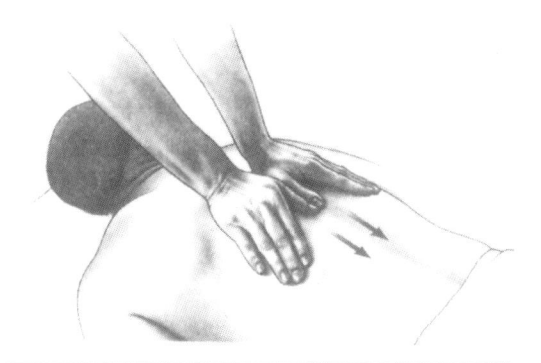

①軽擦法
皮膚外層に作用し，皮膚そのものを引き締める。毛細血管の血液循環を強化し，腫れやむくみを除去するばかりか，中枢神経系を鎮静させ，呼吸数を減少させ，興奮を抑える。手掌全体を皮膚表面に密着させ，ゆっくりリズミカルに直線や螺旋状に肩の力を抜いて軽快に擦る。

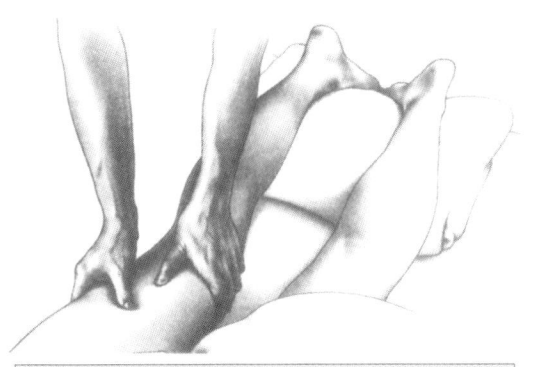

②強擦法
母指または母指以外の四指の先や掌球あるいは拳を使って著しい圧を様々な方向に向かってずっと加えながら擦る方法である。関節，足底，大腿など血液や異常分泌物が滞りやすくしこりやけいれんを起こしやすい部位に施し，血液循環を強化する。皮膚の上を滑らせるのではなく皮膚そのものを動かすようにする。

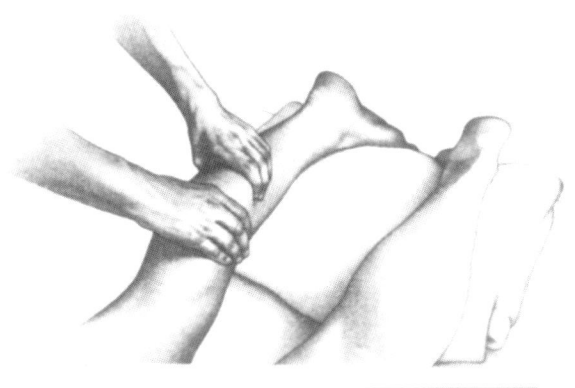

③揉捏（揉捻）法
筋肉を手掌面でつかみ，締めつけたりこねたりする方法。筋肉の緊張と収縮機能が高まり，腱の弾力性が増加する。脈管にも作用し，体液の循環を高める。軽擦法と違い施術部を興奮させ，中枢神経を刺激し呼吸数を高める。

④叩打法（カッピング）
手を軽く握り手拳の小指側や爪から第一関節部分で，あるいは掌をお椀のようにしてぽんぽんと叩く方法。両手の指を広げ包丁のように小指側で素早く叩く場合を切打法とも呼ぶ。軽い叩打は中枢神経を和らげ，強い叩打は中枢神経を刺激する。スタート前の選手に，だるさや眠気から目覚めさせ戦闘体勢を整える時などに用いられる。

⑤圧迫法
軽擦法と同様に手掌全体を使いながら一定の圧を加えながら擦るようにする。皮膚外層にとどまらず深層部にある線維に作用し，血液やリンパ液の急速な循環を促し，筋肉線維を暖める。

⑥振せん法
全身あるいは上・下肢を振るわせる方法。母指と小指で筋を圧迫しながら細かく振るわせる方法や四肢を牽引しながら振るわせる方法もある。施術部の力を十分に抜ききれない人を相手に筋の緊張をほぐす時やマッサージの終了の時などに用いられる。

図 1　マッサージの方法
さまざまな方法があり，「これが正式」というものはない。しかし，いずれの場合も末梢部から中枢部に向かって行うのが基本である。代表的な方法を紹介する。

【文　献】　1）A. ビリューコフ（1974）：スポーツ・マッサージ―トレーナー・スポーツ医・マッサージ師のための手引き―，国際学術資料刊行会.
　　　　　2）ジョアン・ジョンソン（1997）：イラストでみるスポーツマッサージ，大修館書店.

❸ 運動の実践

1 ウォーミングアップとクーリングダウン

　スポーツにおけるウォーミングアップ（Warming up）とは，文字通り体を温めることを意味している（村木，2003）が，実際には試合や練習など主とした活動で求められるパフォーマンスに対してより良い準備（障害予防やパフォーマンスの改善）のために行われる。

　試合で最高のパフォーマンスが求められるときはその準備を，練習で何らかの技術向上をねらいとするときはその練習内容に対応した準備を，またレクレーションや体力向上などのエクササイズをねらいとした運動を行うときにもそれらの活動に応じた準備を行うなど，各々の主活動のねらいに対応したウォーミングアップを行う必要がある。

　一方，クーリングダウンとは主とした活動が終わった後，次の活動へ向けて疲労を軽減するために行う活動のことであるが，ここでは両者に求められる具体的な活動のねらいや実際に行う時の留意点について紹介したい。

ウォーミングアップの目的

(1)筋温を上げる

　スポーツで必要とされる動きには，日常で必要とされる動き以上に筋肉を動かす必要に迫られる。筋温を上げれば筋肉の柔軟性が高まり関節の可動域が改善されたり，神経から筋肉への伝達速度が速まる（土黒，2003）ので，主運動で必要とされる筋肉の温度を高める運動（ストレッチや主運動に類似した簡単な動きなど）をウォーミングアップとして行う必要がある（図1）。

(2)心拍数を上げる

　急激な動きを突然行えば，呼吸循環器系に不具合が起こりやすくなる。したがって，高い有酸素的な運動が求められる場合には，実際の練習や試合に求められる心拍数に近いレベルまで心拍数を上げる必要がある（図2）。たとえば，試合を行うと「かなりきつい」と感じるのであれば，ウォーミングアップを行う際にも「かなりきつい」と感じるまで運動強度を上げておいた方がよい。

(3)やる気をコントロールする

　試合などで過度に緊張する場合はリラクゼーション（緊張の弛緩）を，反対にやる気などを高めたい場合にはサイキングアップ（やる気や闘争心の高揚）をやる必要がある。とくに，これらの活動は個人としての心理面の準備だけでなく対人間の関係を良好（対人間の緊張をほぐす，チームとしての気分を高揚させるなど）にするための活動も効果的である。

ウォーミングアップの実際

　前述したように，ウォーミングアップは主となる活動のねらいに即した運動を行う必要があるが，一般的にはまず軽いジョギングやストレッチ（ダイナミックストレッチやバリスティックストレッチ）によって筋温を上げ，徐々に主運動に類似した運動などを行いながら心拍数を上げたり動きのスピードや正確性を高めていくことが多い。とくにやる気を高めるために鬼遊びや簡単なゲームを織り交ぜたり，チームでコミュニケーションとると，より効果を発揮する。

クーリングダウンの目的

　せっかく運動を行うことにより充実した時間を過ごしたとしても，試合や練習で激しく運動した後にクーリングダウンを行わなければ，後日，筋肉に強い張りを残したり，精神的にも疲れが残ることになる。これらの疲労を軽減するためにはその直接的な要因となる乳酸を早めに除去したり，筋肉の柔軟性を回復することが効果的である（図3）。

　代謝の老廃物である乳酸は血行をよくすることで除去されるので，激しく動いた後にウォーミングアップ同様，軽い運動（ジョギングなど）を行うとよい。一方，緊張した筋肉の張りを軽減するた

めにはストレッチ（スタティックストレッチやPNFストレッチ）を行うことが効果的である。とくに，マッサージは血行をよくする傾向にあるので，可能ならばペアで実施すると，疲労の蓄積具合はかなり軽減されるであろう。

クーリングダウンの実際

まずは軽めのジョギングやウォーキングなどを行いながら血行をよくする。その後，静止した状態で筋肉を伸ばすスタティックストレッチや一定時間ストレッチした後，さらに筋肉を伸ばすためのPNFストレッチを行うとよい。

これらの活動は時間的に長めに行うことが望ましいが，10分から15分程度の運動でも疲労は半減するであろう（図3）。

（吉野 聡）

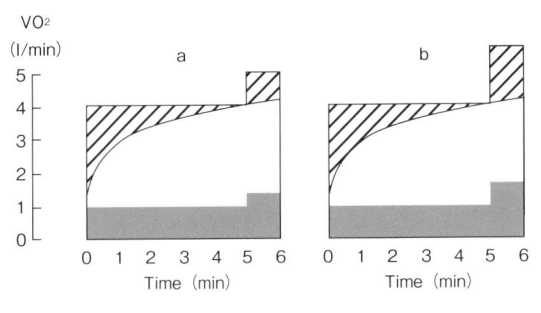

図1 ウォーミングアップをしない場合（a）とした場合（b）の運動中の酸素摂取量の変化（後藤真二ら，1991）

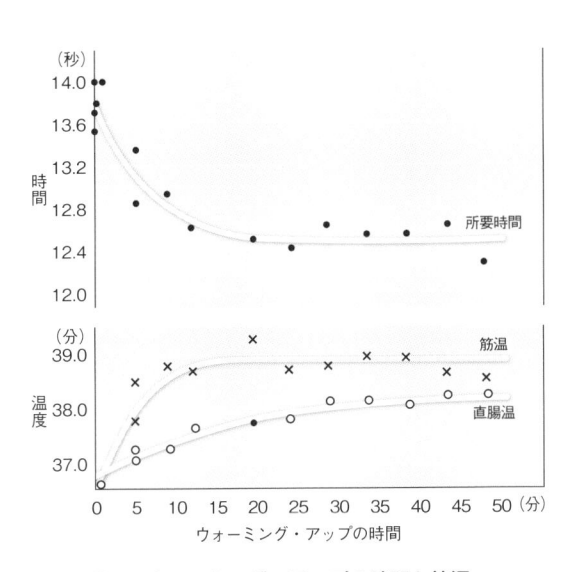

5分目までは一定強度の最大下運動を行い最後の1分間は全力運動を行った。ウォーミングアップをした場合（b）は，しない場合（a）に比べて運動初期の酸素摂取量の立ち上がりが速く，酸素不足量は少なくて無酸素エネルギーを温存できる。したがって，最後の1分間ではウォーミングアップをしない場合より多くの無酸素エネルギーが利用できたので運動量が多かったと考えられる。

図2 ウォーミング・アップの時間と筋温，直腸温および所要時間の変化
（アスムッセン，ボーイエ，1945）

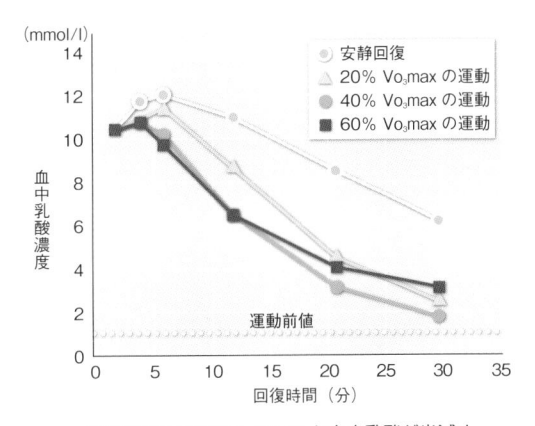

図3 クーリングダウンが血中乳酸除去に及ぼす効果
（稲沢見矢子ら，1988）

激運動後に安静にしていると血中乳酸が半減するのに約30分かかるが（○），40% V_{O_2max}の強度でクーリングダウンを行うと15分ですむ（●）。

【文 献】
1) 村木征人（2003）：競走・闘争の本質から考えるウォーミングアップ，月刊トレーニングジャーナル，ブックハウスエイチディ，25（10）：12-15．
2) 土黒秀則（2003）：ウォームアップ概論 —ウォームアップの意味を再確認しよう—，月刊トレーニングジャーナル，ブックハウスエイチディ，25（6）：43-46．

❸ 運動の実践

2 柔軟性とストレッチング

柔軟性の重要性

「柔軟性がある」「柔軟性に優れている」ということは，「体が柔らかい」ということであるが，言い換えれば「運動あるいは動きの可動域（動きの範囲）が大きい」ということである。動きの範囲が大きいということは，具体的には筋肉，腱並びに人体の伸展性が大きいということであり，さまざまな運動あるいは技術を実施できる可能性が広がるということを意味している。また，さまざまな局面で無理な動きとなる可能性が低くなることから，当然，ケガの確率が少なくなるという利点を持っている。柔軟性を高めるためには，動きの範囲は広がるように努力すればよいのであるが，有効なトレーニングとしてストレッチングを上げることができよう。ストレッチングには，ゆっくりと動きの範囲を広げようとする静的ストレッチングや弾みをつけながら行う動的なストレッチングなどがあるが，いずれにしても前述した動きの範囲を広げるためのものという点ではねらいが共通している。

ストレッチングの種類とその行い方

(1) 静的（スタティック）ストレッチング

関節をゆっくりと動かしながら伸ばしたい筋肉を伸展させるストレッチングを静的ストレッチング（スタティックストレッチング）という。静的ストレッチングでは筋肉を伸ばしながら適度なところで動きを静止させる。急に筋肉を伸ばそうとすると，筋肉は伸張反射を引き起こす（つまり筋肉が伸びるのを避けようとする）ので，ゆっくりと心地よい程度に伸ばす方がよい。また，ある程度（10秒から20秒程度）筋肉を伸ばしたままの姿勢を保っていると，さらに筋肉を伸ばせるようになるので，そのような状態でさらに深く筋肉を伸ばすとより効果的なストレッチングを行うことができる。

(2) 動的（ダイナミック）ストレッチング

後述するバリスティックストレッチングのように反動をつけるのではなく，動きながら動きの可動域を広げるために行うストレッチングのことを動的ストレッチング（ダイナミックストレッチング）という。急激に伸ばそうとすると，静的ストレッチングで紹介したように，伸張反射により筋肉の伸展は反射的に避けられようとするので，スピードをコントロールしながら筋肉を伸ばすことが重要である。とくに，すべてのストレッチングに該当することであるが，筋肉を伸ばそうと思えば筋温が高まっていることが重要であるので，軽い運動から徐々に動きの範囲を広げようとする必要がある。

(3) バリスティックストレッチング

わが国のラジオ体操に代表されるように，伸ばしたい筋肉に反動をつけながら筋肉を伸展させようとするストレッチングをバリスティックストレッチングという。バリスティックストレッチングは，反動をつける（つまり急激に筋肉を伸ばすことになる）ことからストレッチとしてはあまり効果的ではないという指摘を見受けることもあるが，必ずしもそうとは言えない。静的ストレッチングや動的ストレッチングとの組合せの中で，しだいにバリスティックストレッチングを行うようにすれば，筋温は上昇し次第に筋肉も柔軟性も高められるので，両者（静的ストレッチングと動的ストレッチング）は伸ばしきれなかった筋肉をバリスティックストレッチングにより，さらに伸ばすことができる。そのようなことを考えれば，このバリスティックストレッチングを有効に取り入れることが可能となろう。

ストレッチングはスポーツ活動を行う際のウォーミングアップやクーリングダウンでは不可欠のものであるし，年齢を重ねれば重ねるほど筋肉は固くなるのが常であるから，健康の保持増進のためにも日頃より簡単なものでも行える方が望ましい。図1，図2に基本的なストレッチングの例および各種スポーツに関連したストレッチングを示すので参照して欲しい。

（吉野 聡）

第2章　運動

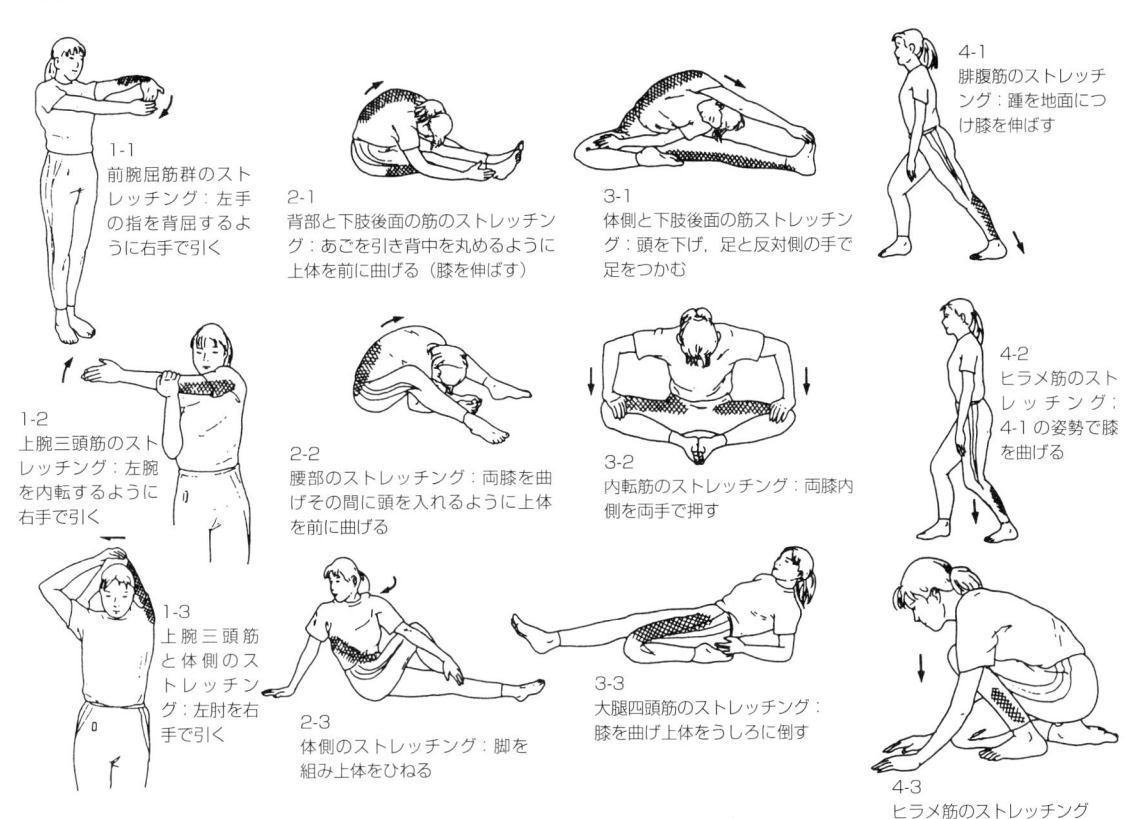

図1　各部位の基本的なストレッチ例
（筑波大学スポーツクリニック編：スポーツ外来ハンドブック，南江堂，1992）

図2　スポーツ選手のための機能的なストレッチ選択
（山本利春：スポーツとストレッチング，理学療法 7（5），1990）

【文　献】　1）Thomas R. Baechle 編，石井直方総監修（1999）：ストレングストレーニング＆コンディショニング，NSCA 決定版，ブックハウス・エイチディ．

❸ 運動の実践

3 運動中のカロリーと水分補給

運動中の水分摂取の是非

　スポーツの場で「運動中に水を飲んではいけない」と言う指導者はいないであろう。暑いときに水分を補給しないで運動を続けると脱水症状を引き起こし、競技力の低下を招くだけでなく、生命の危険もある。しかし、かつて運動中には絶対に水を飲んではならないとされた時代があった。これは、軍隊で水分摂取の必要性は理解されていたものの、必要でも摂れない場合に備えて我慢する訓練が行われ、それが水を摂らないで運動する習慣に移行していったものだと言われる。

　現在では、暑い環境や長時間行われるスポーツで運動中に水分を補給することは常識となっている。

　また、運動前に体内グリコーゲンを満たしておくグリコーゲンローディングと同様に、体内の水分を十分な状態にしておくウォーターローディングの考えも導入されている。

運動中の水分摂取と体温

　脱水によって体重減少が2％になると口渇（喉の渇き）が強く現れ、4％減では口内や咽頭部の乾燥感が強くなる。そして、口数が少なくなり、眠気をもよおし、歩調が乱れてくる。6％減ではそれらの症状が増悪し、8％減に達すると唾液の分泌が停止する。体重の10％以上の脱水は危険なため実験的な成績はない。脱水が6～7％の程度で直腸温は2℃上昇するといわれる。

　人の体温は、身体内部の熱の産生と身体外部への熱の放散とのバランスによって調節されている。熱の放散は輻射や伝導などと発汗によって行われるが、運動をすると熱の産生量が熱の放散量を上回り、体温は上昇する。熱の放散能力は、とくに暑熱環境下では妨げられるので、暑熱環境下では体温が著しく上昇する。

　汗は体温の上昇とともに増加するが、十分に暑さに慣れた状態では、一般に1時間当たり、最大1～2ℓの発汗が認められる。気温23℃の環境下でのマラソンに出場し、完走した56名のランナーの直腸温は39.0℃に上昇し、発汗の平均量は1時間当たり0.96ℓに達したという報告がある。

　図1は水分を摂取した場合と摂取しない場合の直腸温の状態を比較したものである。運動時に水分摂取を行うと、体温の上昇が軽減されることがわかる。

水分摂取と競技力

　図2は、運動中に水分を補給した場合と補給しなかった場合で持久力（運動持続時間）の違いを比較したものである。運動中に水分を摂取すると持久力が高まり、とくに、糖分を含んだ水分を摂取した場合には、その効果がもっとも大きくなる。

　さらに、運動時に糖分を含んだ水分を摂ると、疲労の発生を遅らせることができる。図3は一定の運動強度を維持して運動をさせた場合、糖分を含んだ水分と含まない水分を摂取させた時での疲労の発生（運動強度が10％低下した時点）を比較した結果である。糖分を含んだ水分の摂取により、疲労の発生が遅れることがわかる。

　最後に、糖分を含んだ水分を摂取する場合に注意しなければならないのは、1回に濃厚な糖を摂ると胃の膨満や吐き気をおこしたり、あるいは腸内酵素を高めてガスを発生させやすくすることである。したがって、運動中に摂る水分としては、失った塩分も合わせて水分の組成は、0.1～0.2％の食塩水が飲みやすく、また3～5％程度の糖を含んだものが吸収に都合がよい。なお、摂取する水分は、5～15℃に冷やして飲むと口当たりもよく吸収もよくなる。

（尾形敬史）

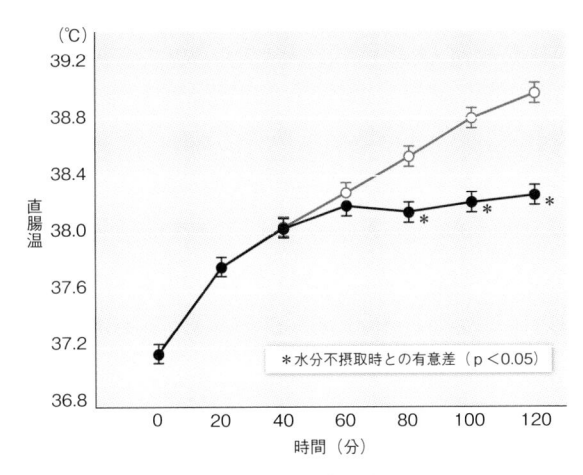

図1 水分摂取が体温に及ぼす影響（Montainら，1992）

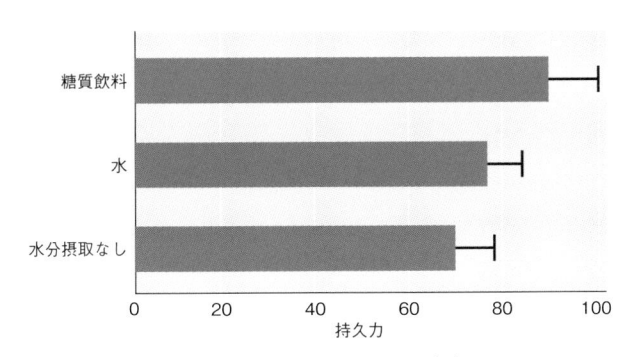

＊水分不摂取時との有意差（p＜0.05）

図2 水分摂取によるパフォーマンスの向上（Maughanら，1989）

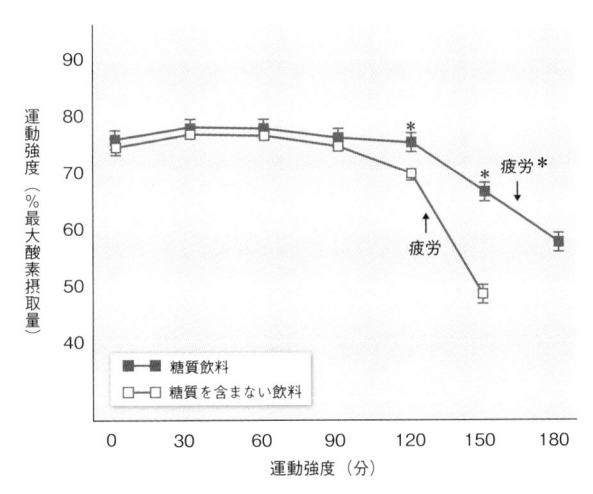

図3 糖質飲料摂取が疲労出現に及ぼす影響（Coyleら，1983）

【文　献】　1）（財）全日本柔道連盟・水分摂取に関するプロジェクト（1997）：柔道競技における水分補給，5-6, 11-13, 28.
2）長嶺晋吉編（1979）：スポーツとエネルギー・栄養，大修館書店，240-241.
3）岩瀬善彦編（1990）：「やさしい生理学」改訂第2版，南江堂，194.

❸ 運動の実践

4 テーピング

テーピング法は，1880年代にアメリカ陸軍で捻挫や骨折をした兵士にテーピングが行われたのが始まりといわれている。その後，アメリカフットボール選手の間にひろまり，他のスポーツにも普及してきた。最近では日本でもプロアマを問わず，一般のスポーツマニアや大学・高校のクラブでも使用されるようになった。

テーピングの目的

①スポーツ外傷の予防
②外傷経験者の再発予防
③軽度外傷の応急処置（RICE（p.98参照）の補助）
④短期間で競技復帰する為の機能回復訓練（リハビリテーション）の補助

上記のうち①がもっとも重要である。

テーピングの効果

①関節の動きを選択的に制限できる。
②靭帯や腱を補強できる。
③部分的に身体の一部を圧迫固定できる。
④痛みを和らげることができる。
⑤精神的に安心感が得られる。

テーピング実施前の留意事項

幼少発育期（小学校低学年を含む）のテーピングは原則として行うべきではない。この時期では骨の骨端線（軟骨発育線）という弱い部分があり障害を起こしやすい。したがって痛みの程度に応じてペース・ダウンするか，専門医の診察を受ける。

テーピング施術者は，人体各部の構造とスポーツ傷害のメカニズムを充分に理解していることが必要である。また，内側側副靭帯断裂予防の為とか，足関節内反防止のためとか，明確な目標を決めてテーピングすることが大切である。

筋力トレーニングや関節・筋肉の柔軟性を高めるストレッチングをまず優先実行し，その上でテーピングを考慮すること。けっしてテーピングを過信してはいけない。

テーピング後，末梢部に循環障害や神経障害，さらにはしびれや腫脹などの有無をチェックし，それらがある場合にはもちろん，疑わしい場合でも，躊躇することなくただちに巻き直すか中止する。

テーピング実施上の取扱い

①剃毛と皮膚の清潔・乾燥。
②接着スプレーの使用。
③摩擦部位（足関節の前後部・膝窩部・膝蓋靭帯部など）にワセリンを塗ったガーゼをあてる。
④皮膚炎防止のため，アンダーラップを使用する。
⑤肢位の調整：足関節は直角位，膝関節は20〜30°屈折位で最大筋緊張させる。
⑥部位に合ったテープを使用する。
⑦テープはたるみ，隙間，しわなく貼る。
⑧テープの張力を一定にする。
⑨血液の循環障害の有無を確認する。
⑩運動後30分以内にテープをはがす。

テーピングの基本型

- アンカー：テーピングの上限・下限及び左限・右限に貼るテープ。サポートテープがずれないようにするために巻く。
- サポート：関節・筋肉を支持し，固定・圧迫するために貼る。その形により独特の名前がつけられている。Xサポート・フィギュアエイト・スターアップ・ホースシュー・トールロックなどが代表的なもの。
- ロック：アンカーから始まったサポートテープがはがれないようにするもので，アンカーより1/3程外にずらすとはがれにくくなる。

テーピングの実際

テーピングの実技については，多くの専門書が出版されているので，ここでは，足首捻挫予防のテーピング法のみを掲げる。このほか，足関節捻挫直後のテーピングは，腫脹防止のため前方部分を1cm位開けてテーピングしなければならない。

（富樫泰一）

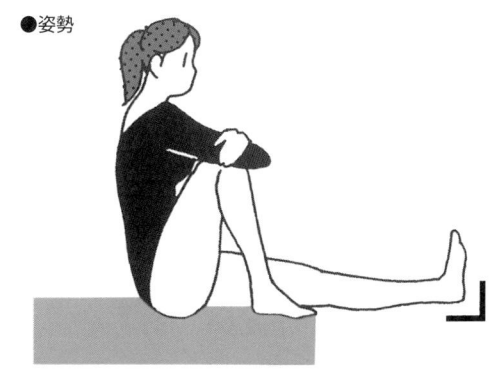

●姿勢

水平な台の上に座り，足首を台から出す。足首の角度をできるだけ直角に保つよう，つま先を手前に向ける

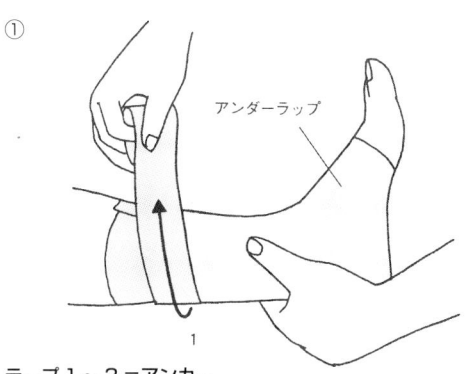

① アンダーラップ

テープ1～3＝アンカー
フクラハギ下部に，まずアンカーを1本。このテープは，少し強めに巻く。

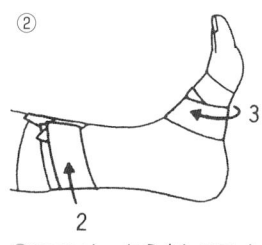

②
①のアンカーから少しスライドさせて，もう1本。次に，土踏まずにもアンカーを1本行う。土踏まずのテープは，あまり力を入れずに巻く。

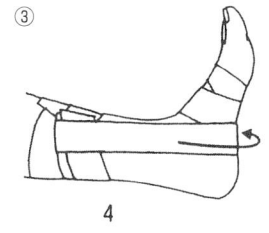

③
テープ4～6＝スターアップ
足首の内反防止のため，上部アンカーからくるぶしの上を通り，外側へ引っぱり上げるようにスターアップを行い，上部アンカー向こう側で止める。まず1本。

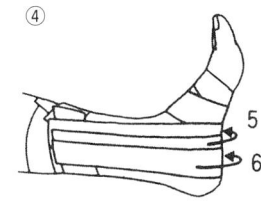

④
続けて，あと2本のスターアップを行う。3本のテープは平行に，常に同じ力で引き上げること。

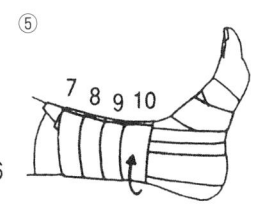

⑤
テープ7～13＝ホースシュー
スターアップを補強するために，ホースシューを足首上部まで行う。

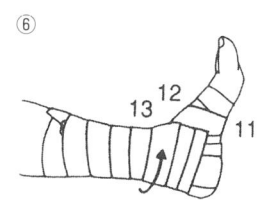

⑥
カカト部にも3～4本のホースシューを行う。

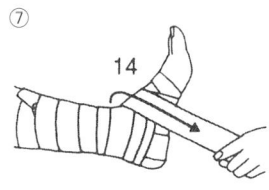

⑦
テープ14＝フィギュア・エイト
外くるぶしからスタートし，土踏まずにまわす。

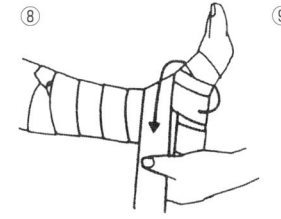

⑧
再び外側を通って足首を1周し，スタート部に重ねて止める。

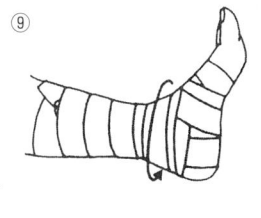

⑨
完成図

図1　足首ネンザ予防のテーピング（すべてのスポーツに向く，もっともスタンダードなタイプ／用具…テープ3.8 cm幅）
（資料提供：(株)ムトーエンタープライズ　成瀬臣彦氏，スキージャーナル：スキーと安全，p.86）

【文　献】　1）筑波大学スポーツクリニック編集（1992）：スポーツ外来ハンドブック．
　　　　　2）スキージャーナル（1987）：スキーと安全．

❸ 運動の実践

5 運動によるけがと応急処置

　スポーツにおいて骨，関節，靭帯の外傷はもっとも多く発生し（表1），また後遺症としても関節の不安定や運動制限や疼痛を残しやすく，後々の運動に支障をきたす原因にもなる。そこでこれらに対する迅速で適切な応急処置が，けがの悪化を防ぎ回復を早めるために非常に大切である。

RICE（ライス）処置

　特別な器具や熟練を必要とせず，誰でも手軽に実行でき，しかも高い効果が期待できる方法である。是非マスターしてみよう。RICEとは，次にあげる処置の頭文字からそう呼ばれている。

Rest（安静）

　患部を安静にするには，固定がもっとも大切である。動かすと骨折や脱臼の場合，痛みや出血がひどくなる。副子，包帯，三角巾，タオル，ストッキング，雑誌等を利用して固定する。

Icc（冷却）

　基本的には，氷を使って患部を冷やすことをいう。患部を冷やすことによって，炎症を抑え，痛みを軽くし，腫れをおさえることができる。腫れをおさえることによって，けがの回復を早めることができる。氷をビニールの袋にいれてタオルにくるんで，凍傷に気をつけて24〜48時間位，あるいは腫れや痛みがひけるまで続ける。冷凍庫から出したばかりの氷は，温度が低すぎて凍傷の恐れがあり，また鋭く尖った氷の角で皮膚を傷つける恐れがある。必ず水といっしょに使う。アイスキャップ（氷嚢）は，氷の交換と密閉が簡単にできるため，スポーツクラブや指導者は常備しておいたほうがいい。1回の冷却時間は，患者の知覚を基準として，①冷却のための痛み，②温かく感じる，③ピリピリ刺すような痛み，④無感覚，の経過をたどるので，無感覚になった時点で，いったん冷却を中断し，しばらく時間を置いて，再度冷却を繰り返す。フリーザーパックは，皮膚に直接密着させると，凍傷を起こすことがあるので，タオルでくるんだり，水といっしょにビニール袋に入れて使う。コールドスプレーは，急激な冷却効果のため，長時間使用すると凍傷の恐れがある。湿布剤は，氷より冷却効果が低いうえ，かぶれをおこし，後の治療に支障をきたすことがあるので，急性期の使用は控えたほうがいい。

Compression（圧迫）

　出血と腫れを抑えるため，伸縮性包帯で圧迫する。圧迫のし過ぎによる，神経，血管の圧迫障害には十分気をつける。

Elevation（挙上）

　患部を心臓より高くすることで，血圧が下がり，血行が阻害され，患部の腫れや痛みを軽くする。重傷後24時間を経過した場合も，腫れや痛みを伴う場合は，RICEを継続する。

創傷（きりきず）の処置

　きりきずは，出血，感染，疼痛（いたみ）に対して注意が必要である。きずの手当ての前に，必ず手を洗う。出血が少ない場合は，傷口を水道水等で洗い流し，保護ガーゼをあて，包帯をして医師の診療を受ける。出血が多い場合は，直ちに出血をする。一時に全血液量の1/3以上を失うと生命に危険がある。失血には，直接圧迫と間接圧迫がある。直接圧迫は，傷口をガーゼや清潔なハンカチで直接強く押さえ止血する。間接圧迫は，傷口より上方の動脈を手や指で圧迫して血液の流れをとめる。圧迫する場所を止血点といい，上腕動脈・鎖骨下動脈，大腿動脈などがある（図1）。さらに，出血がひどく上記の方法でもとまらない場合，止血帯を用いるが，安易に使用してはならない。

骨折の処置

　骨折には，骨折部が体の表面の傷と直接つながっていない皮下骨折と，直接つながっている開

放骨折がある。開放骨折は皮下骨折にくらべて，神経・血管・筋肉の損傷がひどく，出血も多いことが多い。そのため，骨折部の感染症の危険が高い。しかし，骨折自体は生命の危険は少ないので，急がず確実な処置を行う。

手当の手順は，①全身および骨折部の安静，②確実な固定（足関節骨折の固定，図2），③患者の最も楽な体位をとらせる，④保温につとめる。
　　　　　　　　　　　　　　　（富樫泰一）

図2　足首，足の甲の骨折
（日本赤十字社，赤十字救急法教本）
●バスタオル，段ボール，座布団などを使用して，固定する。

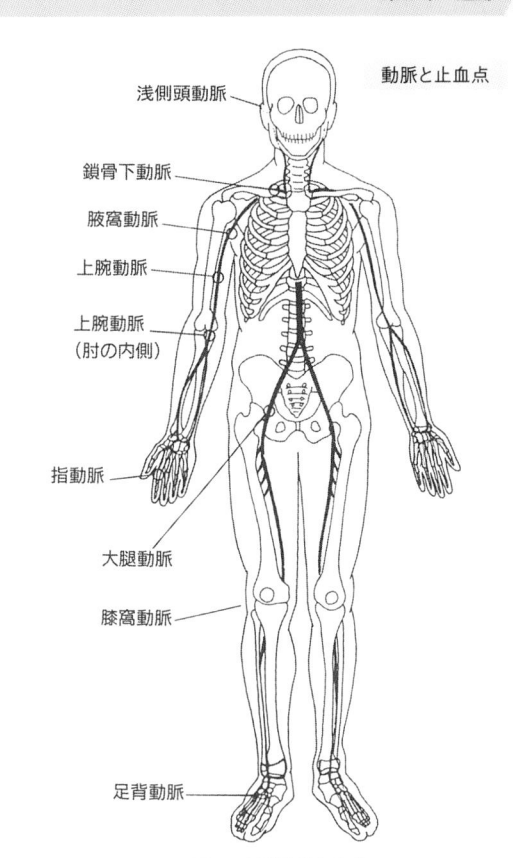

図1　間接圧迫止血

表1　スポーツの傷害の種類（全体）

スポーツ種目	傷害の種類 骨折	脱臼	脱臼骨折	捻挫	打撲挫傷	創傷	靭帯損傷	肉離れ	腱断裂	神経損傷
バレーボール 70,896例	10,726 (15.1%)	1,649 (2.3%)	222 (0.3%)	37,966 (53.6%)	9,115 (12.9%)	389 (0.5%)	2,214 (3.1%)	879 (1.2%)	5,334 (7.5%)	68 (0.1%)
ソフトボール 58,844例	17,284 (29.4%)	2,123 (3.6%)	554 (0.9%)	18,641 (31.7%)	12,468 (21.2%)	1,041 (1.8%)	1,716 (2.9%)	1,212 (2.1%)	1,547 (2.6%)	81 (0.1%)
軟式野球 35,756例	11,615 (32.5%)	875 (2.4%)	239 (0.7%)	10,994 (30.7%)	7,840 (21.9%)	850 (2.4%)	831 (2.3%)	424 (1.2%)	652 (1.8%)	27 (0.1%)
サッカー 25,616例	10,447 (40.8%)	389 (1.5%)	96 (0.4%)	6,973 (27.2%)	5,125 (20.0%)	606 (2.4%)	640 (2.5%)	161 (0.6%)	203 (0.8%)	20 (0.1%)
バドミントン 9,701例	538 (5.5%)	80 (0.8%)	5 (0.1%)	4,570 (47.1%)	1,676 (17.3%)	65 (0.7%)	237 (2.4%)	411 (4.2%)	1,694 (17.5%)	22 (0.2%)
柔道 7,833例	3,063 (39.1%)	416 (5.3%)	32 (0.4%)	3,113 (39.7%)	863 (11.0%)	46 (0.6%)	100 (1.3%)	8 (0.1%)	18 (0.2%)	4 (0.1%)
バスケットボール 7,361例	2,267 (30.8%)	190 (2.6%)	33 (0.4%)	3,107 (42.2%)	1,012 (13.7%)	90 (1.2%)	324 (3.0%)	34 (0.5%)	183 (2.5%)	5 (0.1%)
剣道 5,264例	1,720 (32.7%)	78 (1.5%)	10 (0.2%)	1,313 (24.9%)	1,163 (22.1%)	208 (4.0%)	52 (1.0%)	85 (1.6%)	400 (7.6%)	4 (0.1%)
硬式野球 3,161例	1,175 (37.2%)	68 (2.2%)	7 (0.2%)	812 (25.7%)	817 (25.8%)	101 (3.2%)	36 (1.1%)	16 (0.5%)	18 (0.6%)	2 (0.1%)
テニス 3,151例	314 (10.0%)	23 (0.7%)	4 (0.1%)	1,644 (52.2%)	570 (18.1%)	24 (0.8%)	61 (1.9%)	133 (4.2%)	259 (8.2%)	7 (0.2%)

（財）スポーツ安全協会：「スポーツ等活動中の傷害調査集大成版」13　平成3年3月

❸ 運動の実践

6 ソフトボール

　1887年，アメリカのジョージ・ハンコックによって考案されたソフトボールは，当時「野球の冬季版」として行われており，また室内で行われていたこともあって「インドアベースボール」と呼ばれていた。1897年にはアメリカ最初のソフトボールリーグがトロントで設立され，「キッツィンボール」「ダイヤモンドボール」「パンプキンボール」などのさまざまな名称あるいは類似したルールの下でアメリカ，カナダで全国的に普及するようになった。ソフトボールという名称が統一的に使われるようになったのは1934年のことである。日本では1920年東京師範学校にいた大谷武一がソフトボールを紹介し，学校体育の遊戯種目として取り扱われていたようである。現在では少年少女をはじめ，地域社会において多くの人々に親しまれるレクレーションスポーツとして位置づいている。ちなみに2008年，北京で行われたオリンピックにおいては，女子の日本代表が金メダルを獲得している。

主なルール

　ソフトボールは，2つのチームが同じフィールドで攻撃と守備を交互に繰り返す攻守交代型のスポーツである。野球やクリケットなどと類似しているが，大別するとファーストピッチソフトボール（以下ファーストピッチ）とスローピッチソフトボール（以下スローピッチ）がある。とくにソフトボールに触れていく過程では，スローピッチを十分に経験した後でファーストピッチを行った方がスムーズにソフトボールに慣れ親しむことができるかもしれない。代表的なスローピッチのルールについてファーストピッチとの違いを示せば，以下のような特徴がある。

- ファーストピッチや野球が9人制であるのに対し，スローピッチではショートフィールダーと呼ばれる自由なポジションをとれる選手やエキストラヒッター（打撃専門の選手）が存在し，1チーム10人あるいは11人で行う。
- ピッチャーが投げる球は山なり（1.5mから3.0mのスローボール）であり，速球を投げない。
- フォアボールやデッドボールはなく，敬遠したい場合には主審にその旨を伝えればよい。
- 2ストライク後のファウルボールはストライクとみなされ三振となる。
- バントや盗塁，スライディングなどクロスプレーは禁止されている。

　フィールドは図1に示した通りで野球とほぼ同様であるが，その大きさが全体的に小さい。

主な技術・戦術的プレー

（1）ピッチング

　ソフトボールを学習するのならば，ソフトボール独特の下手投げの投球を学習したいものである。代表的な投球法としてはスタンダード，スリングショット，ウインドミルの3つを上げることができる。

　スタンダードモーションとはスローピッチで義務づけられている投球法で，肩を軸にして腕を下からゆっくり後方へ動かし，その反動を利用しながら前方へゆっくり腕を振る。そして，体側を通過した辺りでボールを離し投球する。スリングショットモーションとは，簡潔に言うとスタンダードモーションをより速く行う投球法のことで，腕を後方へ引いた後，反動で思い切り前方へ腕を振る投球法のことである。スタンダードモーションとスリングショットモーションの違いは，腕の振りの速さということができる。最後にウインドミルモーションは，肩を軸にボールを持った腕を前方へ動かしながら1回転させ投げる投球法のことである。

　いずれの投球においても，投げた球が上方へ上がりすぎていればリリース（球を放すこと）ポイントが遅く，反対に球がバウンドしたり下へ下がりすぎていればリリースポイントが速いということに

なる。何度も練習しながら適切なリリースポイントをつかんで欲しい。

(2) バッティング

攻撃の要となるのはバッティングである。豪快なバッティングによって生まれるホームランは爽快であるが，力が入りすぎてしまうとなかなかボールはうまく飛ばない。バッティングのコツは投球されたボールをよく見て①両足の体重移動，②腰回転，③脇の引きつけとバットの返しによる回転行動をスムーズに力強く行うことである。回転を下から振り出せばアッパースイングとなり，腕だけで打とうとするとドアスイング（下半身の運動を行わず，腕の振りと手首の返しのみの力で打とうとするスイング）となる。慌てずボールを引きつけて体の回転がぶれないようにリラックスして打ってみよう。

(3) フィールディング

外野であれ内野であれ，守備の第1歩はポジショニングである。あらかじめ打球が飛んできそうな位置にいる時と，何も考えないで守備位置に着いているときはアウトにできる確率が格段に変わってくる。バッターの様子をよく見てポジションにつき，バッターがスイングしようとするのに合わせていつでも動けるように準備しよう。

ゴロのボールが飛んできたら，できるかぎりボールのコースに対して正面で捕球できるようにし，腰を落として両足とグラブが三角形になるような位置でしっかり捕球しよう。フライが飛んできたらボールをよく見てどの辺りにボールが落下してくるのかを適切に判断し，顔の前でボールを捕球できるように両手でしっかり捕球しよう。また，キャッチアンドスローによりボールを送球しなければいけないときは，捕球と送球どちらも気を抜かず2つの動作を連動しつつ正確に送球できるように落ち着いてプレーしよう。

（吉野 聡）

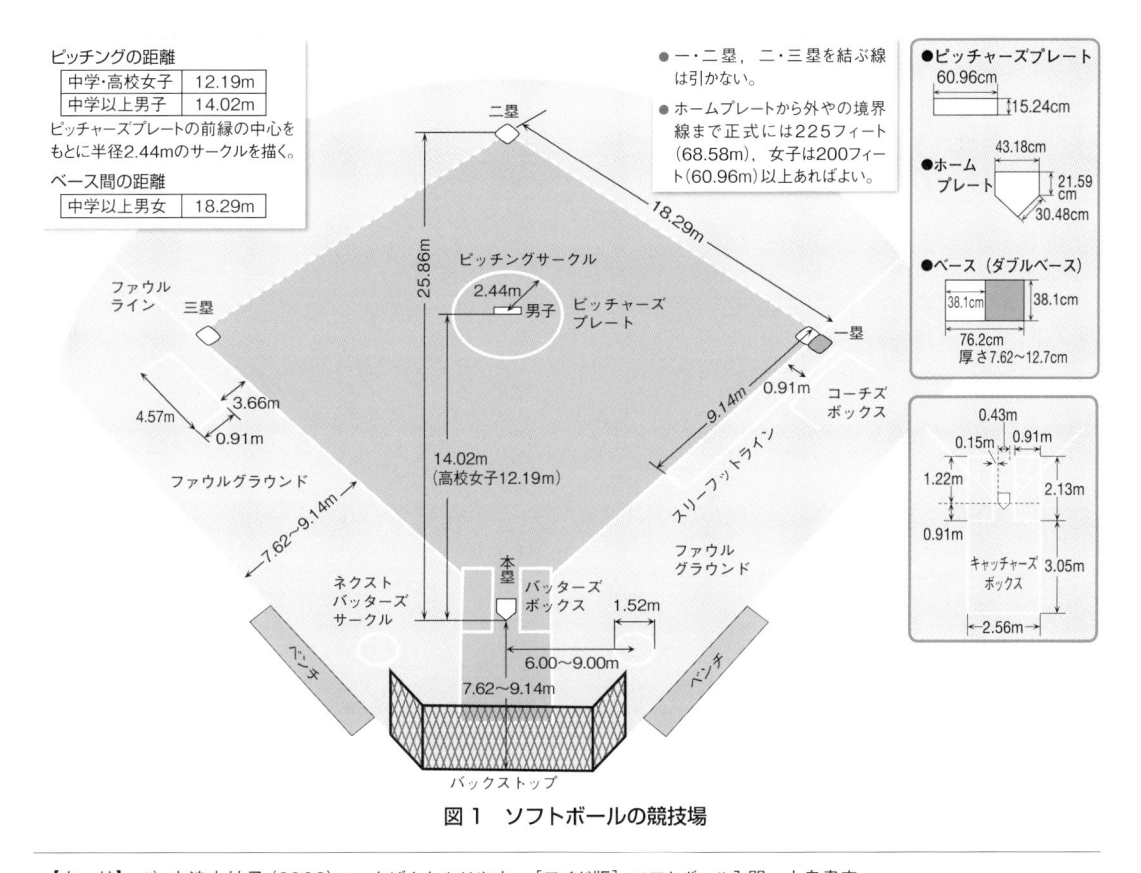

図1 ソフトボールの競技場

【文　献】 1）宇津木妙子（2008）：いちばんわかりやすい［ワイド版］ソフトボール入門，大泉書店.
　　　　　2）WIKIPEDIA　The Free Encyclopedia. http://en.wikipedia.org/wiki/Softball, ウィキペディア　フリー百科事典.

❸ 運動の実践

7 サッカー

　200以上の国や地域でプレーされるといわれるサッカー。世界でもっとも競技人口の多いスポーツの1つであるサッカーを学ぶということは，文化としてのプレーを学ぶだけではなく，ゲームを通して得られるさまざまな人々との交流や心身の健康増進など豊かな生活を営む上で，他のスポーツ同様大いに役立つことと思われる。

　一口にサッカーと言っても，11人で行われるサッカーの他に室内で行われるフットサルやビーチサッカー（ともに5人制）をはじめ，人数的な制約のないストリートサッカーなどサッカーに類似したスポーツは数多い。ここでは，さまざまなサッカーの基本となるルールやゲームを楽しむための戦術的なプレーの原則について紹介したい。

ルール

(1)勝敗

　中世のイングランドにおいて，互いの村の「決められた地点までボールを運んだ方が勝ち」として盛んに行われていたサッカーの原則的なルール（現在のルール）は，「相手陣地へとボールを運び，制限時間内にあらかじめ定められたゴール枠の中へボールを数多く入れた方が勝ち」となっている。フィールドの大きさや参加人数，使用するボールの種類などはそれぞれ（フットサルやビーチサッカーなど）のゲームにより異なるけれども，勝敗の基本的な原則はすべて同じで相手陣地に侵略しながらより多くの得点を得ることが目指される攻守入り乱れ型（invasion type）のスポーツの1つとして位置づけられている。

(2)反則

　もともとサッカーはからだ全体でボールを運ぶことが許されていて，反則などないに等しかったが，現在のサッカーでは手でボールを運ぶことが許されない。その他にも危険なプレーを抑止するためにキッキング（相手を蹴ること），トリッピング（相手を躓かせること），ストライキング（相手を殴ること），プッシング（相手選手を押すこと），ファールチャージ（危険な手法で相手選手にチャージしたり，妨害していない相手選手に背後からチャージすること）を反則とし，そのようなプレーが行われた場合には相手チームにフリーキックが与えられる。

　原則的なルールは上記の2点であり，あとは参加人数，用意できるボールやフィールド，ゴールによってさまざまな形のサッカーを行うことが可能である。正式なサッカーの試合を行いたければ，FIFAあるいは日本サッカー協会が定めるルール（FIFA:http://www.fifa.com/，日本サッカー協会:http://www.jfa.or.jp/）に従う必要があるが，レクレーションとしてサッカーを行う場合には，安全にゲームを行うための最小限の反則を決め，簡単なゴールを瀬とするだけでゲームはできる。

戦術的なプレーの原則

　反則に相当するプレー以外であれば，原則的には自由にプレーできるのがサッカーである。しかしながら，実際に勝利を目指せば自ずと選択するプレーにはそれなりのコツがある。ここでは体育授業（サッカーの経験が少ない者）でのゲームを想定し，いくつかのプレーのコツを紹介したい。

(1)ボールに触れる

　まずはボールに触れることが重要で，味方が攻撃するときは相手陣地へ向かってより早く移動したり，相手にボールを奪われたときは味方陣地へより早く戻って防御体制を整えるなど，意図的に早くたくさん動きながらチームとしてより多くボールに触れるようにすることが望ましい。少なくともチーム全体でシュートチャンスをたくさん得るようにし，かつ相手にシュートを打たせないための動きを行う方とよい。

(2)シュートを打つ

　サッカーの本質は制限時間内で相手より多くの

得点を奪い，相手より少ない失点に抑えて勝利を得ることにある。したがって前述の通りゲーム時間内でより多くシュートした方が勝利の確率は格段に高くなる。自分が得点を取れる位置を把握し，できるかぎりシュートを打つ努力を行えば，自分もチームの人たちもより楽しさが増えることであろう。

(3)相手を自由にプレーさせない

勝利のためにはたくさんボールに触れシュートを打つことである。したがって，自分たちが勝利するためには相手選手に自由（意図的）にプレーさせないことが重要となる。そのためには，相手選手がボールを保持したら，ボールを保持した選手にはプレッシャーを与え，ボールを持っていない相手選手にもマークにつくなど相手に自由にプレーさせない動きをした方がよい。最終的には相手にシュートを打たせずにボールを奪い返すことが自分たちの勝利に結びついてくるであろう。

以上，サッカーの経験が少ない人たちを想定しながら戦術的なプレーの原則を述べてきた。繰り返しになるが，結局サッカーにおけるプレーの本質的な要素は相手よりも多くの得点を獲得し，失点を少なくすることであるから，レベルが上がったとしてもどうすれば相手よりも多く得点できるのか，どうすればより失点を防ぐことができるのかを考えてそれらを実現するための工夫をすればよい。自分たちで考えて練習し，実際に勝利を得ることができれば，その喜びはいっそう増すことと思われる。

（吉野 聡）

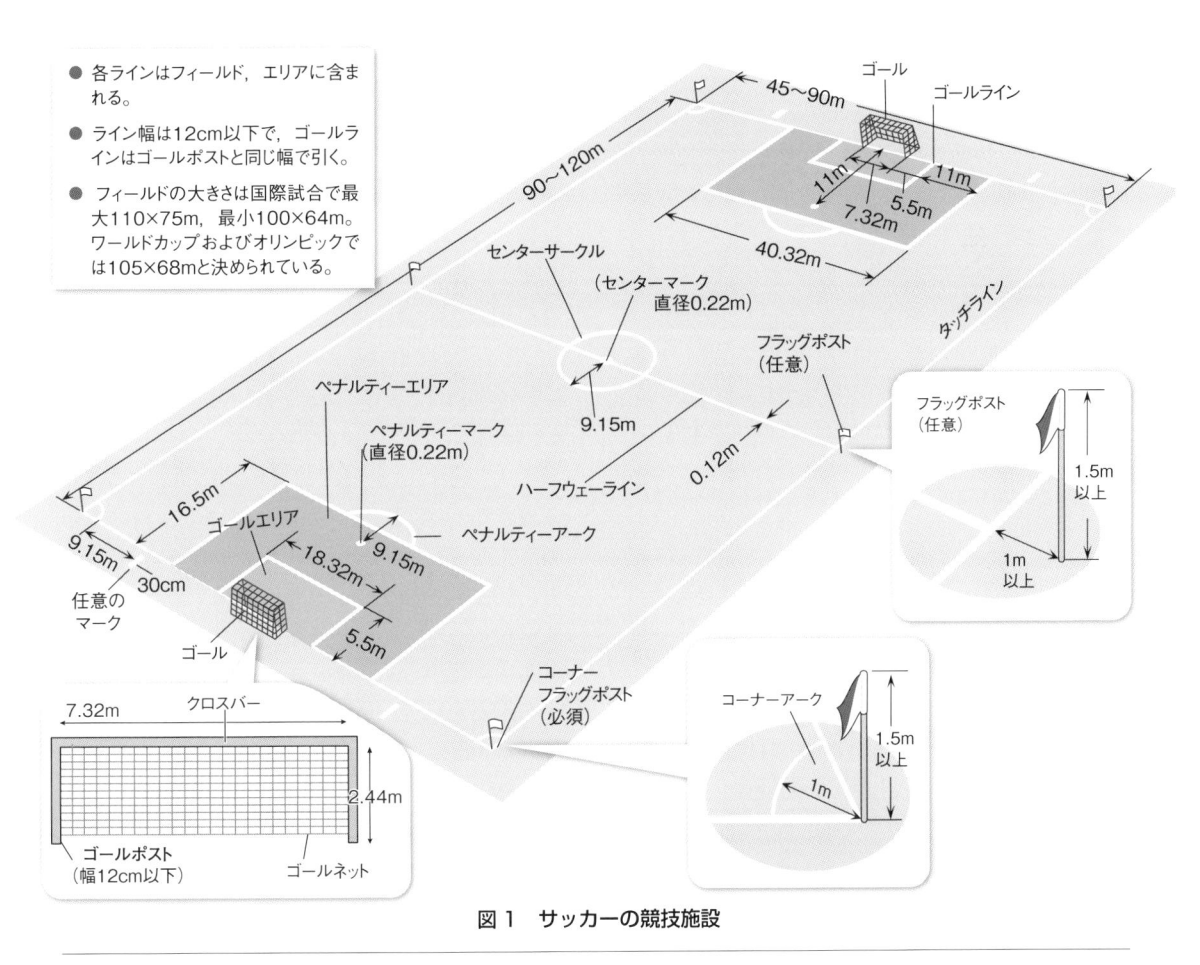

図1　サッカーの競技施設

【文　献】
1）サッカー．ウィキペディアフリー百科事典．
2）世界サッカー連盟：http://www.fifa.com/．
3）日本サッカー協会：http://www.jfa.or.jp/．

❸ 運動の実践

8 バスケットボール

競技の目的

　バスケットボールは，2つのチームが一定の競技時間内で得点を争うゴール型のボールゲームである。ゴールは，3.05m（10フィート）の高さに水平に設置された直径45cmのリングとネットからなるバスケットで構成される。コート内で同時にプレイできるのは1チーム5人。ファウルやバイオレーションの時にチームメイトと何度でも交代できる。28×15mのコート内をすべてのプレーヤーが自由に動けるが，ボールを保持して走れない，身体接触を禁止するなど動きの制限が多く，3秒・5秒・8秒・24秒など時間の制限も多い。攻撃（オフェンス）の目的は，相手チームのバスケットに得点すること，防御（ディフェンス）の目的は，相手チームがボールをコントロールしたり，得点するのを妨げることである。

歴史

　バスケットボールは，1891年12月21日，アメリカ合衆国マサチューセッツ州スプリングフィールドにある国際YMCAトレーニングスクールにおいて，体育教師ジェイムス・ネイスミスによって考案された。
　サッカーボールを使用し，1チーム9名で，フォワード，センター，バックスそれぞれ3人とした。ボールを持って走ってはいけない，ボールをキャッチした地点からパスをしなければならない，両手でボールを扱わなければいけない，相手を小突いたり，捕まえたり，押したりしてはいけないなど，13条のルールで行われた。ドリブルという技術はなかった。当初ゴールは，45cm四方ぐらいの箱を考えていたが，体育館の地下の倉庫に桃を入れる古いかごがあったので，そのかごを体育館のバルコニーの手すりの下端に釘で打ち付けた。このときの高さが10フィート（3.05m）で現在もゴールの高さは変わっていない。

　ネイスミス氏は，幼い頃の遊び「Duck on the Rock」をヒントに「水平のゴール」を頭上に設置することを思いついた。大きな岩の上に置いた雄鴨役の小さな石に，6mほど離れた場所からふわっと弧を描くように自分の石を投げ当てる遊びである。サッカーのようにゴールが垂直に設置されている場合は，ゴールキーパーを必要とし，強力なシュートが求められるが，頭上に水平のゴールが設置されたことで，ゴールキーパーを決める必要もなく，強いボールに怯えることもなく，誰もが気軽に玉入れ感覚でシュートを楽しめるようになった。

ドリブルに制限をつけよう

　バスケットボールのスキルの中で，特殊な発展を遂げたのはドリブルである。誕生した当初は，ドリブルはなかったが，「ボールを保持したまま走ることはできない（第3条）」というルールに従うと，相手に囲まれてしまう。そこで，相手からボールを守る手段としてピボットやドリブルという技術が生まれた。
　ドリブルは，ボールハンドリング（ボール扱い）を高めるために非常に効果的であるが，使い方を間違えるとまったくおもしろくないゲームになる。周りを見ないでドリブルで突進していく姿からは，とてもチームプレーを連想することはできない。周囲を見ながらドリブルができるようになるには時間がかかる。バスケットボール経験者とそうでない人との差が激しいので，授業などでは，「ドリブルなし」あるいは，「ドリブル3回まで」というルールを設定するとよい。同時にディフェンスはボールを持っている人から1歩離れ，ボールを奪ってはいけないなどの制限をつける。実は，この考え方は女子用のルールとして発展し，現在ではネットボールという競技として世界選手権も行われている。

ピックアップゲーム

バスケットボールは，比較的狭いコートで少ない人数でも楽しめる。ゴールとボールが1つあればハーフコートでも楽しめる。街角で行われているゲームを「ピックアップゲーム（p.137 参照）」と呼ぶ。レベルに応じてゲームの仕方やルールを工夫して楽しめるようにしよう。　　　　（加藤敏弘）

表1　競技時間と得点の制限からみた分類
（加藤敏弘, 1998）

球技		得点制限	
		あり	なし
時間制限	あり	×	バスケットボール サッカー ハンドボール ラグビー
	なし	バレーボール テニス 卓球 バドミントン	野球 ソフトボール

図1　「雄鴨落し（Duck on the Rock）」で使う岩
J. ネイスミス（1980），p.14 に矢印添付

1. ボールはサッカーボールを使用し，片手あるいは両手で，どの方向へパスしてもよい。
2. ボールは片手，あるいは両手でどの方向に叩いてもよい。ただし，こぶしでたたくのは禁止する。
3. プレーヤーはボールを保持したまま走ることはできない。また，ボールをキャッチした地点からパスしなければならない。かなりのスピードで走っている時にボールをキャッチした場合，もし，ストップしようと努力しているならば一，二歩程度は許されることもある。
4. ボールは両手で保持しなければならない。両腕やからだを用いてはならない。
5. どのような方法であれ，相手を小突いたり，捕まえたり，押したり，つまずかせたり，たたいたりすることは許されない。この規則の第1回目の違反は1個のファウルとする。2回違反を犯した場合は次のゴールが成功するまで退場とする。もし，故意に相手を傷つけようとするようなプレーであると見なされた場合は，ゲーム終了後まで退場とする。
6. 第1, 2, 3, 4条で述べたことに1回違反を犯すごとに，1個のファウルとする。
7. 両チームのどちらかが連続して3個のファウルを犯すと，その相手チームに1ゴールを与える。(「連続」とはその間に相手チームがひとつもファウルをしないという意味である)
8. ボールがスローされるか，あるいは，タップされてバスケット内に入ればゴール成功である。もし，ボールがバスケットの縁に止まったり，ショットした時に相手がバスケットを動かしたりした場合もゴール成功と見なされる。
9. ボールがコート外に出た場合はそののちに最初にボールを保持したプレーヤーなら誰でもスローインできる。そのとき，スローアーは5秒間だけ相手チームから妨害されないでボールを保持することを許される。
　　もし，どちらのチームのボールとなるか判定がつかないときは副審がその位置からコート内にスローインする。スローインの際に5秒間を超えるとボールは相手側に与えられる。また，スローインの際，どちらかのチームがゲームを遅らせようとした場合，副審はそのチームにファウルを宣告する。
10. 副審はプレーヤーを審判し，ファウルを記録し，連続3回のファウルがあったときは主審にこれを知らせる。主審は第5条によってプレーヤーを失格させる権限を有する。
11. 主審はボールをめぐるプレーを判定し，いつボールがインプレーとなるか，インバウンズとなるか，どちら側のチームにボールが与えられるのかなどを決定する。また，競技時間を計る。さらに，ゴール成功を確認し，その回数を記録する。これらに加えて，他のゲームで主審がいつも担っているような任務も務める。
12. 競技時間は15分ハーフ制とし，5分間のハーフタイムを置く。
13. ゴール成功の多かったほうが勝者となる。もし，同点の場合は両チームのキャプテンの同意をもとに次のゴールが成功するまでゲームを続ける。

J. ネイスミス（1980），pp.73-75.

図2　バスケットボール誕生の13条のルール

【文　献】　1）J. ネイスミス（1980）：バスケットボールその起源と発展，YMCA出版．
　　　　　2）加藤敏弘（1997）：ピックアップゲームの意義と役割，茨城大学教育学部紀要第47号．

❸ 運動の実践

9 バレーボール

　バレーボールは，1895年アメリカのマサチューセッツ州ホリーヨーク市のYMCAにいたウイリアム・G・モルガンによって，レクレーションスポーツとして発案された。1964年の東京オリンピックの時に正式種目として採用され，全日本女子が最初の金メダルを獲得した。その後，1972年ミュンヘンオリンピックでは男子チーム，1976年モントリオールオリンピックでは女子チームが2回目の金メダルを獲得し，2008年北京オリンピックで女子ソフトボールチームを獲るまでは，団体スポーツ種目の中で唯一金メダルを取った種目だった。バレーボールも，最近ではビーチバレー，シッティングバレー，ソフトバレーなど，場所，人数，ボールなどを変えながら，新しい形のものが考案されている。

バレーボールの特徴

　バレーボールは，バスケットボールと異なりボールを持ってプレーできないために，自分の身体を道具としてうまく使いながら，ボールをコントロールする必要がある。また，1人が連続してボールにさわることができず，ボールにタッチできる回数が3回以内と制限されているので，レシーブ，トス，スパイク，ブロックなどのいろいろな技術を使い，みんなで協力してボールをつないでポイントを奪う楽しみ方がある。

　縦18m×横9mのコートをネットで半分に分け，9m四方のコートに決められた人数が入ってゲームを行う。ネットの高さは一般男子が2.43cm，一般女子が2.24cmであり，ボールは5号球を使う。1999年にルール改正が行われ，15点のサイドアウト制（サーブ権がないと点数が入らない）から，1セット25点のラリーポイント制になった。

ボールコントロール

　バレーボールは，身体の指や腕などさまざまな部分を使ってボールを受けたり打ったりするスポーツなので，ボールの中心を感じることが重要である。ボールコントロールの練習として，図1に示すように手首や指先で一定の時間（5秒以上）ボールのバランスをとれるようにする。オーバー・アンダーハンドパスは，バレーボールの基礎技術なので，図2，図3の形を確認しながら正確にできるように練習する。

フォーメーション

　6人制のバレーボールの授業で，もっとも理解しにくいものがフォーメーションであろう。サーブ順を示すローテーションは理解していても，その後はまったく同じ位置でゲームを行っているケースがほとんどである。ルール上，サーブが打たれてしてしまえばコートの中を自由に動いてよいので，得意なポジションに選手が移動することが効果的である。しかし実際は，役割が不明確で自分がどこに移動したらよいのか，またボールが相手コートにある状態の時にもボールだけを見てしまい，適切な移動ができないことが多い。したがって，自分の役割・ポジションを決めたら，ラリー中（相手にボールがある間）に移動する練習をする必要がある。図4は，フォーメーションの移動を示しているので，それを参考にして練習する。

ソフトバレーボール

　コートは13.40m×6.10m（バドミントンのダブルス用コートの外側のライン使用）で，ネットの高さ2m（バドミントンネット使用），ボールは重さ210±10g，円周78±1cmのゴム製である。試合はコートに4名入り，ラリーポイント制（1セット15点，14対14の場合，2点差がつくまで続行するが17点で終了）で，2セット先取の3セット・マッチで行う。ほぼ6人制のルールに準ずるが，ブロックのオーバーネット，サービスのネット・インは反則になる。

（勝本 真）

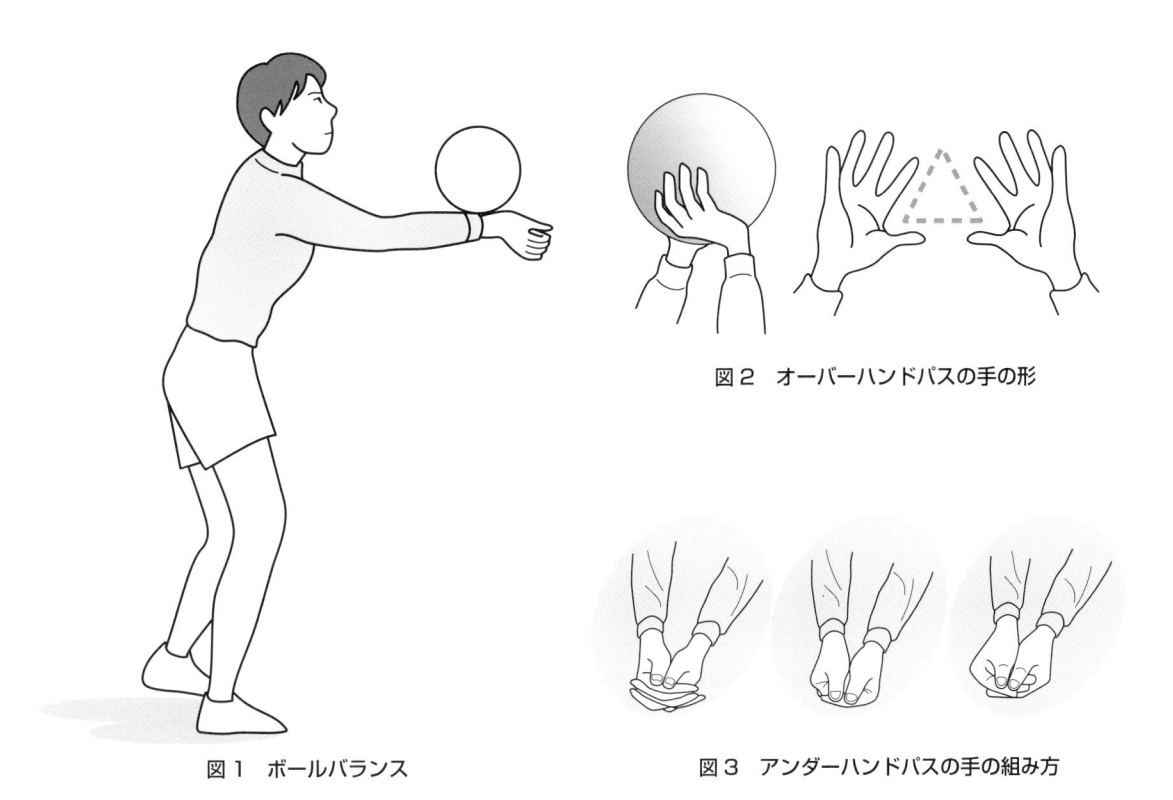

図1　ボールバランス

図2　オーバーハンドパスの手の形

図3　アンダーハンドパスの手の組み方

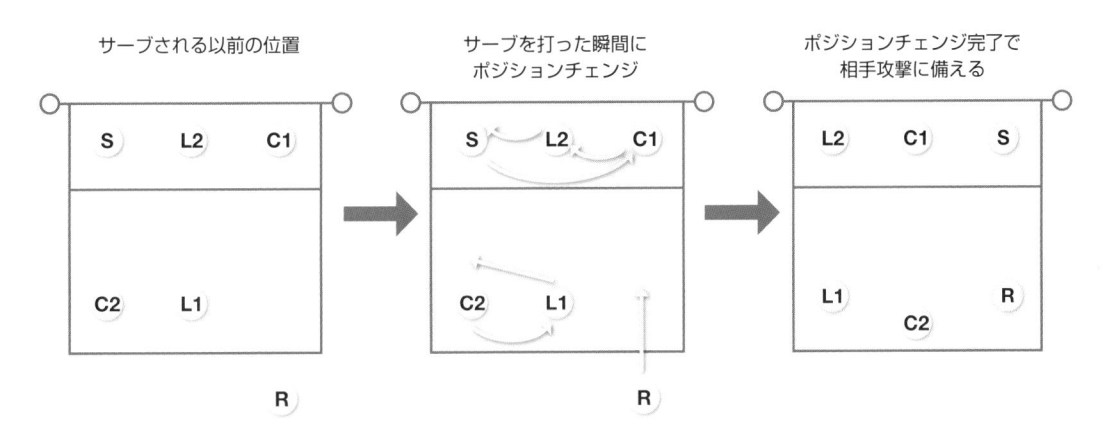

プレーヤーをその能力によってランク付けする事が配置を決める重要な手がかりとなる

L1：第1レフトアタッカー　　**C1**：第1センターアタッカー　　**R**：ライトアタッカー
L2：第2レフトアタッカー　　**C2**：第2センターアタッカー　　**S**：セッター

図4　ポジションチェンジの例（サーブ権がある場合）

【文　献】　1）福原祐三編（1997）：バレーボールの練習プログラム，大修館書店．
　　　　　2）勝本真著（1996）：バレーボールの技術と指導，不昧堂出版．

❸ 運動の実践

10 テニス

　現在のテニスのもとになる球技は，すでに8世紀ごろにフランスで発生し，いろいろと形を変えながらさまざまな場所で行われていた。正式には，1873年イギリスのウィングフィールド少佐（Walter Clopton Wingfield）が，ラケット，ボール，ネット，そのルールをセットにした遊びを特許申請したことが記録に残っている。1877年，ロンドンで第1回目のウィンブルドン選手権（アマチュア大会）が開催された。また，1896年第1回アテネオリンピックから1924年第8回パリ大会まではオリンピックの正式種目であったが，それ以降は種目からずれ1988年ソウル大会から正式種目として復帰した。

用具の準備

　テニスシューズは，種類を大きく分けるとオールラウンド用，ハードコート用，クレーコート（オムニコート）用の3つである。ソールの厚みとパターン（溝の模様）が選ぶポイントである。ハードコート用は，ソールが厚くパターンも粗めである。クレーコート（オムニコート）用は，逆にソールが薄くソールパターンもきめ細かくなっている。オールラウンド用は，ソールの厚みや溝のパターンが，中間で人口芝のコートにも適している。

　ラケット選びでは，ラケットの面の大きさや硬さ，グリップの大きさ，重さとそのバランスなど色々とポイントはあるが，とくに注意したいのは，グリップの大きさと重さとバランスに注意して選ぶ。

ボールとラケットに慣れよう

　ラケットを持って，ボールをコントロールしてみよう。ラケットの握り方は，図1に示すようにいろいろな握り方があるが，最初は手のひらとラケットの面が同じに感覚になりやすいイースタングリップでチャレンジしよう。

　1. ラケットリフティング
　　（ボールを50cm程度真上に打ち上げる）
　　（1）フォアとバックで交互に行う
　　（2）右手と左手を交互に持ち替えながら行う
　2. ラケットドリブル（地面に向かってボールをついて，リズムを変えながら行う）
　3. ラケットでボール拾い
　4. ラケットキャッチ（投げ上げたボールをラケットで受け止めてみよう）

ボールを打ってみよう

　ストロークは，バウンドしたボールを返球するショットで，スタンスは両足のつま先を結んだ線がボールを打つ方向になるように構える。バウンドした時には，腕をまっすぐ後方に引いて，打つ体勢ができるようにする（図2）。

　ボレーは，ネット際でボールをノーバウンドで返球する技術である。ボールの勢いが強いためラケットにうまく当たらないことが多い。腕とラケットを一体化させ，体と顔はラケットの方を向いて，ボールをよく見ながら面を崩さないように打つ。

　サーブは，手でボールを空中にあげ，着地するまでにラケットで打たなければならない。また，センターマークとサイドラインの間のコート外の領域に立ち，自分の立ったサイドの対角線上のサービスコートにノーバウンドで打たなければならない。そのために，前方への安定したトスと高い打点でボールを打つことに注意する。ゲームを有利に進めるためには，サーブが非常に大切である。

　スマッシュは，コート上に高く上がったボールを相手コートに強く返球する技術である。ラケット操作はサーブの打ち方に似ているが，サーブより早いリズムで打つことが多いので，ラケットの構えを早めに取るようにする。

　各打ち方には，シングルハンド，ダブルハンドで，フォア，バック側の打ち方がある。注意する点は，自分の身体部分（手のひら，肘など）の感覚とラケットを連動させるように心がける。　　（勝本　真）

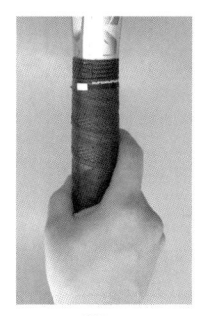

薄い	やや厚い	厚め	厚い
コンチネンタルグリップ	イースタン フォアハンドグリップ	セミウエスタン フォアハンドグリップ	ウエスタン フォアハンドグリップ

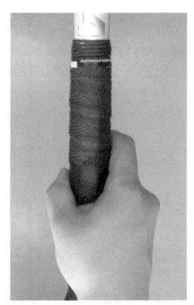

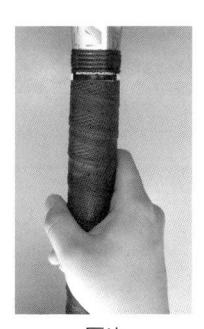

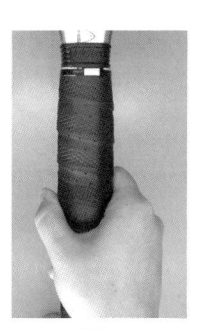

図1　ラケットの握り方

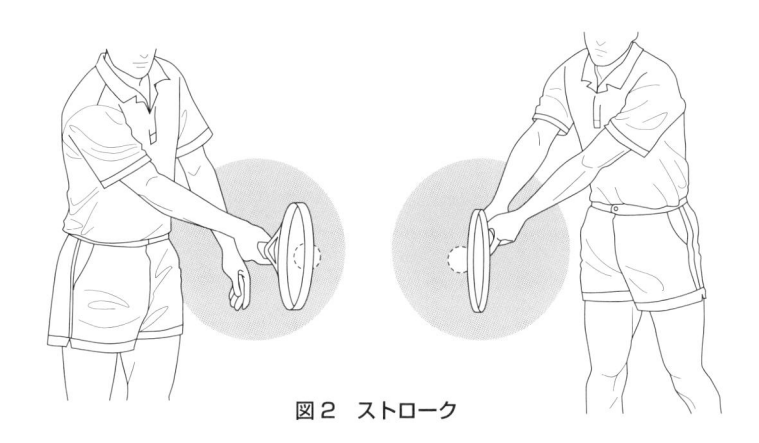

図2　ストローク

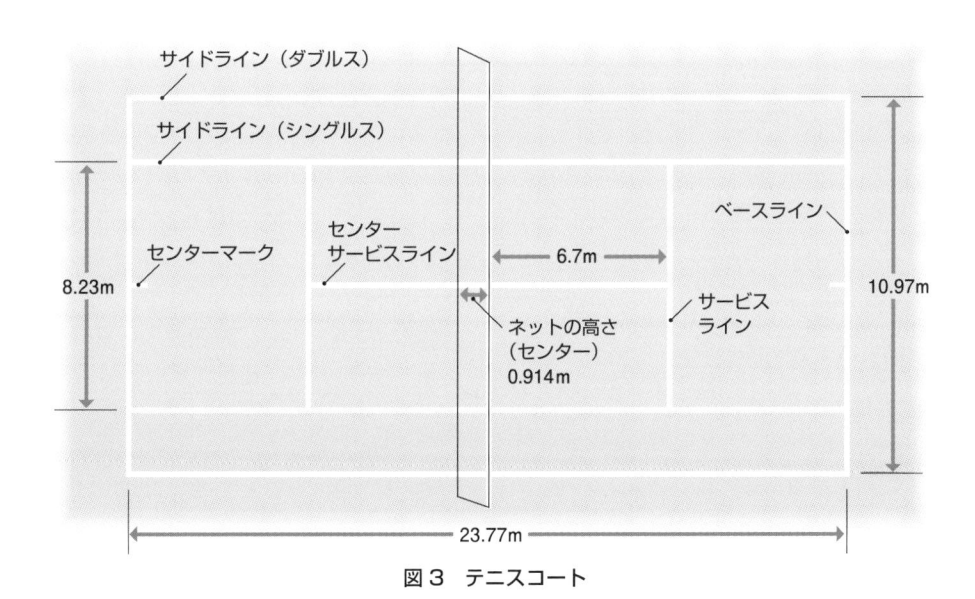

図3　テニスコート

【文　献】　1）日本テニス協会編（2005）：新版テニス指導教本，大修館書店．
　　　　　2）佐藤雅幸（1998）：テニス　基本の基本，学習研究社．

❸ 運動の実践

11 卓球

　ピンーポン（ping-pong：「わたしを打って」）とボールが発する声に誘われて（ものや環境が人間をその活動に誘うことをアフォーダンスという），人間は卓球（table tennis）というゲーム（競争の遊び）を発明し，その文化を発展させてきた。その母体は，中世のイギリス貴族が行っていた屋外でのテニスであることは間違いない。

卓球の楽しさ（おもしろさ・醍醐味）

　卓球は，回転の競技といっていい。ラケットを「壁」とし，相手の回転にあった角度でボールに当てれば，必ず相手コートに入っていき，けっして負けることはない。さらに，攻撃のボールがネットを越えた後に，その軌跡を下に落として安定させる「ドライブ」（前進回転）の打球であれば最適。加えて，相手の意図する攻撃に対峙して，なにくそと，相手の隙をねらって攻撃をしかけ合うという「ラリー」が続けば，卓球は最高に楽しい。

　天候に左右されず，場所もとらず，安価な用具で楽しめる卓球は，生涯にわたってそれぞれのレベルで実践できる。「ボールを打つという運動そのものの楽しさ」「得意技の実現」「相手との攻防（かけひき）のおもしろさ」……，接近した対人スポーツとしての卓球の醍醐味は実に多様であり，奥が深い。技術の進歩には無限の可能性がある。年をとったら，とったなりの態度と技能がある。

卓球する身体（私のからだのはたらき）

　こうした卓球の技を行使するプレイヤーの身体（私のからだのはたらき）を探ってみよう（図1）。すなわち，まず，

① 特徴のある相手のボールが自分に返ってくる。「私の身体」は，このボール，相手の意図・位置，その「いま・ここ」の状況を，まず，「認知」し，それにどう対応するか即座に「判断」し，その判断に基づいて身体を「操作」しなければならない。この「認知」「判断」「操作」の過程は，練習によって，即座に「自動的」に行われるようになる。いちいち大脳で考えることなく，身体が適切な技（反応）を習慣化し，パターンとして「図式化」するようになる（「身体図式」の生成）。

② 「身体図式」の周辺を探ってみよう。そこには，いくつかの層がある。まず，実際の場面に実現されるべき私固有の刺激への反応の仕方，独自の「攻撃と守備の仕方A，B，C……」が「引き出し」として最上層にある。すがすがしい私の「スポーツ気分」の層がある。

③ それらを支えるのが練習によって体得した「基本技能」，すなわち，私の「フォアハンド」「ショート」「ドライブ」……等の「身体イメージ」の「引き出し」である。この基本技能とそれを支える「下位動作」が大切なのである。

　1つひとつの引き出しは，私の「感覚のかたまり」としてあり，そこには，習慣化された私の「感性」「体感」がはたらいている。

④ 基本動作を下から支えているのが，まとまりのある統一体としての，より単純な「下位動作」，すなわち「身体の中心でボールをとらえる」「壁をつくってボールに当てる」「〜の方向へ・〜の強さで・〜の回転で打つ」……などの運動の「感じ」である

　それらの下位動作（感じ）が，いわば「身体的思考」を通じて，瞬間的で有効なさまざまな結びつきで働く（錯綜する）ことによってつくられるのが，「私の技能」なのであり，練習によってそれを「構造化」「洗練化」「安定化」させることによって，ゆとり・幅のある動き（安定した私の「身体的時空間」）が生成される。

⑤ また，それらの技を活気づけているのが，身体（「心」「体」）のより深い層にある「やる気」や「楽しい」「感動」といった「情動」の領域である。

⑥ さらにその下層には,「健康な身体」「元気」「生命の躍動」といった,私の「体」の安定した生命の基底(肉体のエネルギー)がある。

実際のゲーム場面にあらわれる私の技(わざ)は,こうした意識の下に潜在している豊富な「引き出し」の中から,即座に(自動的に),その「いま・ここ」の状況に適合した形で選択された,ひとつの「目に見える現象」にすぎない。

むしろ,その現象を支える「目に見えない」豊富な「引き出し」を磨くこと,それが卓球の実践の身体的意味であり,大きな楽しみ・おもしろさの源泉だといっていい。

(日下裕弘)

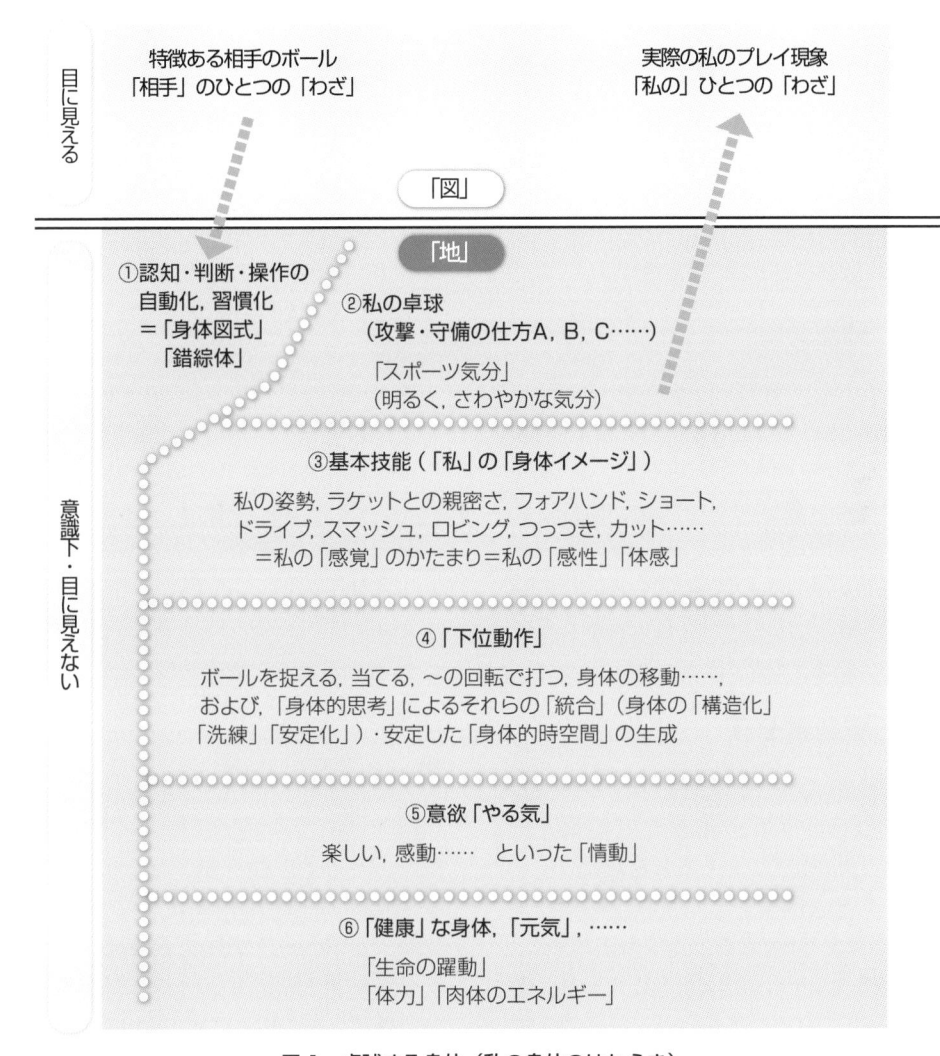

図1 卓球する身体(私の身体のはたらき)

【文　献】 1)湯浅泰雄(1986):気・修行・身体,白亜書房,(湯浅泰雄全集 第14巻).
2)市川浩(1992):精神としての身体,講談社.
3)瀧澤文雄(1995):身体の論理,不昧堂出版.

❸ 運動の実践

12 バドミントン

　バドミントンの誕生に関しては，1820年代にインドで「プーナ」(Poona)という皮でできた球をネット越しにラケットで打ち合う遊びがすでにあり，それがイギリスで広まったといわれている。1893年に，ルール統一を目的にイギリスにバドミントン協会が誕生し，プレーする人数や，コートの広さ，得点など段々とルールの統一が進み，1899年にはロンドンで第1回全英選手権が行われた。オリンピックには，1972年のミュンヘン，1988年のソウルでは公開競技として行われ，1992年のバルセロナより正式競技種目として採用された。

ラケットの確認

　ラケット選びには，材質，バランス，グリップのサイズ，ガットのテンションなどの要素がある。材質としては，スチール（重くて丈夫），アルミ（軽くて丈夫），カーボン（軽くてしなやか），チタン（競技向け）があり，アルミとカーボンが多い。グリップは，G3・太い，G4・中，G5・細いの表記になっており，細いとコントロール性に優れ，太いとパワーのある攻撃タイプになる。

ラケット感覚を試そう

　ラケットの長さとラケット面（スイートスポット）の感覚を理解する。ラケットの握り方は，図1に示すように握り方がいくつかある。左側が，イースタングリップで，右側がバック・サムアップグリップで身体に近いシャトルを打ち返す時に用いる。初心者は，ラケットを床に置いて真上から握るウエスタングリップで打つ人が多いが，基本的な握り方であるイースタングリップで練習する。

1. ラケットリフティング（1個→2個）
2. フォア・バックリフティング
3. シャトルキャッチ
4. ラケットでシャトル拾い

利き手でできたら，利き手ではない方でチャレンジする。感覚の違いを確認しながら，利き手側の動きを転移できるように練習する。

いろいろなストロークにチャレンジしよう

　図2はオーバーヘッドストロークの基本的な動作，図3はさまざまなオーバーヘッドストロークの打点の違いを示したものである。

① スマッシュは，コート内にシャトルを打ち込むようにできるだけ高い位置で打つ。
② ドライブは，ネット付近でネットギリギリを床と平行にシャトルが通過する打ち方で，ラケットは手首だけを使ってコンパクトに振る。
③ ドロップは，スマッシュやハイクリアと同じフォームで，シャトルにラケットが当たる瞬間に力を抜いて，ラケットで押すように打ち，ネット際に落とす打ち方である。
④ ヘアピンは，ネット際でシャトルを打って相手のネット際に返球する。ラケットを押すような感じで使う。
⑤ ハイクリアは，シャトルを高く遠くまで飛ばし，体勢を整えるための時間を稼ぐための打ち方である。

ゲームを楽しもう

　2006年までは15点（女子シングルスは11点）3ゲーム・サイドアウト制で行われていたが，現在は21点ラリーポイント制に変更され，2ゲーム先取の3セットマッチである。図4はバドミントンコートを表しているので，シングルスとダブルスの違いを理解する。サービスに関しては，以下の反則があるので注意して練習する。

- アバブザウエスト　・アバブザハンド
- フットフォルト　　・ラインクロス
- アウト　　　　　　・ボーク
- トスの時シャトルを回転させてはいけない

(勝本　真)

第2章 運動

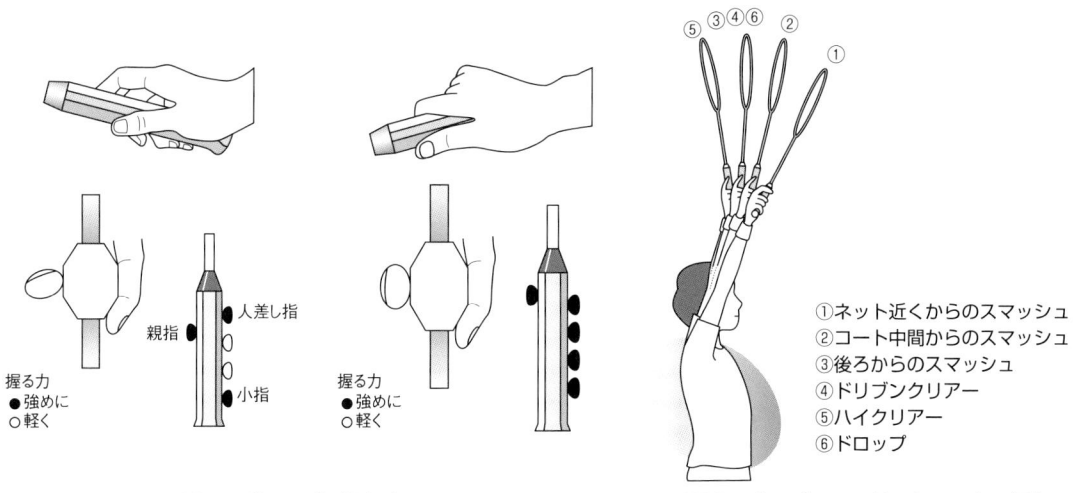

図1 グリップの握り方
バドミントン教本ジュニア（ベースボールマガジン）：p22

握る力
●強めに
○軽く

親指　人差し指
　　　小指

図3 オーバーヘッドストロークの打点
バドミントン教本ジュニア（ベースボールマガジン）：p42

①ネット近くからのスマッシュ
②コート中間からのスマッシュ
③後ろからのスマッシュ
④ドリブンクリアー
⑤ハイクリアー
⑥ドロップ

「イチ」　「ニー」　「サン」　「シー」

図2 オーバーヘッドストロークの打ち方　バドミントン教本ジュニア（ベースボールマガジン）：p27

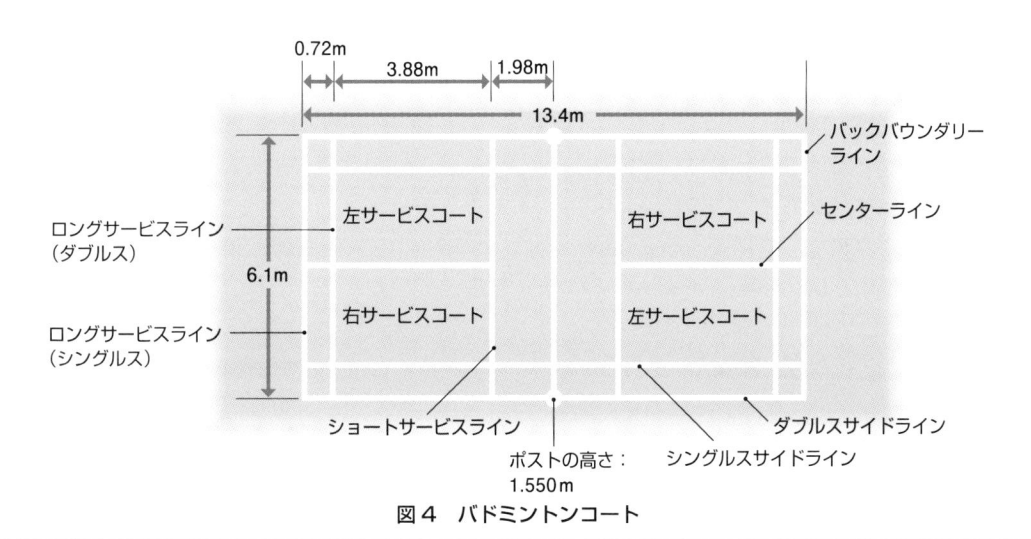

0.72m　3.88m　1.98m
13.4m
6.1m

ロングサービスライン（ダブルス）
ロングサービスライン（シングルス）
左サービスコート　右サービスコート
右サービスコート　左サービスコート
ショートサービスライン
ポストの高さ：1.550m
バックバウンダリーライン
センターライン
ダブルスサイドライン
シングルスサイドライン

図4 バドミントンコート

【文　献】1）（財）日本バドミントン協会（2004）：バドミントン教本ジュニア，ベースボールマガジン．

❸ 運動の実践

13 ウォーキングとジョギング

ウォーキングとジョギングの特徴

　運動不足を解消し健康増進を図るため，あるいは趣味のひとつとして，多くの人がいろいろなスポーツに取り組んでいる。ウォーキングとジョギングは特別な施設や用具を必要とせず，ひとりでもできる，特別な運動技術を必要としない，運動強度をコントロールしやすい，消費エネルギーの見積もりも容易であるなどの特徴がある。一方，オールラウンドな体力強化には向かない，球技に比べると単調である，ジョギングでは腰や下肢を痛めることもあるなどの短所もある。こうした長所・短所を踏まえて，ウォーキングやジョギングを役立ててほしい。

用具，服装，環境

　特別な用具を必要としないとはいえ運動靴だけはそろえたい。専用のシューズが数多く市販されているので，軽くて衝撃吸収性の優れたものの中から選択する[1]。競技者向けの高価なシューズは衝撃吸収性が低く初心者には向かない。欧米製のシューズの中には足幅の狭いものがあり，日本人に適さないので注意する。服装については，冬は防寒，夏は紫外線対策を考慮する。夜間に道路でトレーニングする場合には視認性のよいものの方が安全である。なお，夏場に厚着で運動するとたしかに発汗量が多くなり一時的に体重が減るけれども，脂肪を減らすには消費エネルギーを多くすることが原則で，それには薄着でより多く運動した方がよい。ウォーキングやジョギングはどこでもできるが，自動車の排気ガスが少なく，できればアスファルトの硬い路面より芝生の方が適している。環境のよい場所まで，自転車や自動車で移動することも一案であろう。

フォーム

　ウォーキングでもジョギングでも，よい姿勢が基本といえる。悪い姿勢の例には，前傾が強すぎる，おなかが出る，顔やあごが前に出るなどがある（図1）。ウォーキングでは，押出脚（後足）のつま先まで使ってしっかりと蹴り，振出脚（前足）の膝を伸ばして踵から接地する。その足（支持脚）の踵から母子球，つま先へとボールが転がるように体重をのせていく（ローリング）。重心の上下動や左右のブレはエネルギーロスになる（図2）。また，振出脚の腰を前へ押出すようにするとストライドが伸びる。

　ジョギングでは，過度の上下動や拮抗筋の過緊張が効率を悪くすることがある。筋の弾性要素を利用しつつ，ブレーキをかけずに滑らかに走るのがよい。「ペタペタ」または「パタパタ」と音がする接地は望ましくない。フォームには個性があるけれども，効率がよく，疲労が少なく，気持ちよく走ることができ，運動障害の少ないフォームがよいフォームといえる。

必要運動量

　「健康づくりのための運動基準2006」では，生活習慣病予防に必要な運動量を「3メッツ以上の身体活動を週に23メッツ・時以上，そのうち4メッツ・時以上を活発な運動で満たすこと」としている（身体活動・運動・健康の項参照）。これをウォーキングとジョギングに置き換えてみると，速歩を1日に57分，週5日（4メッツ×(57/60)時間×5日＝19メッツ・時）とジョギングを1日に17分，週2日（7メッツ×(17/60)時間×2日＝4メッツ・時）で合計23メッツ・時となる。「1日に」というところがミソで，まとめて時間をとる必要はない。なお，速歩は10分間で30kcal，ジョギングは10分間で50kcalくらいのエネルギーを消費する。

　有酸素性体力（心肺持久力）の向上をめざすなら，最大酸素摂取量の50％以上の運動強度が必要だろう（p.72の「有酸素トレーニング」参照）。

個人の体力（最大酸素摂取量）を踏まえて，強度が50％以上になるペースの見当をつけ（**表1**），心拍数（有酸素トレーニングの項参照）や主観的感覚，トレーニングの進み具合などによってペースを調整していけばよい。ウォーキングの運動強度は意外に低いので「元気よく歩く」ペースが望ましい。一方，ジョギングの運動強度は高くなりやすく，最大酸素摂取量の低い人は運動強度のコントロールに注意を払うべきである。原則的には「ややきつい」と感じる強度が50％に相当するけれども，ジョギングでは「ややきつい」ときの心拍数が150〜160拍／分と高くなりやすく，「楽である」と感じるペースでよいと思われる。マラソンをめざすなら，ロング・スロー・ディスタンス（LSD），ペース走，野外走，距離走，ファルトレクなどの練習法もある[1]。

（松坂 晃）

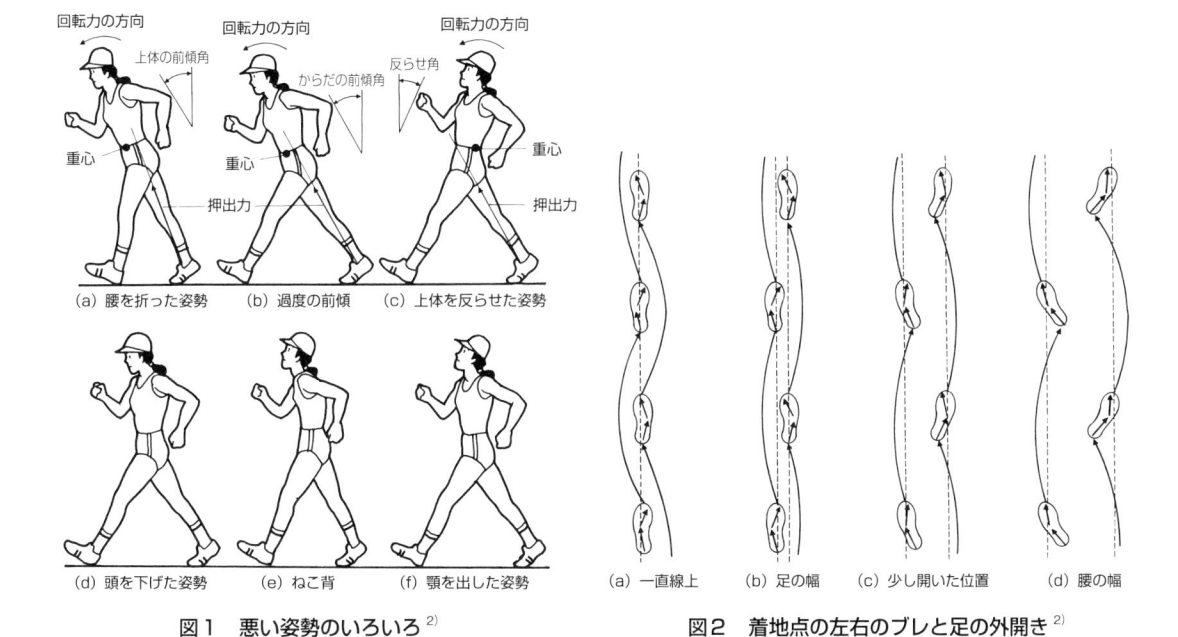

図1 悪い姿勢のいろいろ[2]

図2 着地点の左右のブレと足の外開き[2]

表1 ウォーキングとジョギングの運動強度（％） （未発表資料）

速度 m/min	1km当り 分	1km当り 秒	最大酸素摂取量 (ml・kg⁻¹・min⁻¹) 30	40	50	60
ウォーキング						
60	16	40	27			
70	14	17	35	26		
80	12	30	44	32	25	
90	11	7	53	38	30	25
100	10	0	61	44	35	29
110	9	5	70	51	40	33
120	8	20	78	57	45	37
ジョギング						
100	10	0	75	55	43	35
120	8	2	91	66	52	42
140	7	9		77	60	50
160	6	15		88	69	57
180	5	33		99	77	64
200	5	0			86	71
220	4	33			95	78

【文　献】 1) 金 哲彦（2006）：3時間台で完走するマラソン―まずはウォーキングから，光文社．
2) 青木清人，琉子友男ほか（1994）：スポーツ・ウォーキング，大修館書店．

第3章 スポーツ

❶ スポーツとは

1 スポーツの起源と歴史

未開社会

スポーツを「日常の生活から離れた領域での身体技能の競争」と定義するなら，スポーツの起源は，未開社会に遡らなければならない。

採集・狩猟が主だった自由な未開（無文字）社会には，豊富な余暇時間が存在した。彼らは，余暇を「昼寝」と「おしゃべり」，そして「スポーツ」に費やした。スポーツは，労働の模倣，神と交わる聖なる空間，村々の交流，治療，決闘の手段として行われた。それは聖なる遊びに近かった。そうした聖なるスポーツは，人間の住むところ，世界中いたるところに存在した。（写真1）

古代社会

農耕の技術が発達し，階級差による統治機構が確立した古代の分業社会では，「古代ギリシャのオリンピア競技」が象徴するように，見るスポーツが出現した。

一方，戦争のための馬や農耕・祈りのための牛などの動物スポーツ，ボール＝星座，ブランコ＝太陽・男神・実り，サッカーゴール（石環）＝水平線，健康体操＝「気による養生術」と見る宇宙論的スポーツ，弓術・相撲・少林寺・蹴球・馬球（ポロ）・捶丸（ゴルフ）・氷上運動（スケート）・百戯（曲芸・雑技）等の中国スポーツ，「ハレ」の「まつり」に鳥人の熱き血潮と誇りをかけて行われた沖縄の闘牛，…なども存在した。

スポーツは，けっして西欧だけのものではない。これらのスポーツは，いまだに神聖な部分を多く残していた。（写真2）

中世社会

中世はスポーツの暗黒時代と呼ばれる。キリスト教の支配するヨーロッパが，労働を聖職（beruf）として重視し，精神（善）と肉体（悪）を分離し，肉体活動としてのスポーツを「悪」としたからである。しかし，そうした生活倫理の中にあっても，人々のスポーツの火は消えなかった。

貴族階級は狩猟やテニスを，騎士は馬上の槍試合を，農民はダンスや九柱戯やフットボールを，そして子どもはさまざまな自然との遊びを行った。

中世の宗教や思想，とりわけヨーロッパのキリスト教はやがて紳士的なスポーツマンシップやフェアプレイを，日本の禅や修験道はやがて武士的な運動（家）精神を生むに至る。（写真3）

近代社会

「近代」の指標には，産業化，資本主義，自由・民主・個人主義・ヒューマニズム，業績・契約・普遍主義，分業，都市化，科学主義などがあるが，「近代スポーツ」は，そうした思想的風土の中，イギリスで生まれた。

すなわち，人々は春の丘陵をおおう緑の牧草地に太陽の光を求めて集まり，フットボールなどの民族ゲームを行っていた。こうした遊びがやがて，新興するブルジョワジーの子弟の教育機関としてのパブリック・スクールで，青年の課外活動の一環として制度化・組織化されるようになり，自由と規律，紳士としての性格陶冶，そしてスポーツマンシップやフェアプレイを重視する身体競技としての「近代スポーツ」に成長したのである。近代スポーツは，ヨーロッパ人の海外進出とともに，世界中の国々に伝播していった。（写真4）

現代社会

イギリスで生まれた近代スポーツは，メイフラワー号にのってアメリカに渡り，新大陸の自由と平等，機会均等，開拓者精神，競争・業績・成功主義といった思想的基盤，そして，資本主義の発達に伴う産業化，都市化，人口と余暇の増大といった社会的条件のもとで発展した。

かくしてスポーツは，競争の原理が支配する現

代の身体文化として，世界中の人々によって行われるようになった。その規模は巨大化し，競争は激化し，世俗化・合理化・官僚化・専門化・プロ化・記録化・数量化していった。現代社会においてスポーツは，政治，経済，教育，宗教，軍事，家族，余暇といったあらゆる生活領域のなかに浸透し，これらの諸制度と相互に影響を与えあっている。

スポーツはひとつの社会的制度として確立したのである。

今後，スポーツは，高度化と大衆化をさらに進めるだろうし，その形態も，陸から海へ，そして地平から空へといった具合に，多様に進展していくだろう。その潮流が間近に見える。(写真5)

(國枝タカ子)

写真1　ボルネオの相撲

写真2　古代中国のゴルフ

写真3　中世ヨーロッパの子ども遊び

写真4　ラグビー校のフットボール

写真5　ハンググライダー

【文　献】　1) 寒川恒夫 (1991)：図説スポーツ史，朝倉書店．
　　　　　2) 稲垣正浩他 (1996)：図説スポーツの歴史，大修館書店．

2 現代社会とスポーツ

❶ スポーツとは

現代社会におけるスポーツの状況

現代のスポーツは、社会におけるひとつの社会的制度としての地位を獲得した。

スポーツは、教育制度に持ち込まれ、子供から高齢者までの生涯にわたる健康・体力の保持・増進と充実した健康生活、そして、限りない自己実現の場を提供している。また、スポーツは、政治制度に持ち込まれ、国際理解・交流（かけはし）、開発途上国のプロパガンダ、都道府県・市町村の威信と福祉行政の一環として利用されるようになった。さらにスポーツは、経済制度に持ち込まれ、レジャー産業の重要な部分に成長した。スポーツの用具・施設・設備、プロスポーツ、スポーツ・ファッション、スポーツ・マスメディア、そして、商業スポーツと、スポーツにおける金・経済は資本主義社会の利潤追求にとって「ビッグビジネス」になった（図1, 2）。

スポーツは軍事制度に持ち込まれ、兵士のトレーニングとレクリエーションに用いられている。スポーツは宗教制度に持ち込まれ、宗教団体（たとえば、YMCAやYWCA）のメンバーの精神的・身体的教育の絶好の機会になっている。スポーツは、家族制度に持ち込まれ、人々に、親と子、とりわけニュー・ファミリーのきずなを確認させる楽しい時間と空間を提供している。

私たちは人間性の向上と社会福祉という文化的視点にたって、こうした現代スポーツの機能と逆機能を正しく認識することが大切である。

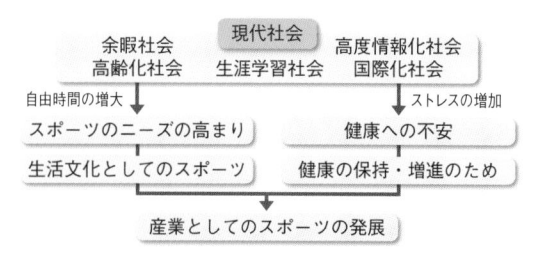

図1　現代スポーツの発展と経済

現代社会におけるスポーツの課題

現代の大衆社会における巨大な官僚組織と機械化された生活空間のなかでは、人々は大きな歯車のひとつにすぎない。スポーツは、そうした人々の「人間性や個性の回復」にとって重要なものとなった。

産業化し、都市化した現代社会は、その発展過程の中で金と時間のみを優先したために、公害と人間疎外を生んだ。スポーツは、そうした人々の「健康、自然、体感」といった身体の経験にとって不可欠のものとなった。共存を哲学とするエコロジーは、「エコ・スポーツ」を要請している。また、現代社会は、宗教や倫理が弱体化し、価値が多元化・混乱している。そうした社会にあってスポーツは、「新しい価値の創造」のための媒体として期待されている。

ライフ・スポーツのすすめ

こうした課題に、スポーツは、どう応えればよいのであろうか。それらに共通する普遍的な価値はないのだろうか。「ライフ・スポーツ」というのはどうだろう。

現代は、国際化・情報化・科学技術の発展・高齢化が進展する生涯学習の時代である。人間が作ってきたそうした文化・文明がまた、善かれ悪しかれ、人間を作る。人間が作った文化・文明による人間疎外の最たるものが「身体の疎外」である。

私たちは、この「身体」の重要性をスポーツを通じて再確認しなければならない。「身体の自由と復権」、とりわけその基調である「ライフ」（いのち・健康・寿）の価値を、スポーツの世界にとりもどさなければならない。そのことは、これからの私たちの「新しい価値の創造」という課題にとって、ひとつの根源的な視点を提供するにちがいない。

（國枝タカ子）

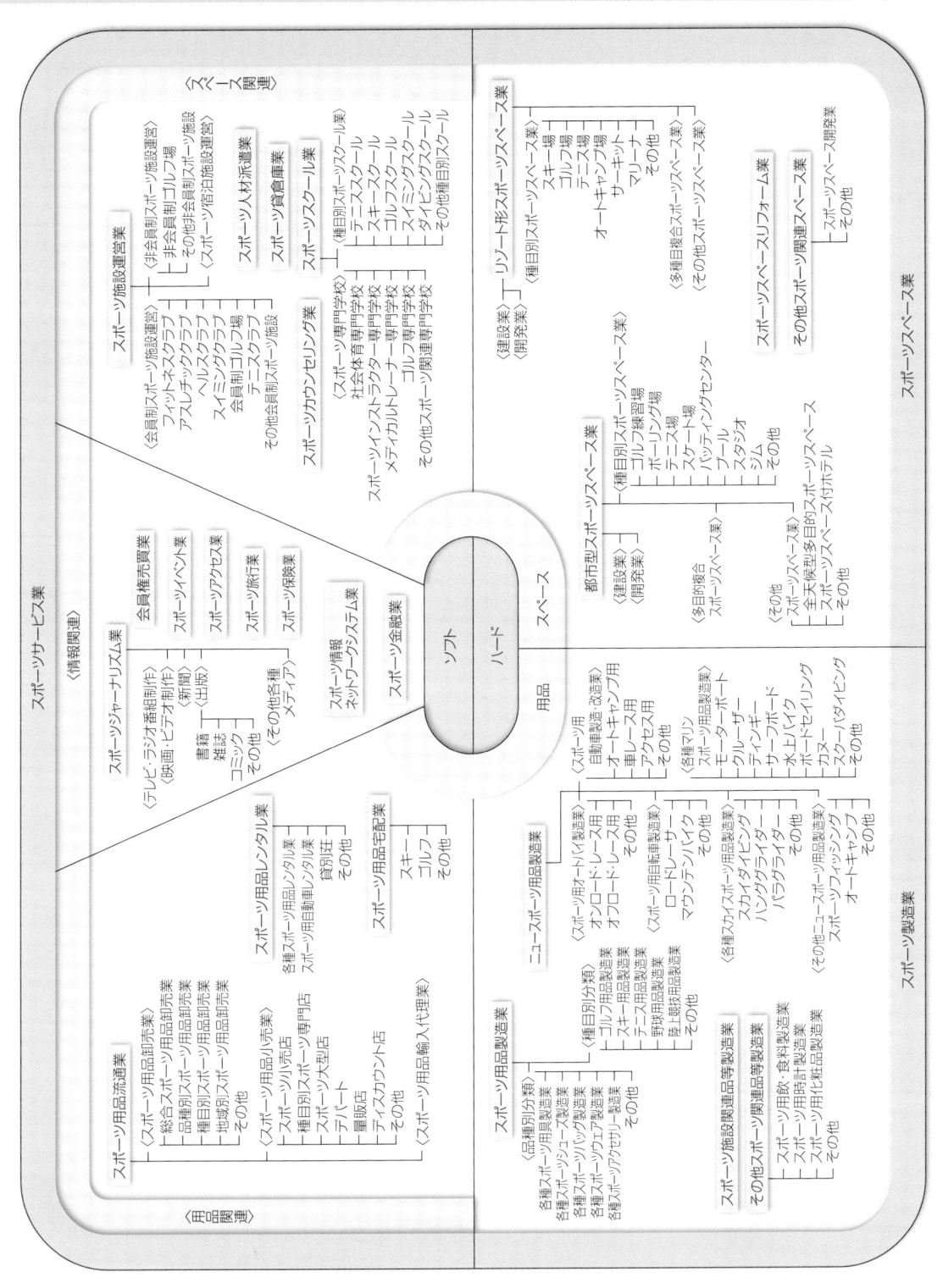

図2 スポーツ産業の広がり（通商産業省産業政策局編，スポーツビジョン21. p43）

【文　献】 1) 菅原禮監修，粂野豊編著（1984）：現代社会とスポーツ，不昧堂出版．
　　　　　2) 丸山・日下・生沼編著（1994）：現代生活とスポーツ，中央法規出版．

❶ スポーツとは

3 スポーツの本質

スポーツとはいったい何だろう？

スポーツの本質について考えをめぐらした研究者は多いが，研究者の立場や対象とするスポーツの範囲が異なるために，完全な答は未だにない。おそらく永遠の課題であろう。だが，これまでのスポーツ概念に共通するいくつかの要素がある。

スポーツの3要素

B. ジレは，スポーツの本質的要素として，「遊戯性」「闘争性」および「はげしい肉体活動」の3つをあげている。

①遊び

スポーツはまず第1に，遊びの要素をもつ。遊びとは，その楽しさが人を夢中にさせる自由（自発的）な活動である。それは，日常のルーティーンとは異なった独自のルールをもち，そのルールに基づき，また，その活動の結果が不確定のまま進行される特有の時間的・空間的世界をもっている。したがって，遊びは，日常的な利害や規範から離れた，参加者だけが共有する一種の虚構（フィクション）の世界である。それはきわめて個性的な自己表現の場であり，その楽しさが深まれば深まるほど，独自の世界探し，自分探しが可能な自由な世界なのである。遊ぶ主体は，その活動の楽しさに没頭しているが，その活動が単に遊びにすぎないことを知っている。遊びの世界から日常の世界にもどれない場合，その人は狂気と呼ばれてしまう。

②競争

スポーツは第2に，競争の要素をもつ。競争とは，自己と「他」が，一定の目標に向かい，その特定の能力の優位をめぐって展開する並行的な努力である。したがって，競争は闘争とは異なる。闘争の目的は，相手の存在を抹殺することであるが，競争の目的は，特定の能力の卓越性を誇示することであり，相手の存在は，否定されるどころか，反対に肯定され，むしろ尊重されなければならない。スポーツの仲間は，遊戯共同体なのである。スポーツをするということは，相手と遊ぶこと，相手と競争を楽しむことなのである。スポーツにおける競争形態には，表1のようなものがある。

③全身的な運動

第3に，スポーツには，「はげしい肉体活動」を伴う。運動する主体は，スポーツという競争場面において，特定の目標を達成するために，自らが体得した全身的な合理的技能を最大限に発揮する。そこでは，競争の要素が激化すればするほど，相手の動きや状況を即座に認知し，その場面でいかに動くのがもっとも合理的かを瞬間的に判断し，自らの身体を反射的にすばやく操作することが要求される。したがってそこには，ある一定のスポーツ役割を実験的にとことん行うという，自己実現や達成感の享受の場がある。練習の苦しさや試合での緊張も，スポーツの楽しさ・おもしろさの一部なのであり，スポーツへの自我関与（打ち込み）の程度が強ければ強いほど，そして，その過程が苦しければ苦しいほど，勝利の喜悦と敗北の悔しさは大きくなる。

遊び, ゲーム, スポーツ, アスレチックス, プロスポーツ

「遊び」には，競争の遊び，偶然の遊び，模倣の遊び，めまいの遊び，創造の遊び，音を楽しむ遊び，自然との遊びなど，その種類はたくさんある。そのうち，競争の遊びのことを「ゲーム」という。ゲームにはもちろん，囲碁や将棋も含まれる。ゲームのうち，全身的な運動を伴うものを「スポーツ」という。ここまでは，表出的, 自己目的的価値（内的動機づけ）をもつ遊びの領域である。

スポーツが商品や学校の宣伝といった何らかの世俗的な目的のために高度化したものを「アスレ

チックス」といい，アメリカのカレッジ・フットボールなどがその好例である。さらに，スポーツが生活における経済的報酬を得るための手段に変質したものを「プロスポーツ」という。これらは，道具的・実用的価値（外的動機づけ）をもつ仕事の領域に入る（図1）。

スポーツの機能・逆機能

したがって，スポーツは，主体に対して，仲間と競争を楽しむという一種のコミュニケーション・レジャー機能，自己の一定の身体的能力を最大限に練磨・発揮するという自己表現・自己実現機能，困難に立ち向かって自らの目標をフェアに達成・克服するというガンバリズム・人格形成機能，そして，そうした，全身運動を通じて自らの身体を安寧・強固にするという健康や体力の保持増進機能などをもっている。

しかし，スポーツには，その行い方を間違えた場合，こうした機能をすべて破壊してしまう「スポーツの逆機能」が存在することも忘れてはならない。体育とスポーツの本質的な違いがここにある。

（日下裕弘）

表1　スポーツにおける競争形態

1	一個人と他者との間で行われる競争（例：テニスや柔・剣道など）
2	一チームと他チームとの間で行われる競争（例：サッカーやバスケットボールなど）
3	個人もしくはチームと自然の生物との間で行われる競争（例：闘牛や鹿狩りなど）
4	個人もしくはチームと自然の無生物との間で行われる競争（例：登山やカヌーなど）
5	個人もしくはチームと観念的基準との間で行われる競争（例：記録更新をねらう選手など）

※1〜5の形態は，相互に関連している。たとえば，ウォーキングをいくつかのグループに分けて競争形式で行ったとすれば，1〜5のすべての競争形態がそこに存在し得る。

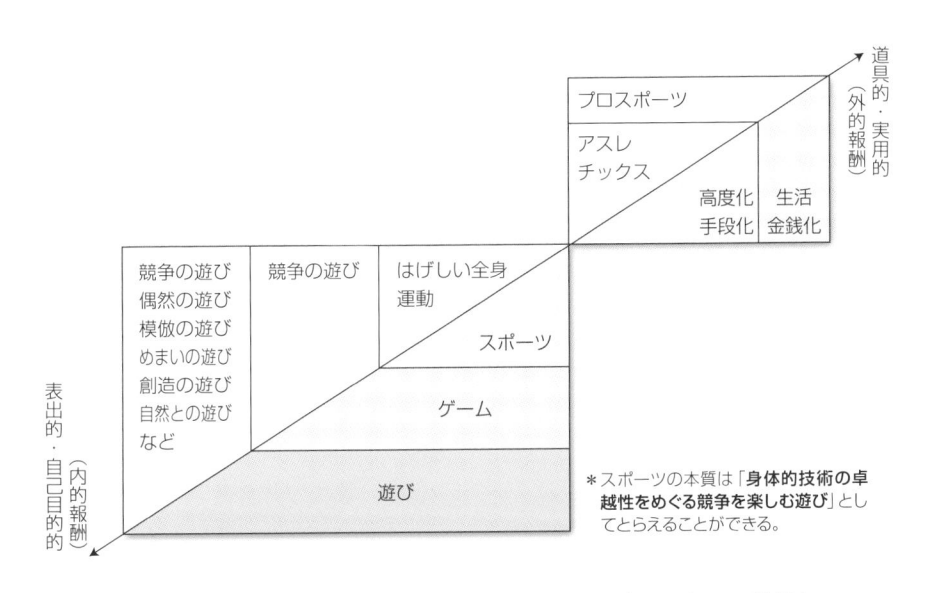

図1　遊び，ゲーム，スポーツ，アスレチック，プロスポーツの連続本

【文献】
1) ベルナール・ジレ，近藤等訳（1952）：スポーツの歴史，白水社．
2) ヘルマン・レールス，長谷川守男訳（1987）：遊戯とスポーツ，玉川大学出版部．
3) ジョン・W・ロイほか，粂野豊他訳（1988）：スポーツと文化・社会，ベースボール・マガジン社．

❶ スポーツとは

4 スポーツの楽しさ・おもしろさ（フロー理論）

　スポーツの「楽しさ」「おもしろさ」は，どのような条件の時に，どのように現れるのだろう。ミハイ・チクセントミハイは，プレーヤーが何もかも忘れ，夢中でスポーツをしている時の意識の状態を「フロー」(flow)と呼んだ。スポーツに没頭している時，主体の意識は「流れ」ている。「楽しさ」がこの状態をつくる。フローが生じるための条件は2つある。ひとつは，その活動への動機づけが，たとえば金銭や名声などのように，活動の結果として外部から与えられるもの（外的報酬）ではなく，プレーヤーの純粋な内的な報酬（「楽しさ」）によるものであること，すなわち，スポーツをすること自体を目的とすること（自己目的性）である。もうひとつは，プレーヤーの個人的能力とスポーツの課題（難易度）が適切につり合っていることである。能力に比べて課題がむずかしすぎると「不安」になるし，逆に簡単すぎると「あき」てしまう。したがって，楽しさは，これらの不安と倦怠を超えた斜めの直線領域の中（フローのチャンネル）にある（図1）。

　チクセントミハイによれば，フローの状態は，次の6つの要素によって特徴づけられる。すなわち，①明確な目標と円滑なフィードバック（なすべきことがはっきりしており，失敗の原因とその修正がスムースに行われること），②行為と意識の融合（なすべきことを意識の介入なしにできていること），③注意の集中，④環境の支配（自分以外の人やものや「場」の状況に素早く対応できること），⑤我を忘れる，そして，⑥時を忘れる，である。しかも，スポーツの楽しさは，それが楽しい故に，「おのずと深まり」，プレーヤーの能力を向上させる。

　こうした楽しさが最高度に極まった状態を，チクセントミハイは「深いフロー」と，A.マズローは「頂上経験」と呼んだ。それは，自らが完全に機能し，内と外，能動と受動がひとつになっている究極の状態である。それは，沢庵禅師が「不動智」と教えた剣の極致（コマが勢いよく回っているためにピタリと止まっているが，きわめて大きなエネルギーをもって集中しているように，いかなる状況へも対応できる自由自在の境地）や，仏教でいわれる「遊戯三昧の境」（おのれを「無」にし「空」にするほど，遊びに耽っている状態）に通じている。日本の武士は，「六藝」（りくげい）といって，書や剣・馬・弓術などを学び，修行を積まなければならなかったが，儒教ではこうした藝の修養をいやいやるのではなく，自らすすんで，しかも楽しさや醍醐味を味わって行うべしと，これを「遊於藝」（げいにあそぶ）と教えた。

　スポーツとは一種の逸脱であるが，その世界は以外に広い。スポーツも含めて，自分にあったものごとを真に楽しんで行うことがどれほど文化の創造や自己の開発に力あることか。そして，そのことによっていかに自分のアイデンティティを確証できることか。古今東西のスポーツマンはそのことを十分に知っていた。

　「梁塵秘抄」の中に，無心で遊ぶ子どもの生命力に，わが魂が揺さぶられるほどである，と歌ったこんな句がある。

『遊びをせんとや生まれけむ
　　戯れせんとや生まれけむ
　　遊ぶ子供の声聞けば
　　わが身さへこそ揺るがるれ』

　ホイジンガは，遊びの根源を「生命の躍動」と定義した。池の鯉は水に遊び，鳶（とんび）は風に遊ぶ。現代の私たちは，スポーツをいかに遊ぶのだろうか。現代の私たちが失ったものの中に，こうした魂を揺さぶるようなほんとうのスポーツはないだろうか。こころとからだ，運動，遊ぶ仲間，自然，バランス，ハーモニー…。如何にしたらそれらをとりもどすことができるのであろうか。

（日下裕弘）

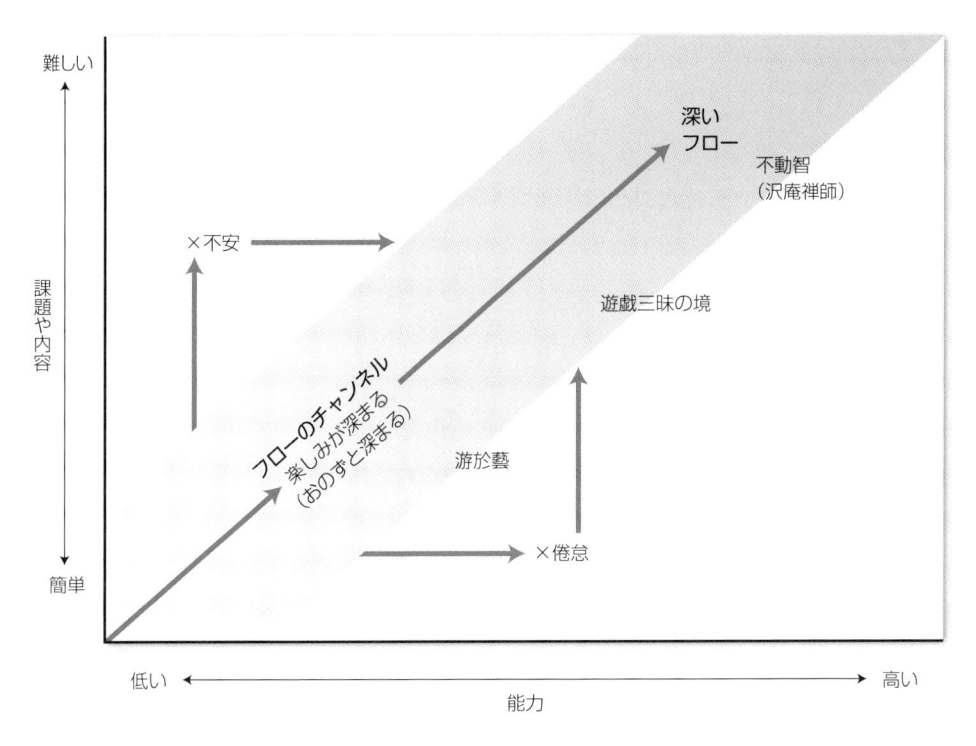

図1　スポーツにおけるフロー：楽しさ・面白さ

COLUMN

楽しむこころのゆとり

スポーツでも何でも，「楽しんでやる」という態度（心のゆとり）が大切である。このゆとりが，行為のバランスをとり，間違いを正し，忘れていたことを思い出させ，充実した行動を可能にする。

【文　献】1）日下裕弘（1995）：日本の自然遊：湯浴の聖と俗，近代文藝社．
2）茨城大学健康・スポーツ研究会編（1995）：身体活動の科学，大修館書店．
3）M. チクセントミハイ（今村浩明訳）（1996）：フロー体験；遊びの現象学，世界思想社．

❶ スポーツとは

5 スポーツ集団とリーダーシップ

スポーツは集団で行われることが多い。その理由は，もともと人間が仲間と群れることを欲する存在であり，スポーツがその遊戯共同体のルールに基づいて行われることによる。

スポーツ集団とは

人々の集まりは，一般に，集合体と呼ばれる。集団とは，その集合体が特定の目的のもとに役割を分化させ，メンバーの間に「我々意識」が生まれるようになったものをいう。

したがって，スポーツ集団とは，スポーツをすることを目的として集まった仲間が，それぞれのスポーツ役割（たとえば，キャプテン・マネージャー・会計とか，ピッチャー・キャッチャーなど）を取得し，「我々の集団」（たとえば，「我々のクラブ」とか「我々のチーム」など）という仲間意識をもつに至ったものをいう。その意味では，体育の授業に参列した学生たちは，その時点では単なる集合体である。その集合体がいくつかの班に分かれ，リーダーを中心に，メンバー全体が，「私たちの班」としてまとまって，特定の課題を追求するようになった時，はじめて，体育集団が成立するわけである。実際問題として，集団の生成の最初の時点では，少なくとも1人の「まとめ役」が必要である。そのまとめ役が，とりあえず，その集団が最初になすべき活動をメンバーと共に決定し，そうした活動の過程を通じて，その集団に必要なさまざまな役割を設けていくことが大切である。しかも，集団としての機能を十分に発揮するためには，メンバーの1人ひとりが，その集団の目的を達成するための何らかの適切な役割をもち（適材適所），それらの役割をやりがい（役割遂行の満足感）をもって遂行することが肝要である（フォローシップ）。

また，たとえばスポーツ集団の場合には，メンバーが競技志向と仲間志向とに分裂する場合がしばしば見られる。その場合は，メンバーの目的がそれぞれ異なる点で，本来のひとつの集団とはいえないものの，その集団をさらに維持する必要がある場合には，両者の十分な話し合いを通じて，納得の行く約束を取り決めることが良策である。

リーダーシップ

集団には，メンバー間のコミュニケーションの中心になる人物がいるものである。集団を維持し，その目的を達成するためには，そうした人物がイン・リーダー（集団の中から選ばれたリーダー）となり，集団をマネージメントすることがきわめて有効である。

集団のマネージメントに適切なリーダーシップ機能には2つある。ひとつは，集団の目的を達成させる機能（パフォーマンス・P機能）であり，もうひとつは，集団そのものを維持・存続させる機能（メインテナンス機能・M機能）であり，これをPM理論という。

目的達成のための「コーチ」がいる「コートの中」では「チーム」としての緊張（ハラハラ）空間を，また，集団維持のための「マネージャー」が腕を発揮する「コートの外」では「クラブ」の人間としてのコミュニケーション（ヤレヤレ）空間をもつということ，この両者が共に重要である（図1）。

（日下裕弘）

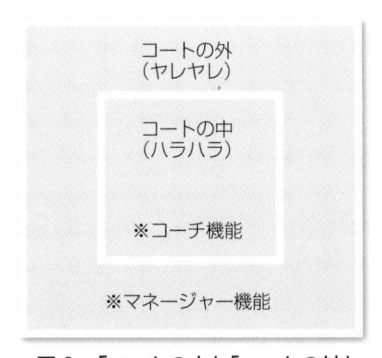

図1 「コートの中」「コートの外」

COLUMN

フィドラーの「リーダー・マッチ理論」

　リーダーシップのタイプには，かつての厳しい指導者のような権威主義的にメンバーに命令をだすタイプ，メンバーの話し合いを重視して何事もことなかれ主義で集団を維持していくタイプ，メンバーのなすがままに放任するタイプなど，さまざまなものがある。しかしながら，これらのタイプは，いずれもスポーツ集団のマネージメントには失敗する。その点，最近のリーダーシップの考え方は，私たちが特定の集団に参加した場合にとても参考になることを教えてくれる。

　そのひとつに，E.E.フィドラーの「リーダー・マッチ」という考え方がある。これは，「コンティンジェンシー理論」といって，集団のマネージメントにおいては，あらゆる状況に普遍的に妥当する特定のリーダーシップは存在せず，常にその時々の「状況に適合したリーダーシップ」のタイプでなされるべきであるとする考え方である。

　フィドラーによれば，リーダーシップのタイプには大別して2つある。ひとつは，「課題重視型」で，たとえば，勝利とか記録の向上といった特定の課題の遂行に適した，いわば自信をもって「グイッとひっぱる」タイプであり，もうひとつは，「人間関係重視型」で，集団の「和」や「人とのつながり」を重視する，いわば「みんなで仲良く」のタイプである。現実には，どんなリーダーでも，そのどちらかが得意で，もう一方が苦手なものである。あなたは，どのタイプ？

　「課題重視型」のリーダーは，集団のまとまり具合や充実度があまり良くない，たとえば，集団が生成されたばかりのまとまり具合が初期の(低)状況と，反対に，集団のまとまり具合が良くなって，特定の目標に向かうメンバーの心構えができた(高)状況に適している。一方「人間関係重視型」のリーダーは，ある程度の足並みはそろったものの未だに特定の目標が定まらない(中)状況，あるいは，集団に軋轢が生じた場合のような(中)状況に適している。

　さて，フィドラーによれば，集団のまとまり具合・充実度(合計70点満点)は，次の3つの要因によって決定される。すなわち，①リーダーと成員との人間関係(40点)，②集団の持つ課題の構造度：役割分化や練習計画などがどのくらいきちんと整理されているか(20点)，そして，③リーダーの地位力・権力：経験や知識の内容と強制力(10点)である。与えられた得点を見ても「人間関係」の要因がいかに大切か，また逆に「リーダーの権威」などというものがそれほど重要でないことがわかる。(これらは，スポーツの集団だけでなく，会社や企業の部・課・係といった集団にもあてはまる。) したがって，スポーツ集団のマネージメントには，第1に，その集団の現在の状況が「低・中・高」のどこにあるのかを診断すること，次に，その状況ではどのリーダーシップが適しているか，また，自分はどちらのタイプなのか，もし，自分がその状況に適していなければ，他の人物にその役割を交代してもらうか，あるいは，化けの皮のはがれない「仮面」をかぶり，がんばってその役割を遂行しつづけるかを選択し，実行することが望ましい(**図2**)。図2のサイクルは，果てしなく続く。

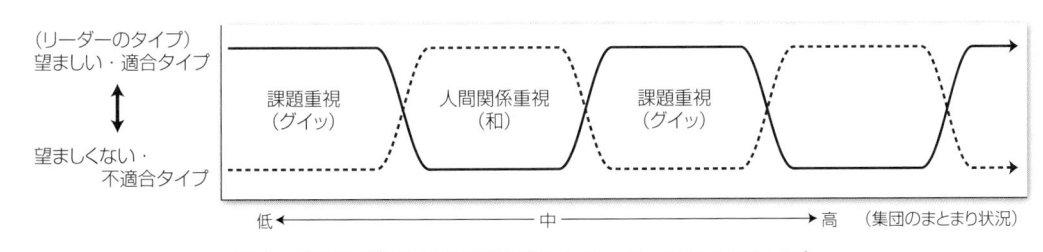

図2　集団の状況とその状況に適したリーダーの2つのタイプ

【文　献】　1) 茨城大学健康・スポーツ科学研究会編 (1995)：身体活動の科学, 大修館書店.
　　　　　2) 茨城県教育委員会編・発行 (1997)：茨城県生涯スポーツ指導員養成講習会テキスト.

❶ スポーツとは

6 チームワーク論

チームとグループの違い

　日本語では，ある集団のことをチームと呼んだりグループと呼んだりする。ところが，英語の辞書をよく調べてみると，実は似て非なるものであることがわかる。

> **team**
> ─名 1〈競技や仕事などの〉チーム，団，組《◆チームの個々のメンバーを考える時は複数扱い》2〈荷物・そり・すきなどを引く2頭以上の〉一連の馬［牛，犬など］；車とそれを引く動物
> ─動他 1《主に英》〈馬・牛など〉を一連にする，一連にして車につなぐ．2〈人など〉をチームにまとめる．
> ─動自 1《略式》[…と]協力する，協同する〈+up, together〉[with] 2〈色などが〉[…と]調和する〈+up〉[with]
> **group**
> ─名 1集団，集まり，群れ，グループ；[a ～ of+複数名詞；単数・複数扱い]一段の〈人・物など〉2 [複合語で]…グループ；派，分派；ポップグループ〈pop ～〉，バンド；同系列の会社；《英》飛行連帯；《米》混成軍団；戦闘群，航空群．（3省略）
> ─動他〈人が〉〈人・物〉を一団［集団］にする，一箇所にまとめる〈+together〉；…を［…と］一緒にする[with]；…を［…に］分類する[into]
> ─動自［…の回りに］群がる[around, round]；一箇所にまとまる〈+together〉．
> （ジーニアス英和辞典より）

　どちらも名詞と動詞があるが，グループがばらばらのものを集めたり分類することを示しているのに対し，チームは人や動物をひと繋がりにして，あたかも1つの生き物であるかのように動く様子を示している。北極圏を目指してたくさんの犬と一緒にそりを引いている探検家のイメージと重なる。

　グループでは，そのグループに付けられた名前に重点が置かれる。ある人物の名前よりも，その人がどのグループに所属しているかが重要となる。集団帰属意識の強い日本では，名刺文化が発達し，自己紹介でも「○○所属の○○です」となる。人を判断するときにその人がどこに所属しているかに重点がおかれる傾向が強い。会社に所属していない人を「フリーター」という言葉でグループ化してしまうのも日本人の集団帰属意識の高さからくるものであろう。

　チームでは，まずチームの構成メンバー1人ひとりの名前と顔を一致させることに重点が置かれる。つまり，チーム名よりも個々のメンバーの個性や力量が問われ，そうした個々のメンバーをどのようにつなげて，チームとしての力を発揮するかが問われるのである。したがって，通常，チームの人数は，1人ひとりの名前と顔が一致し，その個性を理解しあえる範囲，20～30人程度までを指す。もちろんアメリカンフットボールのように普段はオフェンスチームとディフェンスチームがさらに細かくポジション別に活動し，試合の時にスタッフチームが全体を統括するような大人数の場合もある。

社会で求められるチームワーク

　日本は世界に誇る経済大国に成長した。その原動力となったのは，日本の会社制度である。会社のためにすべてを捧げるサラリーマンの姿に世界中の人が驚き，日本人を「エコノミック・アニマル」と評した。高度経済成長期には，会社が家族の面倒を見るのも当たり前であった。しかし，バブル崩壊後，様相が一変した。1つの会社に人生のすべてを捧げようにも，リストラの嵐に見舞われる。大企業が倒産し，それまで会社に尽くして来た多くのサラリーマンが路頭に彷徨う事態となった。

　こうした状況の中で真に求められているのは，あらゆる部門で1人ひとりの能力を最大限に引き出すようなチームづくりである。これまでは組織を維持することに重点が置かれ，組織のために個人が犠牲になることが多かった。ところが，組織を維持するためにも，個々人の能力を結集し，

単なる足し算以上の力をチームとして発揮していかなければならない。組織は恒常的に機能し維持されることが重要である。チームは期間を決めて，目標を定めて少人数で個々の役割を明確にしつつ連携すれば，個々人の能力以上の力を発揮することができるのである。

チームで競うスポーツ活動を通じて，お互いの個性を尊重しつつ，目標に向かって一丸となって活動するような経験を積み重ねることが，これからの社会を支える原動力となる。厳しい社会だからこそ，大学生にはスポーツ活動でチームワークを育んでもらいたい。

（加藤敏弘）

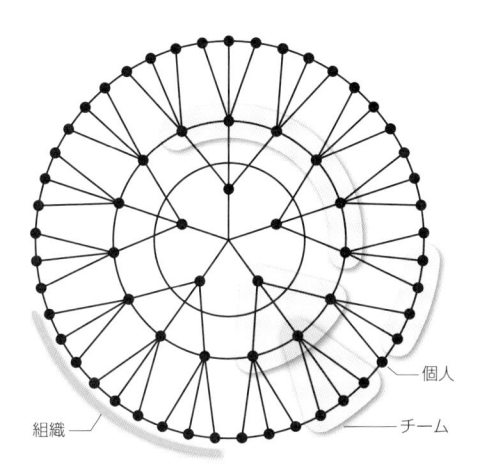

図1　組織・チーム・個人の関係（川喜多二郎，1983）

〈チームづくり〉
脱マニュアル化
臨機応変
目的達成のための明確な目標
期間限定
ヒューマニティを考慮した役割分担
サロン（雑談室）が重要
一人ひとりの名前と顔が一致
結果に対して全員が責任を負う
人を育てる
プロジェクト向き
自発的

暗黙知の世界 ⇨ 感性
技能
コーチング

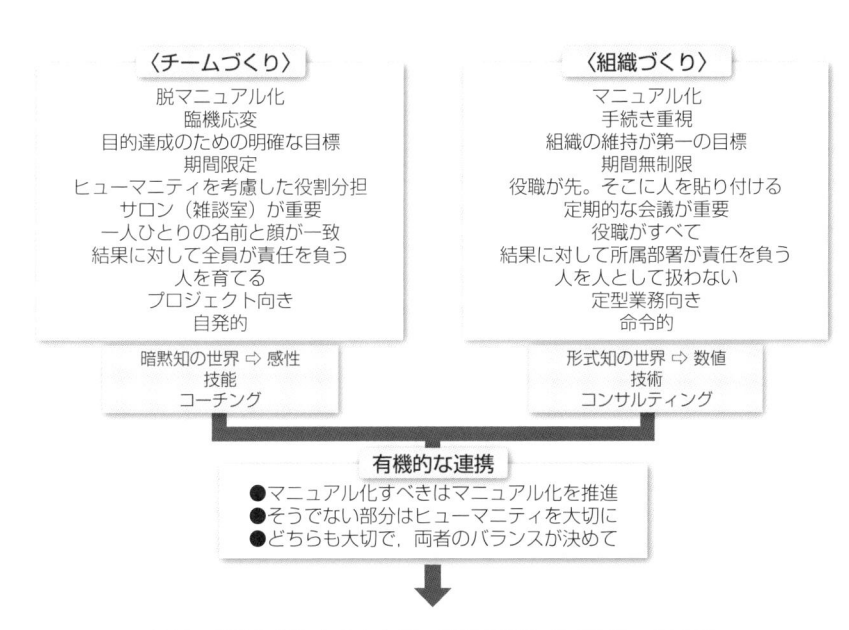

〈組織づくり〉
マニュアル化
手続き重視
組織の維持が第一の目標
期間無制限
役職が先。そこに人を貼り付ける
定期的な会議が重要
役職がすべて
結果に対して所属部署が責任を負う
人を人として扱わない
定型業務向き
命令的

形式知の世界 ⇨ 数値
技術
コンサルティング

有機的な連携
● マニュアル化すべきはマニュアル化を推進
● そうでない部分はヒューマニティを大切に
● どちらも大切で，両者のバランスが決めて

図2　活力に満ちあふれた強い集団の実現（加藤敏弘，2003）

【文　献】　1）加藤敏弘（2005）：ビジネスコーチング前後の自己評価分析結果の比較，茨城大学教育学部紀要（教育科学）第54号．
　　　　　2）川喜多二郎（1983）：チームワーク，光文社．

❶ スポーツとは

7 スポーツ・ファン

人々はなぜスポーツに熱狂するのだろうか。ここでは，スポーツを視聴し，支えるファンの側に立って，スポーツ・ファンの存在意義や「見るスポーツ」（スペクテーター・スポーツ）のあり方などについて考えてみよう。

スポーツ・ファンの成立

スポーツのファンは，ギリシャの聖なるオリンピア競技にはもちろん，それ以前の古代の民族スポーツにも存在した。それは，スポーツという場に，プレーヤーが民衆の共有するその時代固有の価値を表現・誇示し，スペクテーターがその価値表現を鑑賞・享受するという相互補完的な関係が存在するからである。

近代スポーツの成立にも当時のスポーツマンを支えるパトロンの存在は不可欠であったし，ビジネスとしてのプロ・スポーツにとっては，その「筋書きのないドラマ」を堪能するスペクテーターはむしろ基本的な存在条件である。

まさに，ファンはスポーツの発生と共に，すでに成立していたといってよいだろう。

スポーツ・ファンのアイデンティティ

スポーツ・ファンは，その視聴の対象となる種目や選手・チームに自己を同一視（identify）する。彼らは，現実からスポーツという非日常の世界に没入することによって日頃の鬱憤を晴らす（逃避・カタルシス・夢想機能）。彼らは，選手のすばらしいプレーを身をもって鑑賞・感動し（美的同調機能），特定の対象に自己（self-identhity）を託して応援・支援する（代償機能）。彼らはまた，そうした視・聴・感の経験を，日常の会話にもち出す（社交機能）。

ファンが同一視する選手は，生活空間やスポーツ空間の拡大にともなって，ローカルなヒーロー（たとえば，水戸一中の飛田穂洲）から，ナショナル・ヒーロー（たとえば，日本の長島や王），そして，グローバル・ヒーロー（たとえば，世界のペレやジョーダン）へと変化してきた。そうした側面も一方ではある。しかし，飛田の「地域的」ヒーロー価値とジョーダンの「地球的」ヒーロー価値には，共通した人間的要素があるのではないだろうか。

スポーツ・ファンの身体コミュニケーション

スポーツ・ファンは興奮する集団である。その興奮と感動は一種のフロー体験であり，自己が自己以外の対象に「溶け込む体験」である。その共同体には，ファンと選手の，そしてファン同志の身体の「内奥から共感」し合う，「身体的交流」と「一体感」がある。こうした内奥の共同体感は，人間の深い関係性を失いつつある現代人に，一時的であれ，「生の豊かさ」を思い出させる。

スポーツ・ファンと経済

現代人はスポーツを消費している。スポーツ消費には，スポーツを「する」人々から，スポーツを「見る」「聴く」「読む」「着る」「イメージ化」する人々まで，きわめて広い範囲の人々が含まれる。スポーツをするにはお金がかかる。スポーツへの二次的参与としての後者を選択する場合には，もっとお金がかかる。

マス・メディアは経済制度とのかかわりを強め，今や，スポーツはビッグ・ビジネスとなった。スポーツ・ファンは，その経済を支える。新聞のスポーツ欄はもちろん，オリンピックやワールドカップのTV放映料から，企業のPRとしてのスポーツ商標やスポンサー，そして，競輪・競馬・競艇などのギャンブルやJリーグのサッカーくじ（トトカルチョ）まで，スポーツの経済的意義は大きい。スポーツ産業の市場は，今や，5〜6兆円にものぼる。スポーツと経済は，互いに利用し，利用さ

る間柄になった。

ファンのロマンと現実

ファンは，選手にロマンを託す。"人生と違って野球はフェアなんだよ""ボールは正義さ"というのは，スポーツというフィクションの世界と現実をとり違えた人間（映画「ザ・ファン」の主人公ロバート・デニーロ）のたわごとである。遊びの現実化は，狂気となる。人生の現実は，自分の足で歩くものである。人生の負け犬であってはならない。「見るスポーツ教育」の重要性がここにある。

（日下裕弘）

COLUMN

フーリガニズム（ファンの暴力）

1998年に開かれたサッカーのワールドカップは，地元フランス・チームが，ファンの絶大な期待とサポートに支えられて優勝した。スペクテーター，ファン，そして，サポーターの力がいかに大きなものかをいやというほど見せつけられた大会であった。ファンは，もはや，選手への直接的応援を通じて，ゲームの勝敗を左右するほどの存在になった。

そんな中，ファンの世界ではまたしても暴力事件が起きた。「フーリガン」（hooligan）と呼ばれるイギリスのサポーターによる敵対チーム・ファンへの集団的暴力行為，すなわち，ファンの暴徒化現象の続発である。どうやらフーリガンは，サポーターとは名ばかりの，暴力を自己目的とする常習犯らしい。紳士の国イギリスの恥部である。スポーツ観戦に熱中するあまり，応援団が一時的に狂乱する事例は，大なり小なり古今東西のスポーツ界が経験していることであり，かくれた世界における麻薬の常習と同じ，非日常的な狂気の沙汰である。しかし，フーリガンは，それを，日常の世界で，作為的・組織的・計画的に仕組み，公然と演技する。しかも，このような肉体的暴力を，サッカー観戦の重要な要素として価値づけ，正当化している。彼らは，海外の試合にまで暴力を求め，競技場ではもちろん，その前後にも騒動を引き起こし，相手チームのファンのみならず，警察をも敵視し，また，そのことを生きがいとしている。まさに，野放図の暴力であり，現象としては「暴力団」そのものである。彼らは，自分のチームへの愛着を国家レベルにまで引き上げ，右翼的ナショナリズム，自己保存的人種差別，そして，性差別（独自の暴力的男らしさの強調）によって自らを武装し，仲間との社会的紐帯（帰属意識）を強める。

敵対するファン同士による競技場内外での暴力は，流血をまねき，大規模な喧騒と破壊的行為をともなう。これを抑える現実的手段は，もはや警察の暴力（暴力を行使する権力）以外にないのだろうか。フーリガニズムは，下層の若者を中心とする階級差への欲求不満の解消手段だとも，また，労働者階級の貧しさゆえの集団的ヒステリーだともいわれる。人間は本来，暴力的なのだろうか。

現代に比較して古代や中世の暴力は，はるかに直接的，肉体的であり，社会も，そうした暴力を抑制しようとする程度が低かった。非有機的な狭い集団同士が並立する社会にあっては，その成員の自己誇示の端的な表現は，集団保護のための男らしい肉体的暴力が最もてっとりばやい。ところが，有機的な連帯社会の拡大にともなって，暴力を自己規律的に抑制し，中央（例えば，軍隊や警察）に集め，理性的で上品なふるまいを重視する文明化の過程が進行した。文明化しつつあった近代は，抑えきれない人間の暴力性に対し，サッカーのような闘技的なスポーツを準備し，それを，特定の暴力が許される「社会的飛び地」とすることによって統制しようとした。スポーツ・ファンは，無意識のレベルで，あたかも自分の穢れた暴力性を鎮め，浄める「供犠」としてプレーヤーをその対象とするように，「野性的身体」を取り戻す。この「供犠」によってはじめて，日本のサポーターのような秩序だった，感情が抑制された応援形態が可能になる。……そんな見方もある。人間の性衝動，金銭欲，権力欲，そして，攻撃性や暴力は，いかにしたらこれを馴化し，水路づけ，文化化（culturalization）することができるのだろうか。

【文　献】　1）菅原禮編著（1984）：スポーツ社会学の基礎理論，不昧堂出版．
　　　　　2）杉本厚夫編（1997）：スポーツファンの社会学，世界思想社．

❶ スポーツとは

8 スポーツとルール・レフェリー

スポーツとルール・レフェリー

　ワールドカップサッカー大会の感動は，今もなお世界中の人々の心に焼きついている。個々のプレイヤーのスピード，テクニックのみならず，状況判断の豊かさ，コンビネーションや攻防のシステムの発揮のしあい等のタクティカル（戦術的）な展開のおもしろさは，これまでの日本のサッカーに代表されるような，ボールゲームでは味わうことのできなかった「ゲームの本質」を鮮やかに見せてくれたといえる。

　一方で，このような技術，戦術が展開されるための前提として，従来のわが国では軽視されていた点がより明らかになった。それはフェアプレイの精神の徹底と，その擁護者としてのレフェリーの存在の意義である。本来，近代スポーツの成立の条件として，「アマチュアリズム」と「スポーツマンシップ」は不可欠のものであったにもかかわらず，「勝利至上主義」に傾斜する現代のスポーツのプロ化に拍車がかかる状況の中で，「ルールの精神」の擁護とルールの番人たるレフェリーの重要性がクローズアップされてきたといえる。このルールとレフェリーとプレイヤーの関係は，国政における司法・立法・行政の三権分立の機能と置き換えることもできるであろう。

ルールの精神と構造

　ゲームの本質を満たすためのルールの機能，構成はいかなる内容を持っているかについて，その分析のパイオニアともいうべき守能信次氏のスポーツルールの構造について触れてみたい。

　氏は，従来のルール論を総括した上で，その3つの機能を，①法的安定性の確保（秩序，運営），②正義の実現，③面白さの保障にまとめ，特に，従来，強調されすぎてきた倫理的・道徳的側面はむしろ，現代的には『面白さの保障』に収斂されるべきである，ことを提唱している。また，ルールそのものは，①明確である事，②みだりに変更されない事，③実行可能な事，④選手の意識と合っている事，と述べている。

　さらに，ルールの構造として4つの柱を立て，以下の内容としている（表1）。

1）マナーを律するルール。
2）攻撃を強要するルール。
3）プレー可能な空間を指定するルール。
4）プレーの形式を強要するルール。
5）ゲームに決着をつけるための客観的条件を定めるルール。

　いずれにせよ，ゲームを展開したり，プレイヤーを規制する条件についての視点から今日のスポーツをとらえることが重要といえる。

レフェリーの役割

　ゲームの高度化やプロ化に対応して，レフェリーへの注目も大きくなってきており，ドイツ語や中国語では『裁判官』を意味する重要な役割が期待されている（表2）。

1）レフェリーのタイプとパーソナリティー
　①警察官型（取り締まり的）
　②ロボット型（機械的）
　③教師型（管理的）
　④ヤクザ型（激情的）
　⑤評論家型（理論的）
　⑥役者型（自己中心的）
　⑦詩人型（情緒的）
　⑧裁判官型（公正）
　⑨黒子型（支援）
　⑩指揮者型（調和）

　レフェリーは，プレイヤーやチームがその技術や戦術を引き出すための公平さ，調和，冷静さ，毅然とした姿勢，支援の態度をもつ人格を求められており，上記，⑧，⑨，⑩が望ましいといえる。

2）ボランティアとしての役割

ハンドボールのレフェリーの職種（図1）をみるとわが国の縮図をみることができ，教員（特に高校）主導のボランティア体制で運営されてきたことがわかる。

今日のJリーグのプロ化に内包した問題の1つは，レフェリーと選手・コーチの階層の差でもある。

（岡本研二）

表1　スポーツ・ルールの構造（守能）

組織規範 → 客観的条件設定	組織規範—競技時間，場所等の設定
行政法的行為規範	行政法的行為規範—ライン・ステップ等の規制
刑法的行為規範 → 行為の規制	刑法的行為規範—身体接触の程度等
条理的行為規範	条理的行為規範—スポーツ精神等

*用語の簡単な解説，例示は筆者が付加したもの

表2　ハンドボールレフェリーのための黄金の10ケ条（国際ハンドボール連盟：審判委員会）

1	リーダーシップ（Leadership）	6	身体上の適正（Good Fitness）
2	誠実さ（Honesty）	7	ユーモアのセンス（Sence of Humour）
3	ルールに関する知識（Knowledge of the Rule）	8	勇気（Courage）
4	冷静さ（Firmness）	9	協調性（Co-operation）
5	正しい判断（Good Judgement）	10	なかま意識（Fellowship）

図1　ハンドボールレフェリーの職業分布

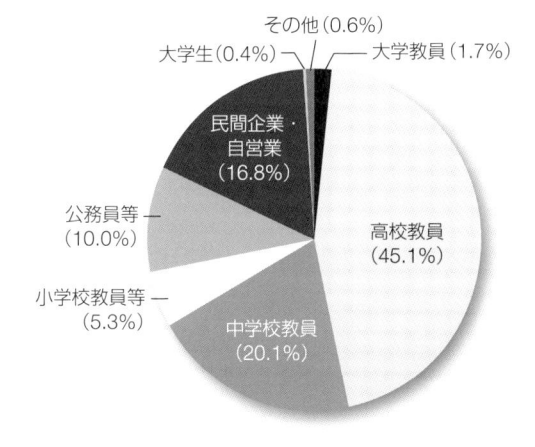

- その他（0.6%）
- 大学生（0.4%）
- 大学教員（1.7%）
- 民間企業・自営業（16.8%）
- 公務員等（10.0%）
- 小学校教員等（5.3%）
- 中学校教員（20.1%）
- 高校教員（45.1%）

表3　職業別人数

職業	人数
大学教員	28
高校教員	765
中学校教員	340
小学校・幼稚園・特殊学校教員	90
公務員（役場・自衛官など）	169
民間企業・自営業	284
大学生	7
その他	10

【文　献】
1) 守能信次（1991）：スポーツとルールの社会学，名古屋大学出版会.
2) 大住良之（1998）：新・サッカーへの招待，岩波書店.
3) 中村敏雄（1995）：スポーツ・ルール学への序章，大修館書店.

❶ スポーツとは

9 ニュースポーツ

「ニュースポーツ」とは，1つのスポーツの名称ではなく，あまりメジャーに普及してはいないが，誰もが，いつでも，どこでも容易にできるように，技術やルールも簡単になっているスポーツである。したがって，すべて新しく考案されたスポーツだけでなく，古いスポーツに改良を加えたものや欧米で行われたものなど，その数は数百種目以上あると言われる。

日本でも，ゲートボールを始め，グランドゴルフ，ターゲットバードゴルフなどニュースポーツが考案され広く行われている。「一村一品運動」にちなんで，「一村一種目」のように各地で，地域住民と行政がタイアップした普及活動が行われている。また文部科学省が推し進める「総合型地域スポーツクラブ」の育成事業も，ニュースポーツの普及に寄与している。ニュースポーツの種類としては，以下のように大きく3つに分けたり，表1のような分類のしかたもある。

・日本で独自に開発したもの（ゲートボール，ターゲットバードゴルフ等）
・海外から紹介・導入をしたもの（フライングディスク，インディアカ，ペタンク等）
・既存のスポーツを簡略化したもの（ソフトバレーボール，バウンドテニス等）

しかし大切なのは，自分の体力，場所，時間，用具など，現在の自分の状況にあったニュースポーツを選ぶことである。

組織の確認（人数・場所の確保）

ウォーキングやジョギングなどの個人型のスポーツと異なり，ニュースポーツの多くは，集団型が多く，人数と場所の確保が非常に大切になる。地域と密着した形で，ニュースポーツが考案され普及しているので，軌道に乗っている地域はかなり盛んに行われている。また，運営団体を組織し，その活動をさらに活発化させている。その背景には，インターネットを中心とした情報化社会がその活動を後押ししていることがある。現在は，そのような活動に新しく参加したいと思った場合，地域の広報誌やインターネットを活用すると簡単に情報を入手することができる状況になっている。とくにインターネットでは，大会開催の案内や教室の案内，部員募集など，ニュースポーツに関するさまざまな情報が流れており，積極的な活動をサポートしている。

ルールの確認

普及したスポーツとは異なり，ルールがよく知られていない事が多いので，よく理解して参加する必要がある。茨城県の日立製作所日立工場の従業員が考案した「パンポン」はミニテニスの一種であり（ルールは http：//www.hasa.or.jp/panpon/index.html 参照），2008年で29回を数える日立市パンポン大会が盛大に行われている。ほとんど用具のいらないウォークラリー（表2）から用具の準備が必要なユニホッケー（表3，図1）などさまざまなニュースポーツがある。茨城大学では，ユニホッケー，ペタンク，インディアカ，チェックボール，ゲートボール，ターゲットバードゴルフ，ソフトバレーボール，バウンドテニス，フライングディスクなどの用具を準備して活動できる状況にある。

健康チェックとけがへの対応

日頃，身体を動かしていない人にとって突然の運動は，身体を壊す原因になったりするので，入念な準備運動からスタートすることが大切である。ニュースポーツには，さまざまな運動があるように運動量・運動強度もさまざまであるから，無理をしないで自分の体力にあった運動を心がける。運動後（1～3日間）軽い疲れが残り，徐々にとれていく感じが1つの目安である。強い痛みやその

期間が長くなるようだったら，過度の運動だと判断してよいであろう。ニュースポーツは，さまざまな世代を対象とし，全般的に運動が軽いものが多いので，けがへの対応を忘れがちになってしまう。スポーツ障害保険の加入や応急処置ができる体制（医療機関への連絡網など）のチェックを心がけよう。

（勝本　真）

表1　ニュースポーツの種類

バレーボール形式	・インディアカ ・ビーチバレーボール	・ソフトバレーボール ・ワンバウンドバレーボール
ゴルフ形式	・ターゲットバードゴルフ ・グラウンドゴルフ ・ゲートボール	・クロッケー ・フライングディスクゴルフ ・マレットゴルフ
テニス形式	・バウンドテニス ・パンポン ・ラージボール卓球	・パドルテニス ・タスポニー
その他	・綱引き ・ピロポロ ・ユニホッケー	・ウォークラリー ・スポーツチャンバラ ・3 on 3

表2　ウォークラリー

特長	・交差点や分岐点だけを書いたコース図に従って，課題を解決しながら，コースを一定時間内に歩くものである。 ・単に速さを競うのではなく，規定時間に近いタイムで，正しい回答を多くしたチームが勝ちとなる。
人数	3～6人
ルール	・コース図の1から順に●（現在地）➡（進行方向に）に歩く。 ・コース図は，地図のように北が上とは限らず，東西南北が一定しない。 ・☆は課題の場所，CPはチェックポイント ・得点は，課題得点が100点，時間得点が100点，合計200点。 ・時間得点は，主催者が決めた「標準時間」を100点として，±1分ごとに減点になる。 ・ゴールは，グループ全員が到着し，チェックカードの提出をもってゴールとする。
コースの記号	●：自分の位置　↑：進行方向　☆：課題　CP：チェックポイント BK：銀行　P：駐車場　文：学校　卍：お寺　〒：郵便局

※詳しくは，http://www.edu.pref.ibaraki.jp/board/sport/rec/f-5.htm を参照し。

表3　ユニホッケー

特長	・プラスチック製の柔らかいスティックとボールを使ったミニホッケーの一種で体育館でできるスポーツ。 ・安全性の高いスポーツで，大人から子どもまで安全に楽しめる。 ・ユニホッケーとは，ユニバーサルホッケーの略。
人数	1チーム6人
用具	・スティック…プラスチック製の専用スティック（シャフトの長さ80cm，直径2.5cm） ・ボール…プラスチック製で中が空洞（直径7cm，重さ25g） ・ゴールポスト…100cm × 90cm × 50cm
ゴール	・コートは，バスケットボールコート程度のスペース。 ・体育館などでは，周囲の壁を利用してフェンスの替わりとする。 ・広いコートでは，境界線上に高さ20cm程度のフェンスをたてる。フェンスは，プラスチック製か木製の板がよい。 ・コートの大きさは，図1を参照。
競技時間	・前半，後半10分間が原則ですが，プレーヤーの年齢・体力に合わせて自由に決めてかまわない。 ・前半，後半の間には必ず休憩（2分間が目安）を設け，コートチェンジを行う。
交代	交代要員は1チーム6名までとし，何回でも自由に行える。
方法	・試合開始は，コートの中心で自陣のゴールに背を向けて，向かい合ってフェイスオフする。 ・スティックでボールを転がし，ゴールに入れると得点になる。基本的には，アイスホッケーのルールに準ずるが，キーパーをおかないところが大きく違う。 ・頭と手以外の部分を使ってボールを止めることや，周囲の壁，フェンスを利用することも許される。また，空中にあるボールを手で真下に落とすことも許される。 ・激しいボディチェックやスティックを膝より高く上げてはいけない。

※詳しくは，http://www.edu.pref.ibaraki.jp/board/sport/rec/f-4.htm を参照。

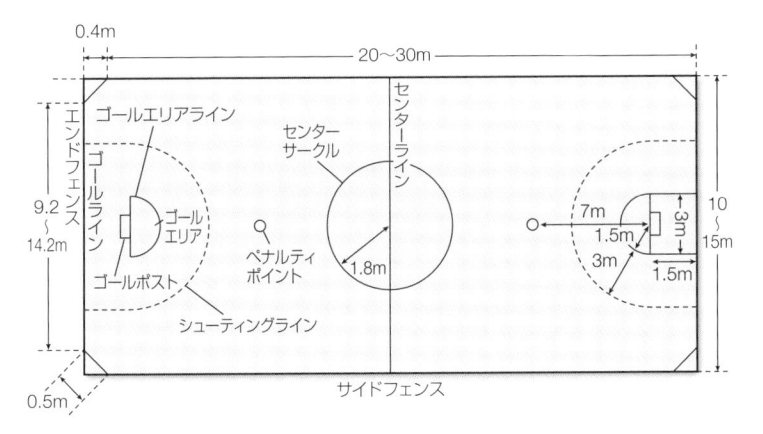

図1　ユニホッケーのコート

❶ スポーツとは

10 大学生活とスポーツ

大学スポーツ活動の現状

　人生のうちで心身ともにもっとも活動的なはずの18才からの数年間，まったくスポーツと無縁の生活を送る大学生がいる。

　受験勉強による運動習慣の低下，過激な中学・高校の運動部活動による燃え尽き現象（バーンアウト），不透明な将来に対する不安からくるスチューデント・アパシー（学生の無気力状態）などが原因である。肉体のエネルギーはくすぶり続け，常に欲求が満たされない感覚に陥って拒食症や過食症をはじめとするさまざまな心身症の原因となっている。

　他方，幼い時から運動部活動を継続している運動選手は，いわゆる「体育会系」という言葉で一般の学生から特別な目で見られ，大学の名を背負って対外試合に臨んでいるにもかかわらず，応援されることは少ない。競技では，すべての選手が優勝することはあり得ない。

　そうした現実の中で，最大限の努力をして数多くの苦労を重ねながらも，その成果が認められず，競技に疲れ自らの活動に限界を感じ，明確な目的意識を見失ったまま，惰性で活動を続けている選手も少なくない。

体育会と同好会

　高校までの部活動と違い，大学の場合はその組織が2種類に大別される。運動部の場合は，体育会と同好会である。一般に体育会が厳しく，同好会が楽しいと思われているが，その違いはどこからくるのだろう。

　体育会は，各種目とも1大学1団体に限定されている。すなわちその大学を代表して，他大学と交流することが目的である。同好会は，限定されることはない。同好の志が集まり，その仲間同士の交流を深めることが目的であり，複数種目を楽しむ団体もある。気が合わなければ分裂することもできるし，大学を代表しているわけではないので，近隣の大学と連合して活動することもできる。

　このような違いによって，一般に体育会系のサークルは，大学の施設や設備を優先して使用できる。私立の場合には，この他にもさまざまな特典が設定され，大学の宣伝活動の一部として重要な役割を担うこともある。つまり，優秀な成績を納めれば，新聞やテレビにその雄姿が報道され，大学のイメージ・アップにつながる。そのかわり，一度事件や事故が起きると団体全体の責任が問われる。メディアの格好のネタとして，「清く，正しく，美しくなければならないスポーツ選手が……」と報道されるのである。したがって，体育会の場合は，選手1人ひとりの自覚を促すための工夫がそれぞれの団体にあり，厳しい伝統となって受け継がれている場合が多い。

スポーツをもっと身近に

　最近，体育会が敬遠され廃部の危機にさらされている運動部が多い。同好会もマンネリ化した活動や希薄な人間関係から，構成メンバーの入れ替わりが激しく，その活動のあり方が問われている。

　大学が大衆化，多様化してきている以上，体育会はそろそろその伝統を見直し，自分たちの大学とその学生生活にふさわしい活動を実現する必要がある。特権的に大学の体育施設を利用するばかりではなく，同好会との連携を深めたり，一般の学生から応援してもらえるような活動を工夫する必要がある。

　もともと日本の体育施設は，観客に対する配慮に欠けていた。したがって，日常的にスポーツを観て応援して楽しむという習慣が育たなかった。また，課外活動は学生の自主的な活動であると称して，教育行政からも放置されてきた。もっと学生生活と密着したところでスポーツを観戦し，

応援し，刺激を受け，各自が手軽にスポーツを楽しめるような環境づくりが急務である。そのためには，教職員と学生が一体となって努力する必要があろう。

（加藤敏弘）

COLUMN

ピックアップゲーム

アメリカ映画を観ていると，公園や街角で子どもから大人まで一緒になってバスケットボールを楽しんでいるシーンがよく出てくる。これをピックアップゲームと呼ぶ。ピックアップとは，もともと「拾い集める，寄せ集めの，即席の」という意味で，その場に集まってきた人たちで即席のチームを作ってゲームを楽しむことから，この名で呼ばれるようになった。アメリカでは公園のみならず一般の民家のガレージなど，いたるところにバスケットのゴールが備え付けられている。ピックアップゲームと言うと一般にバスケットボールのゲームを指すが，正確にはバスケットボールに限らず「寄せ集め方式の簡易ゲーム」のことを意味している。

日本人は集団への帰属意識が強く，見知らぬ人とチームを組んでゲームを楽しむという感覚がない。バスケットボールに限らず，何かチームゲームをしたい場合，まずどこかのグループに所属しなければならない。そのグループにはそのグループの伝統や風習があり，スポーツ以外の活動（飲み会など）によって仲間意識を高めようとする。当然，個々人の生活があるので，そうした活動に十分参加できない人は，グループを去っていく。こうして，ますます集団凝集性が高くなり，気の合う仲間だけの活動になっていくのである。したがって，日本では，純粋にそのスポーツが好きでそのスポーツを気軽に楽しみたいと思う人の活動の場が少ない。一時，「ストリートバスケット」

ピックアップゲーム（ロサンゼルス，ウエストウッドパーク）

という名称でピックアップゲームに似た活動が広まったが，どうしても固定したグループ単位の活動に陥ってしまい，誰もが気軽に参加できる雰囲気が育たなかった。

日本でピックアップゲームを実現するには，時間がかかる。しかし，次のことを念頭において努力することによって，必ず実現する日が来るに違いない。

① 1人ひとりが自分の本当にやりたいことを実現するために，人に頼らず自分の力でそうした場を作ること。
② 1人ひとりがやりたいことを実現する権利を持っていることを自覚すること。
③ お互いの権利を尊重しながら，誰に対してもオープンな場を維持すること。

学生スポーツの本来の姿を実現するためにも，各大学でこうした取り組みが期待されるところである。

❷ 生涯スポーツ

1 生涯スポーツの理念

生涯スポーツのスローガンは「いつでも，どこでも，だれでも，いつまでも」である。

ライフ・スポーツのすすめ

人間とスポーツの問題を考える時，「ライフ」という言葉が広く，深い意味をもってくる。ライフ(life)には，日本語で，生(生命)・生活・人生(生涯)という意味がある。「『生涯』『スポーツ』」という概念は，もともと，こうした人間の生(生命)・生活・人生(生涯)をより豊かにするための身体活動(physical activity)や運動(human movement)を総称したものなのである。したがって，そこには，遊び，スポーツ，余暇，健康運動といったさまざまな身体運動(physical movement)が含まれる。

人間の生(生命)を空間軸に沿って考えると「生活」という文化・社会的な問題領域が現れるし，時間軸に沿って考えると「人生・生涯」という発達心理・社会的な問題領域が現れる。「ライフ・スポーツ」とは，人間の生(生命)の躍動が，身体活動や運動の文化を媒体として横軸と縦軸に広がり，互いに関連をもちながら豊かに深まり，向上していくという総合的な道筋を射程に入れた概念であり，関連するあらゆる社会制度の有機的関連のもとに，人間が，いつでも，どこでも，だれでも，いつまでも，こうした身体運動を身近なものとして主体的に実践し，豊かなライフを営むことを理念とする概念なのである(図1)。また，「生涯スポーツ」(ライフ・スポーツ)の中には，各ライフ・ステージごとに典型的に行われるさまざまな身体運動ばかりでなく，生涯にわたってひとつのスポーツを実践しつづける，「生涯にわたるスポーツ」というべきものも含まれる。ある意味では，この生涯にわたるスポーツを実践した人こそが，真に彼自身に固有のスポーツ・アイデンティティを醸成し得るということもできよう。

アイデンティティ論

人間の一生を，特徴的な性格をもったいくつかの段階，すなわち，ライフ・ステージ(life stage)に区切ってとらえ，生涯がいくつかのライフ・ステージの周期から成り立っているとみるのが，ライフ・サイクル(life cycle)の概念である。ここでは，生涯スポーツのライフサイクルについて，アイデンティティ論との関連から考える。

アイデンティティ(同一性)という用語は，自己の連続性・単一性，または独自性・不変性のことを意味しており，私たち一人ひとりの「自分自身であること」の意識的感覚のことである。それは一般に，「個性」「自己の存在証明」「真の自分」「主体性」あるいは「自分固有の生き方や価値観」などと表現されている。

E. H. エリクソンのアイデンティティ論は，人間の心理社会的な発達をライフ・サイクル(人生周期)としてとらえ，人格が，最終的には，自らのアイデンティティの形成を目指して段階的に形成されていくという立場をとる。アイデンティティは，彼自身に固有な一生を通じて個性的に形成される。その基本的素質は，身体，文化，社会，時代といった内外の環境の制約をうけつつ，特定のライフ・ステージに特定のものとして出現・発達する。すなわち，各々のライフ・ステージは，その時期に固有の「人間的活力(徳)」を形成しなければならない。各々のライフ・ステージには，「人間的活力」の下位要素である様々な「発達課題」があり，そうした課題の達成において最も影響力のある人物が，「重要なる他者」である。

生涯スポーツのライフサイクル

こうしたエリクソンのアイデンティティ論を，ライフ・サイクルの各ステージごとに，その身体運動(遊び・スポーツ・余暇・健康運動など)とのかかわりで例示したものが，**表1**である。　(日下裕弘)

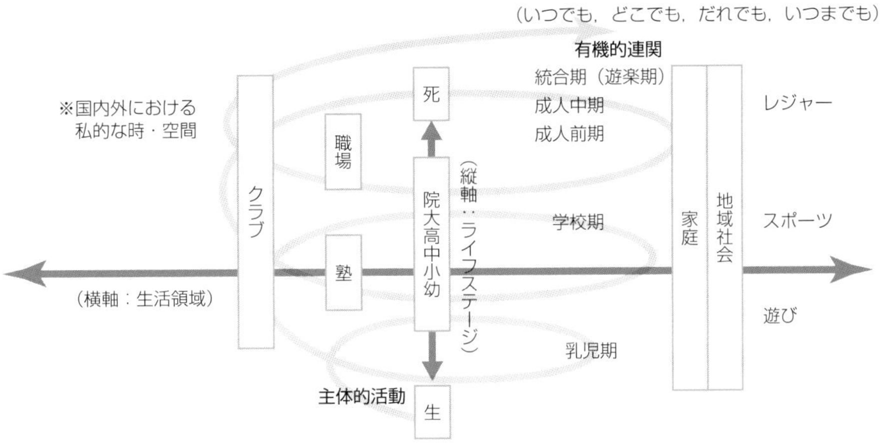

図1 ライフ・スポーツの構造：多様な主体的身体運動

(いつでも，どこでも，だれでも，いつまでも)
有機的連関
統合期（遊楽期）
成人中期
成人前期
学校期
乳児期

※国内外における私的な時・空間

縦軸：ライフステージ
横軸：生活領域

死 ← 院大高中小幼 → 生
職場・塾・クラブ ／ 家庭・地域社会
レジャー／スポーツ／遊び
主体的活動

表1　生涯スポーツのライフサイクル

ライフステージ		人間的活力	重要なる他者	発達課題	身体運動		
子ども	乳幼児	希望	母親	社会的愛着，感覚的運動機能，原始的因果律，対象の永続性	感覚的運動（姿勢，座る，つかむ，はいはい，など）		遊び・スポーツ／学校体育・スポーツ／レジャー・スポーツ
子ども	歩行期	意志	両親	移動能力の完成，空想，言語，セルフ・コントロール	立つ，歩く，走る，登る，模倣の運動，自然の遊び	身体意識，表現運動，移動の運動，操作の運動，バランス感覚，リズミカルな動き，安全学習	
子ども	幼児期	目的	核家族的人間	性の同一性，具体的操作，初期の道徳性・創造性・好奇心・役割認知	空想の遊び，集団遊び，自然の遊び，両親の影響		
子ども	学童期	有能感	近隣の仲間 学校の人間	社会的協力，自己評価，技能の習得	遊びのおもしろさ・夢中，やる気・努力，自分には能力があるのだという有能感覚の発達，スポーツとの出会い，チーム・プレイ		
青年	青年前期	集団的同一性	仲間集団 対外集団	身体的成熟，形式的操作，情動の発達，メンバーシップ，異性関係	からだ・体力づくり，多様なスポーツの体験，リーダーシップ，フォロワーシップ，フェアプレイ，役割体験としてのスポーツ（実験的に打ち込む），同一性の体験（積極性・主体性達成感・時間的展望・他者とのかかわり），集団的価値の内面化，スポーツ観の形成，特定スポーツの選択，生涯スポーツへの橋渡し		
青年	青年後期	個人的同一性	リーダーシップのモデル	両親からの独立，性役割への同一性，道徳性の内在化，職業の選択			
大人	成人前期	愛	友人 異性 競争相手 協力者	結婚，出産，仕事・家庭，ライフスタイル	家族や仲間とのレクリエーション，規則的な健康運動	スポーツ学習／ファミリー・スポーツ	レジャーの意味の追求
大人	成人中期	世話	夫婦 家族 職場の仲間 地域の仲間	仕事・家庭，子どもの教育，ライフスタイル	リーダーシップ，スポーツの指導，スポーツ文化の創造，規則的な健康運動		
大人	高齢期	英知（統合）	夫婦・家族 仲間 人類	老化への対応，生死観の発達，充溢した老い，新しい社会的役割，自己の本然的なあり方・アイデンティティの追求	規則的な健康運動，元気になる運動，人生におけるスポーツの意味		

【文　献】　1) E. H. エリクソン（小此木啓吾訳）(1991)：自我同一性：アイデンティティとライフサイクル，誠信書房．
　　　　　　2) 茨城大学健康・スポーツ科学研究会編 (1995)：身体活動の科学，大修館書店．

❷ 生涯スポーツ

2 子どもの発達と遊び

現代の子どもと人格発達の阻害

　1990年代に入り，子どもの発達環境は急激に劣悪化し，従来，地域や社会，家庭や学校が持っていた「子育て」の機能は，今や崩壊の危機にあると言っても過言ではない。それは人間的な発達の阻害どころか，もはや生命，生存の危機的状況にまで進行している。「チョー，ムカツク！」「メチャ，キレル！」子ども（ここでは小学生児童にとどまらず，中高の少年期までも含む）たちの連日，マスコミを騒がせるニュースは，大人をして「従来にはなかった。どう考えてもわからない。」と困惑におとしいれているのが事実である。いったい，子どもの何が変わったのか。また，子どもを取り巻く環境の変化がどのように子どもの人格形成に影響を与えているのか，掘り下げて見つめる必要がある。

こども期の喪失

　1997年，『こどもの権利条約市民・NGO報告書をつくる会』は"「豊かな国」日本社会におけるこども期の喪失"というショッキングなタイトルで，こどもの実態をえぐり出した。そして，その中で，ひとつの要因として「子どもの成長発達に不可欠な子どもの欲求や自主性を尊重するのではなく，校則や体罰を用いて，いかに不合理でも権威に従順に従えるような人間として育成すべく，子どもを管理訓練している」（上掲書）学校や教育の存在を鋭く告発している。従来の学校や地域，家庭には，人間的な自立のためのステップが，ある意味でおのずと用意されていたといえ，その土台としての人間関係（親子，友達，先生）や，発達のための主体的行動を引き出す時間，空間，自然環境などが保障されていたといえる。そこでは，知的にも情緒的，身体的にもまた，社会性のトータルな発達が図られるという「楽観的」な教育観が社会的な合意になっており，まさに，その典型的なステップや「自立のための学校」が『子ども期』であり『遊び』であったといえる。

遊びの教育力

　伊藤隆二氏は遊びの3要素として，①心から楽しい事，②他から強要されている，という感じがない事，③何かの手段ではない事，をとりあげた後で，遊びの価値として以下の4つを挙げている。
1) 社会的価値—人間関係のあり方，ルール集団，個人責任の学習。
2) 知的価値—知識（文字，数，音など）の習得，創造力の発達。
3) 身体的・運動的価値—体力，運動能力，巧緻性の伸長。
4) 治療的価値—精神的緊張の緩和，不適応の治癒。

　また，著名な心理学者のヴィゴッキーは，子どもの遊びと発達の相互関係に着目し『発達の最近接領域』という理論（右ページ，コラム欄参照）を展開し，遊びの重要性を唱えている。

遊びの衰退と復権の課題

　遊びが成立する基本条件として，時間・空間・仲間（集団）・方法（手段，内容）の4つの要因がある。さらに，遊ぶ主体（子ども）の意欲という内的要因も重要である。

　近年の子どもの遊びの衰退の特徴は，1980年代までの遊びの環境の悪化による相対的な行動の縮小化にとどまらず，遊びの質の変化（これを本来の遊びといえるかは疑問）が情報化社会の進行に伴って急速に生じた事。また，遊ぶ子と遊ばない子の二極分化が著しくなってきている事。第三に，とくに，子どもの生活構造の変化（忙しさの拡大）が更に進行し，たんに遊びやスポーツ活動時間の確保をめざしても融通がきかない状況になっていることが挙げられる。

下のアンケート実態から見るかぎり，大人の期待と裏腹に，疲れているこどもをさらに，強制（遊び，勉強）に追い込むことになるのではないか，と懸念される（図1, 表1）。

(岡本研二)

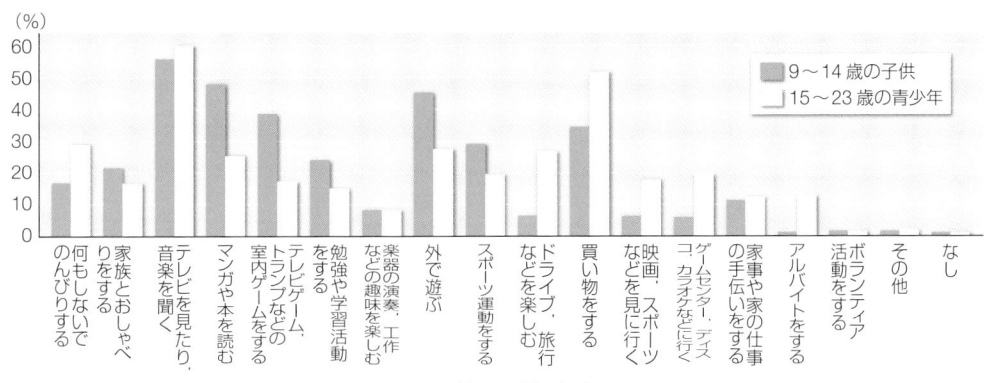

図1 休日の過ごし方
（総務庁青少年対策本部「青少年の生活と意識に関する基本調査」，平成7年）

表1　学校週5日制の土曜日の過ごし方

		男　子			女　子	
小学校2年生	午前	①近所での遊びや運動，散歩 ②ゆっくり休養 ③テレビ，ラジオ等の視聴	27.7% 10.2% 9.9%	午前	①近所での遊びや運動，散歩 ②ゆっくり休養 ③テレビ，ラジオ等の視聴	20.0% 13.4% 10.8%
	午後	①近所での遊びや運動，散歩 ②テレビ，ラジオ等の視聴 ③テレビゲームで遊ぶ	31.5% 6.6% 6.5%	午後	①近所での遊びや運動，散歩 ②テレビゲームで遊ぶ ③自然に親しむ	31.5% 7.1% 6.9%
小学校5年生	午前	①ゆっくり休養 ②近所での遊びや運動，散歩 ③テレビゲーム等で遊ぶ	19.1% 12.7% 8.3%	午前	①ゆっくり休養 ②近所での遊びや運動，散歩 ③テレビ，ラジオ等の視聴	22.8% 10.8% 6.6%
	午後	①近所での遊びや運動，散歩 ②ゆっくり休養 ③テレビゲーム等で遊ぶ	19.5% 8.4% 7.1%	午後	①近所での遊びや運動，散歩 ②ゆっくり休養 ③テレビゲーム等で遊ぶ	17.7% 9.5% 6.2%
	※学習塾予備校		午前　0.5% 午後　2.8%	※学習塾予備校		午前　1.3% 午後　3.4%

（「日本子ども資料年鑑」，1995 調査）

COLUMN

ヴィゴッキーの"発達の最近接領域説"

"遊びは発達の源泉であり，発達の最近接領域を作り出す。"という発達理論を提起した旧ソビエトの心理学者ヴィゴッキーは，同様に児童の精神発達のダイナミズムを探究したピアジェやワロンとともに児童の遊びの研究者として著名である。発達における「最近接領域説」とは，現在，子どもが保有している成熟状況（能力）が他（集団，大人）の手助け（教育）によってのみ，新しい水準へと移行することを明らかにしたものであり，教育の課題は，それぞれの子どもの発達のための水準（最近接領域）を明確にし，その内容を準備することである，とされている。まさに，子どもの遊びは，重要な最近接領域といえる。

【文　献】
1) 日本子どもを守る会（1998）：子ども白書，草土文化.
2) 日本総合愛育研究所（1996）：日本子ども資料年鑑，KTC 中央出版.
3) 伊藤隆二・坂野登（1987）：子どもと遊び，日本文化科学社.
4) ヴィゴッキー，柴田義松・森岡修一訳（1976）：子どもの精神発達における遊びとその役割，明治図書.

❷ 生涯スポーツ

3 青年とスポーツ

現代の社会変化と青年

「カプセル人間」の登場（1970年代）から，「新人類」の出現（80年代），「おたく族」の誕生（90年代），「高感度」「透明」な若者（現在）まで，青年（中学生・高校生・大学生・結婚前の20代の若者）は，急激な大人社会の変化の影響を受けながら，その大人社会・文化の「偽装」に対抗すべく，自らのサブカルチャー（対抗文化）を生成してきた。

ところが一方では，この「モラトリアム」の時期に，青年は，親ばなれと自立・独立への道を，「仲間集団」や「理想の人物・考え方」に準拠しつつ，成功と失敗の「役割実験」にその大いなる生命力を表現し，自らの若いアイデンティティを確立すべく着実に生きている。

青年期のスポーツ

文部科学省は，「スポーツ振興の基本的なあり方について」（保健体育審議会答申）の中で，青年期のスポーツを「スポーツライフスタイルの形成期」と位置づけ，興味・関心にあったさまざまなスポーツを体験する主体的な「スポーツ習慣」の形成と，自らに適したスポーツに夢中で取り組むことによって技術を向上させ，自らの「可能性を追求」する体験を重視している。

前述したように，スポーツとは，遊び，競争，全身運動の要素を持つ身体文化であり，「身体技能の競争を楽しむこと」をその本質とする。古今東西の青年は，古代から現代までの長い年月を通じて，この「スポーツという身体文化」を醸成してきた。それは，青年のスポーツにおける「フロー」や「自己実現」の体験であり，素っ裸の人間の「卓越性を求めて努力するガンバリズム」（向上心）がそこにある。

スポーツする身体

一般に，小学校の5・6年生頃から，「遊び」がさらに深まり，スポーツへの興味が増大し始める。青年は，中学・高校・大学…と10数年の期間を経て，さまざまなスポーツ・運動経験と競技のための練習・トレーニングを実践する。才能に恵まれ，良き指導者に出会い，努力を積み重ねたスポーツマンは，オリンピックや世界的な競技レベルで活躍するまでに成長する。

そうしたスポーツマンの身体とは，一体どのような構造になっているのだろうか。人間・スポーツマンの身体は，二重の構造をもっている。ひとつは，実際のゲーム場面に現象として表れるひとつのプレイそのものの身体，たとえばA君からB君への実際のパスという目に見える行為（「図」）であり，もうひとつは，そうした実際のプレイの要素を，練習やトレーニングによって多くの「引き出し」として備蓄し，それらをさまざまな形に組み合わせて実際のプレイを生成する，意識下の，目に見えない潜在的運動群（「地」），錯綜する意識下の身体＝「錯綜体」である。スポーツする身体にとって重要なのは，後者，すなわち，練習やトレーニングによって「習慣化された技能」である。それはそのスポーツ特有の「基本技能」，たとえばパス，ドリブル，シュートなどの「引き出し」であり，そのさらに根底には，筋肉の弛緩や姿勢保持，走，跳，投などの「下位動作」がある。それは，さまざまな運動体験を通じて自動化された意識下の身体の働きとその組み合わせの束である。実際のゲーム場面では，プレイヤーは，この下位動作と基本技術の多数の「引き出し」の中から「いま・ここ」のゲーム状況にもっとも適合した行為を，ほとんど自動的に（意識的に考えることなしに）現出させる。この錯綜する意識下の身体は，練習によって更に洗練され，しっかりとした個性的なスタイルを醸成する。イチローのような熟練のスポーツマンは，この身体の時間・空間・パターンを確実なものに練り上げている。スポーツ界の言語でい

えば,「基本」や「軸」をしっかり持つということになろうか。その構造を常に洗練させることによって,状況の変化に無意識に対応できる「技」の幅(ゆとり)が拡大していく。　　（日下裕弘・岡本研二）

COLUMN

イチローの身体

これをするものは
これを好むものにしかず
これを好むものは
これを楽しむものにしかず

好きこそものの上手なれ
三つ子の魂　百まで

　イチローは，名古屋の小さな工場長をしていた鈴木宣之氏の次男として生まれた。幼い頃は,お兄ちゃんといつも一緒に遊んでいた。仲良くキャッチボールやノックもやった。ところが，お兄ちゃんが中学校に入学しバスケットボール部に入ると，帰りが遅く，小学校の低学年であったイチローは，遊び相手がなくなってしまった。しかたなく，イチローはひとりぼっちでボールを壁に当てて暇をつぶしていた。野球が大好き,おもしろくてたまらなかった。「早くお兄ちゃん帰ってこないかな」…。

　それを見かねたお父さん，イチローを近くの広場に連れて行って，野球をやってみた。「うまい」「センスがいい」，高校時代甲子園にも出場したことのあるお父さん，イチローの才能を素早く感知した。息子の才能に惚れた。それからというもの,イチローとお父さんとの野球三昧の日々が始まった。バッティング，ピッチング，守備…,あらゆる練習を毎日とことん2人でやった。お父さんは好きなゴルフをやめ,そのお金でイチローをバッティングセンターに連れて行き，あの振り子打法のタイミングを「身につけさせた」。この「引き出し」はイチローにとって大切な宝ものとなった。野球少年団の監督がお父さん,ピッチャーで4番バッターがイチロー，お父さんの分け隔てのない熱のこもった「野球教育と人間教育」，イチローの活躍はいうまでもない。勉強もきちんとでき，いじめられっ子を野球で助けるクラスの人気者，「イチローの身体」には，この頃から,「基本技能」「下位動作」，そして「野球の心」「人間としての成長」という豊穣な「引き出し」が形成され始めていた。

【文　献】　1）小谷敏編（1994）：若者論を読む，世界思想社.
　　　　　2）文部科学省保健体育審議会（2000）：スポーツ振興基本計画の在り方について（答申）.
　　　　　3）日下裕弘（2004）：スポーツ身体論序説，スポーツ社会学研究，12：15-24.

❷ 生涯スポーツ

4 成人とレジャー

　成人期は，就職，結婚，出産，育児，教育，家庭づくり，文化の創造，および，地域や社会への貢献といったライフ課題をもつ。この時期の規則的な身体運動は，それが，これらの課題を達成するための基盤としての健康や体力づくりに役立つという点において重要である。

　しかしながらここでは，成人期を，そうした身体運動をも含めた，より広い概念としてのレジャーとの関連から考えてみよう。

レジャーの語源

　レジャー（Leisure）の語源には，ラテン語のオーティム（otim）とギリシャ語のスコーレ（schole）という2つの言葉がある。オーティムとは，何もしないで（無為に）時を過ごすことであり，休養・怠惰・暇つぶし・気晴らし，あるいは残余の時間といった意味を持ち，受動的・消極的な概念である。それに対して，スコーレは学校（school）の語源であることからもわかるように，文化を創造することや自己を開発することを意味し，自由な時間に主体的に学問や芸術を堪能することを含む，能動的・積極的な概念である。レジャーのこの2つの側面は，あたかも，オーティムという広大な海にスコーレという島が浮かんでいるように，レジャーのもつ2つの本質的要素を示している点で重要である。

現代のレジャー

　現代のレジャーは，大衆のものとなった。産業化と都市化，機械化と官僚化，そして宗教や倫理の弱体化が進展し，人間阻害や公害，そして価値の葛藤が社会問題となるにつれて，現代のレジャーは，人間性や個性の回復，自然体感，文化の創造といった新しい課題を担わされるようになった。だが，画一化している。

　西洋的な価値基準からすれば，現代日本人は，いまだにレジャーの活用の仕方が下手だといえるかもしれない。世界の価値観は「拘束」から「自由」へという潮流があるし，日本人の生活意識も，衣・食・住や経済ばかりではなく，レジャーや自分らしい生き方を追求しようという姿勢へと変質している。その傾向は，とくに若い人々に著しい。その意味では，レジャーは，「余暇」ではなく，「本暇」と訳すのが適当であろう。ちなみに，日本人のレジャー活動への参加人口を「レジャー白書2008」からみてみると，上位の3つは，外食（日常的なものを除く），国内観光旅行（避暑・避寒・温泉など），およびドライブであり，スポーツなどの身体運動としては，ピクニック・ハイキング・野外散歩の自然志向の運動が16位，ボウリングが17位，ジョギングやマラソンが20位となっている。

　ポスト・インダストリー，ゆとり・こころの時代，生涯学習の時代といわれる今日，こころとからだ，左脳と右脳，自己と他者，都市と自然，自分さがしと世界さがし，そして，労働とレジャーといった2極分離をいかにして克服し，対立から共存へと導くか，そうしたホリスティックな問題が，これからの私たちの大きな課題となるのではないだろうか。

ファミリー・スポーツのすすめ

　家族は，愛情という感情的融合と，それに基づく人格的，非打算的な連帯をもつ夫婦・親子の関係によって成り立っている。子どもは，誰よりも親が責任と自己犠牲をもって育てる。仕事に疲れたパパと教育ママ，そしてファミコンと受験を与えられた子どもが，本来の家族の絆をとりもどすには，ファミリー・スポーツがおすすめである。おじいちゃん・おばあちゃんと孫の遊びもよい。あまり競争的にならずに，お互いの存在を確かめ合い，理屈ではなく，ありのままの「身」を通じた素朴なコミュニケーションがあればよい。（日下裕弘）

COLUMN

「聖・俗・遊」の理論

J. デュマズディエによれば，レジャーの機能は，①「休息」，②「気晴らし」，そして，③「自己開発」の3つである。これらは，労働や勉強から休息・気晴らしとしてのオーティムへ，そしてオーティムから自己開発としてのスコーレへという私たちの生活のリズムに対応している。さらにデュマズディエは，レジャーが人間にとって意味を持つのは，余暇だけが独立してあることによってではなく，家庭生活，労働，地域活動，生理的活動といった生活の様々な領域との関連，すなわち，生活全体の「相互連関」においてであるといっている。

人間の生活領域は，宗教や理想などの望ましい価値の世界としての「聖」の領域，ギブ・アンド・テイクや利害関係が支配的な現実としての「俗」の領域，そして自由で気ままなレジャーとしての「遊」の領域の3つに大別できる。「聖」は，その厳粛さにおいて「俗」を超越し，現実を批判・規制する。これに対して「遊」は，その気軽な自由さにおいて現実を「離脱」し，それ自体の世界を充当することによって，ある特定の角度と距離から現実をチェックする。「遊」はまた，祭りの儀式におけるゲーム（競技）や，伊勢講の帰り道の温泉めぐりや物見遊山のように，「聖」と「俗」の間にあって両者をうまく媒介する。

聖なる世界に身を捧げる人間は僧侶，俗なる世界にのみ引きずられる人間は守銭奴，そして，遊の世界にのみ没頭して現実にもどれない人間は狂人である。人間は，人間らしく生きればよい。要は，3つの生活領域のバランスと調和である。

図1は，「聖」「俗」「遊」の3つの生活価値が，それぞれ，自他を相対化しあいながら，人間の「生」の全体を構成していることを示している。

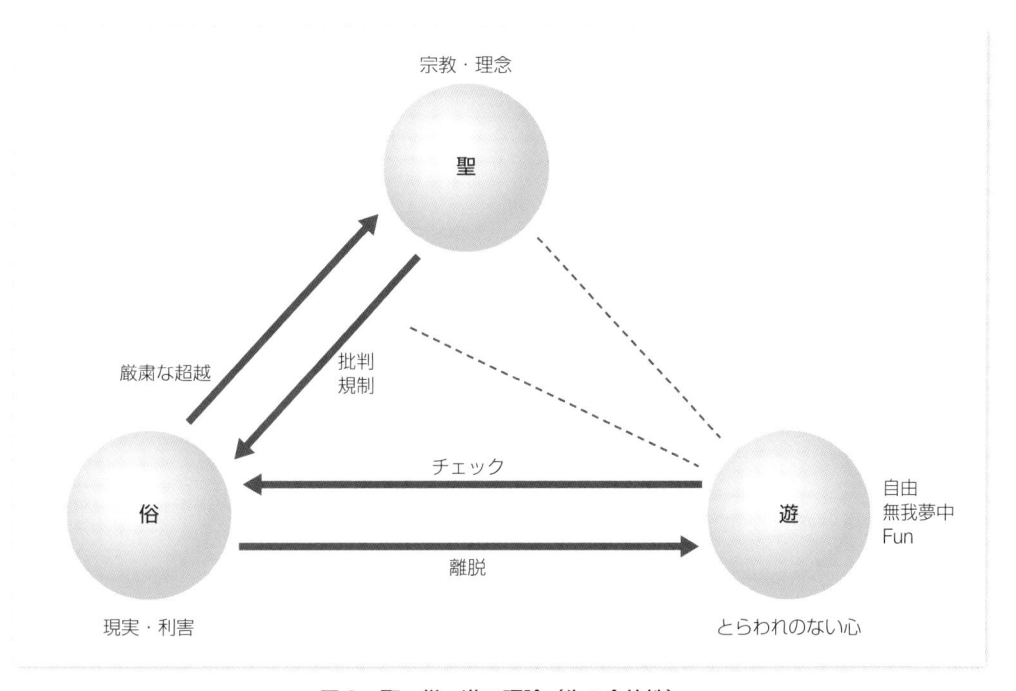

図1 聖・俗・遊の理論（生の全体性）

【文 献】
1) 井上俊（1988）：遊びの社会学，世界思想社．
2) 飽戸弘・松田義幸編（1991）：「ゆとり」時代のライフスタイル，日本経済新聞社．
3) 日下裕弘ほか編著（1994）：スポーツ社会学ノート；現代生活とスポーツ，中央法規．

❷ 生涯スポーツ

5 高齢者と生きがいスポーツ

　高齢者は，老化が進み，体のどこかに異常があるのが普通であり，そうした現在の心身のありようと常に対話しながら，無理のない日常生活の活動を通じて，生活の質（Quality of Life）を高めることが大切である。

　さらに，高齢期になると，誰しも一度は自らの「死」に対峙し，それにまつわるさまざまなことを熟慮せざるを得ない経験を持つ。自らの死を考え，絶望と闘い，それを「のり超え」，（忘れるべく），死を「受け入れ」つつ，自らの生の「責任」を再認識したときに初めて，「生きる意味」や「生きがい」のある人生をまっとうしようと頑張る気概が現れる。「生」と「死」がコインの裏表であることに気づく。

生きがいとは

　生きがいとは，生きる意味・目的・価値，すなわち，生きて存在することの理由・根拠のことである。それはまず，自己の満足感・幸福感として感じられる。自分が自発的に求め，得た喜びがまずなければならない。そしてもう1つ，そのことが，自分以外の他者や社会のために役立つこと，すなわち，「やりがい」「使命」「責任」を伴ってはじめて，真の「生きがい」となる。

　「生きがい活動」の条件としては，一般に，
　①自らの心身がその活動を行い得る程度に「健康」であること
　②心身が健康であることを基礎に，自らの興味・関心に適合した文化的・社会的活動を「楽しむ」こと
　③その楽しみを分かち合う「仲間」をもつこと
があげられる。

　その生きがい活動は，きわめて個性的であってよく，その価値に軽重はない。「自分にとって」「意味」があればよい。それが，その人の生きがいなのである。

生きがい（健康・楽しみ・仲間）運動
～中高年のハイキング愛好会の仲間～

　高齢者の一般的な生きがい運動の種目とその運動を行う上での基本的な原則については，表1に記した。

　ここでは，実際に中高年のハイキング愛好会の会員であるOさんが，自らの経験と思いを会員仲間に送った手紙の文章から，高齢者の「生きがい」のありかを探ってみよう。

①体はわりと健康なのだが，家に閉じこもりがちで，毎日がつまらない。孤独だ。何かやりたい。（尋牛）
②市の広報に「楽しいハイキングと温泉」というのがあった。田舎で育ったので自然は好きだ。思い切って参加してみたら，おもしろそうな内容だし，私と同じような立場の人もたくさんいて，何だか希望がわいてきた。（見跡）
③講習の期間中に，近くの山へ実践研修があり，グループの人たちに励まされ，ようやく頂上に着いた。眺望がすばらしかった。こころが揺さぶられた。仲間もできた。これなら健康にも良さそうだし，頑張れる。楽しみを見つけた。（見牛）
④講習の最終段階，「安達太良山と岳温泉」の実践研修の日が来た。前日は心がワクワクして眠れなかった。山登りは，つらく，苦しい登り坂，「もうここでいい」としゃがみ込むが，「いや，頂上はすぐそこだよ，荷物は皆でもってあげるから，がんばって頂上まで一緒に行こう」と，仲間の声。足に合わせて歩いてくれる。この優しさに励まされ，体力限界で登頂成功。人と和める尊さが身にしみて，「これぞ生涯の宝なり」。（得牛）…。
⑤このグループは，後に自主的に愛好会を結成し，仲間とともに，10年を経過した現在も，活動を継続している…。

（日下裕弘）

表1 高齢者の生きがい運動の原則（仲間と楽しみながら）(日下, 2001)

ラジオ体操	継続的に実施，呼吸を整える，筋の収縮と弛緩の区別をつける，痛みのない範囲で行う，ラジオ体操以外の運動と組み合わせる，など．
散歩・ウォーキング	自然な姿勢で歩く，軽くて違和感のない靴，気候・気温に合わせた服装，気温が低すぎる時や炎天下はさける，天気のよい日にゆっくり長く歩く，できるだけ土や芝生の上を歩く，自分のコースをもつ，四季を楽しむ，など．
柔軟体操・ストレッチング	のばそうとする部位を意識してゆっくり無理をしない，これから行う種目への準備，筋肉の温度がある程度上がってから，ウォーミングアップとクーリングダウンの時に，呼吸も意識する，など．
ジョギング・マラソン・ランニング	マイペース，心臓疾患のメディカルチェック，気象条件を考慮（心肺機能疾患や熱中症に注意），心拍数は徐々に上げる，なるべく靴底の厚いものをはく，肥満の人は避ける，十分な自信がつくまでは大会等には参加しない，など．
サイクリング	安全なコース，比較的長時間，継続的に，慣れた自転車に自然な姿勢で，変速器がある方がよい，散歩するつもりから徐々に距離を伸ばす，季節や景観を楽しむ，など．
ゴルフ	ストレッチやマッサージを十分に，無理なスイングをしない，腰や頂頸部や肘の障害に注意，など．
ゲートボール	スパーク打撃やあて打ちは方向に注意，打撲に注意，和気あいあい，など．
水中運動・水泳	30度くらいの水温，運動強度は心拍数を目安に，強度の低い運動を長く，呼吸法をしっかり，水中歩行を活用，バタフライは避ける，疲労時や飲食直後は避ける，全身の体力向上を図る，能力を過信しない，など．
スキー	骨折や膝関節の障害に注意，心疾患による突然死に注意，無理のない自分なりの滑走，天候やアイスバーンに注意，ストレッチを十分に，山スキーは余裕のある計画で，など．
登山	マイペースで休みながら，ストックの活用，脱水症や熱中症に注意，状況を考慮し下山する勇気を（こころの頂上観），同行者へのいたわり，など．
テニス	関節の傷害や肉離れ・アキレス腱に注意，ウォーミングアップを十分に，手首だけでスウィングしない，ガットテンションは強すぎないこと，など．
エアロビクス	ウォーミングアップを十分に，あまり激しくない運動を15〜20分サイクルで，脈拍に注意，など．
（まとめ）	（マイライフ，マイペース，運動を楽しむ・味わう，仲間とともに）

【文献】
1) V.E. フランクル（霜山徳爾）(1956)：夜と霧，みすず書房．
2) V.E. フランクル（霜山徳爾）(1957)：死と愛，みすず書房．
3) 神谷美恵子 (1980)：生きがいについて，みすず書房．

❷ 生涯スポーツ

6 障がい者と運動・スポーツ

　近年はパラリンピックなどの障がい者のスポーツがテレビに放映されるようになり,「障がい者スポーツ」への認識が少しずつ広がってきている。しかし,その活動に対する援助は,健常者のスポーツに比べて少なく,まだまだ改善する点が多い。

世界の歴史

　障がい者のスポーツは,障がいの種類によって,ろう者,身体障がい者,知的障がい者の3つに分けられ,それぞれに個別の歴史があり,組織・競技大会・取り組み方もまた異なる。

　ろう者の国際競技会は,1924年に設立された国際ろう者スポーツ連盟（CISS）が,同年にパリで開催した第1回国際ろう者スポーツ競技大会が初めてで,それ以降デフリンピック（Deaflympics）として4年に1回開催されている。

　身体障がい者の場合は,1948年ロンドンオリンピックの開会式当日に車椅子選手のための競技大会がストーク・マンデビルで開催された。それは,イギリスのストーク・マンデビル病院で脊髄損傷者のリハビリテーションにスポーツを取り入れて,すばらしい成果を上げたルードイッヒ・グッドマンによるものであった。この大会が発展し,1960年,第1回のパラリンピック（Paralympics）がローマで開催された。1988年のソウルオリンピックからオリンピック開催後に同じ場所でパラリンピックを開催することになった。

　知的障がい者の国際競技会としては,1968年にシカゴで行われた第1回国際スペシャルオリンピックス（Special Olympics）が最初であった。スペシャルオリンピックスは,1962年6月にジョン・F・ケネディの妹のユニス・メリー・ケネディ・シュライバーが,自宅の庭を開放して35人の知的発達障害のある人たちを招いてデイキャンプを開いたのが始まりであった。国際オリンピック委員会が「オリンピック」という名称の使用を許可しているのは,デフリンピック,パラリンピック,スペシャルオリンピックスの3つだけである。表1は,各大会で行われている種目である。

日本の歴史

　日本では,全国身体障害者スポーツ大会（1965年設立）と全国知的障害者スポーツ大会（1992年設立,愛称：ゆうあいピック）の2大会があった。全国身体障害者スポーツ大会は,1964年に東京オリンピックの大会終了後,東京パラリンピックが開催され,それが成功したことから第20回国民体育大会開催地の岐阜で第1回大会が行われた。全国知的障害者スポーツ大会は,国際連合主催「国連障害者の10年」の最終年を記念した事業として,1992年第1回全国精神薄弱者体育大会が東京都で行われた。それらを2001年の宮城大会から1つにまとめ,「全国障害者スポーツ大会」を開催している。毎年,国民体育大会の秋季大会の開催終了後に同じ施設を使って開催している。

　国民体育大会は,日本体育協会・文部科学省・開催地都道府県の3者共催で行なわれるが,全国障害者スポーツ大会の場合は,厚生労働省・日本障害者スポーツ協会・開催都道府県・政令指定都市が主催となっている。そこに,健常者のスポーツと同じような環境になりにくい行政的な問題がある。

障がい者スポーツの現状

　障がい者のスポーツとは,障がい者のために特別に考案されたスポーツだけを指すものではなく,原則として健常者が行なっているスポーツを以下の4点に注意しながらルールを一部変更して行っている。

1. 障害があるためにできないことがある。
2. 障害があるためにスポーツによる事故の心配がある。

3．障害を増悪化させるおそれがある。
4．競技規則が複雑なため理解しにくい。

　たとえば，車いすテニスの場合，素早い動きが健常者のようにできないので，2バウンド後の返球が認められている。しかしコートの広さやネットの高さなどは，一般のテニスルールと同じである。またシッティングバレーボールでは，コート内の移動やジャンプが難しいので，コートの広さ（6m×6m）やネットの高さ（男子1.15m，女子1.05m）を変更している。図1には，ゴールボールのルールを示している。このようなスポーツは，健常者の人たちと一緒に楽しめるスポーツである。地域の体育施設では，このようなスポーツを公開講座として開いている所もある。

（勝本　真）

表1　各大会のスポーツ種目名

デフリンピック		パラリンピック		スペシャルオリンピックス	
アイスホッケー	カーリング	IDバスケットボール	ゴールボール	アルペンスキー	テニス
アルペンスキー	テニス	ノルディックスキー	ボウルズ	クロスカントリースキー	ハンドボール
オリエンテーリング	フットボール	アイススレッジホッケー	ボッチャ	パワーリフティング	フットボール
クロスカントリースキー	ボウリング	アイススレッジレース	射撃	フロアホッケー	サイクリング
サイクリング	レスリング	アルペンスキー	サイクリング	スノーシューティング	ボウリング
スノーボード	射撃	ウィルチェアーラグビー	セーリング	スノーボード	セーリング
バスケットボール	柔道	サッカー（5人制・7人制）	テニス	スピードスケート	ボッチェ
バドミントン	水泳 .5	パワーリフティング	アーチェリー	フィギュアスケート	ゴルフ
バレーボール	水球	ボウリング（9ピン・10ピン）	バレーボール	ローラースケート	水泳競技
ビーチバレー	卓球	車いすカーリング	柔道	ソフトボール	体操競技
ハンドボール	陸上競技	車いすダンス	水泳	バスケットボール	卓球
		車いすテニス	卓球	バドミントン	馬術
		車いすバスケットボール	馬術	バレーボール	陸上競技
		車いすフェンシング	陸上競技		

- コートは，バレーボールコート（縦18m×横9m）を使用する。
- ボールは，重さは1,250gで鈴がボールの中に入っており，大きさはバスケットボールより一回り大きい
- ゴールの広さは，高さ1m30cm，幅は9m（コートの端から端まで）である。
- 試合は3人対3人で，ゴールに向かってボールを投げ，それを3人でブロック・キャッチし，そのボールをまた相手ゴールに向かって投げる。
- ゴールに向かってボールを投げ（実際はボーリングのように転がす），ゴールに入れば得点。
- 全員がアイシェード（アイマスク）を着用してるので，思うよりは難しいスポーツである。試合中にアイシェードに触れる行為は反則となる。
- 前半10分，後半10分，ハーフタイム3分で1試合となる。
- コートは，次のように各ブロックに区分けされる。

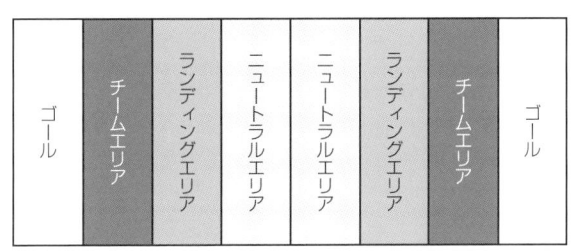

| ゴール | チームエリア | ランディングエリア | ニュートラルエリア | ニュートラルエリア | ランディングエリア | チームエリア | ゴール |

- 自コートはゴールベースライン（コートの最後尾）から3mごとにチームエリア（3m），ランディングエリア（3m），ニュートラルエリア（3m）と分かれている。
- チームエリアには6本のオリエンテーションラインがあり，ゴールベースラインから1.5mの距離でサイドラインから中央に向かって1.5mのライン2本。
- ゴールベースラインとフロントライン（チームエリアとランディングエリアの境界のライン）の中央に0.5mのライン2本
- サイドラインより1.5mの距離でチームエリアフロントラインに0.15mの2本がある。

図1　ゴールボールのルール

【文　献】　1）茨城大学健康スポーツ教育研究会編（1999）：健康スポーツの科学，大修館書店.
　　　　　　2）財団法人日本障害者スポーツ協会：http://www.jsad.or.jp/index.htm#home

❷ 生涯スポーツ

7 ジェンダーとスポーツ

　スポーツは，かつて，「男らしさ」の象徴だった。隆々たる肉体をもつ古代ギリシャのオリンピア戦士が，そして，紳士的なスポーツマンシップを要求されたパブリックスクールのラガーメンたちが，その典型である。しかし，最近では，女性のスポーツが世界中で盛んになった。
　ここでは，そうした「女性のスポーツ」の問題について「ジェンダー」論の視点から考えてみよう。

女性スポーツの文化的・社会的規定要因

　江刺によれば，現代における女性のスポーツ参加には，戦前と比較して，行う社会層の拡大，量的な増大，質的な向上がみられる。しかし，このような歴史的にもかつてない隆盛をみているにもかかわらず，日本女性のスポーツ参加は，過去も現在も，男性よりも劣位にあり，かつ，欧米諸国と比較しても劣っている。また，女性のライフサイクルという視点からいえば，出産・育児期における母親役割の遂行期には，著しく参加率が低下する現象がみられる。
　このような女性スポーツの参加を規定している社会的要因としては，微視的には，この女性のライフサイクルにおける母親役割を中心とした役割観や役割遂行が，また，巨視的には，全体社会における女性観（「女らしさ」）を中心とした思想や教育・家族・政治・経済などの社会的諸制度における女性の社会的地位があげられる。とくに，女性の社会的地位が実質的に男性と同等な家庭や社会にあっては女性のスポーツ参加がもっとも促進され，その逆の場合にはもっとも抑制される。
　女性スポーツがもっとも促進されているのは，20代前半および30代後半の年齢で，家族や周囲の理解を得られている既婚女性であり，その反対は，夫などの理解や協力が得られない30歳前後の既婚女性である。
　こうしたスポーツと性の問題を深く考えるには，右ページのコラムに記した「ジェンダー論の視点」が不可欠である。
　表1は，性別にみた「スポーツをしない理由」の変化である。
　わが国には，スポーツにおけるこうした社会的・文化的な性差（性差別）を生み出す「かくれた構造」が確かにある。それを明らかにし，改善することは大切なことである。しかしながら，そうした構造を暴露し，批判する論理は，近代以降に形成された単なる「男性の論理」であってはならないし，何よりも，スポーツを含めた現実社会に生きる上で大切な「人間としての倫理」を忘れてはならないだろう。理想的な「男女共生社会」は，そこから始まると考える。

（國枝タカ子）

表1　性別にみた「スポーツをしない理由」の変化　（%）

スポーツをしない理由	男性 1972	男性 1982	女性 1972	女性 1982	主婦 1972	主婦 1982
時間がない	26.6	34.0	34.1	39.7	39.2	32.4
お金がかかる	0.7	0.9	0.2	0.8	0.2	0.9
嫌いである	7.0	—	4.6	—	4.1	—
疲れてやる気がない	9.2	—	7.1	—	6.3	—
体が弱い	9.2	19.7	9.5	13.9	10.4	16.7
年をとっている	39.2	21.7	34.8	18.1	29.6	17.0
場所・施設がない	0.0	1.4	1.5	3.3	1.9	3.7
指導者がいない	—	} 2.0	—	} 5.5	—	} 7.0
相手・仲間がいない	2.1		3.4		3.7	
生活パターンの変化	—	0.3	—	1.4	—	2.1
その他	3.3	5.9	3.6	3.8	3.2	5.1
DK・NA	2.8	14.1	1.2	13.6	1.4	15.1

（江差正吾，女性スポーツの社会学，p.272）

COLUMN

ジェンダー論の視点

ジェンダー——ジェンダー（gender）という言葉は，1960年代にアメリカで始まった女性学（women's studies）が盛んになる過程で，男女両性の生物学的特性の違いを意味する"sex"に対し，文化的・社会的意味づけをされた両性を示す用語として用いられるようになった。すなわち，生物学的特性によって区別される女性と男性は，彼らが所属する社会が定めた内容の性別特性を身につけるように育てられているので，性格や気質，行動様式などにも，性差が現れるということである。「女らしさ」「男らしさ」という概念は，文化的・社会的に規定されるので，そのような作られた性別を生物学的性別と区別することは，性差が性差別につながるメカニズムを明らかにするために必要である。

「女たち」「男たち」の世界——あたりまえのように見てきた日常生活や，毎日見慣れた社会的風景も，ちょっと見方を変えただけで新鮮なものに感じられてくる。ジェンダーとは，そんな見方のひとつである。私たちは毎日，働いたり，スポーツをして遊んだり，恋愛をしたりしながら，また，テレビのニュースで政治や遠い世界のできごとを見たりしながら，「女は…」「男は…」と，こまごま，どちらかに配分したり，こだわったり，みずから「女と男のドラマ」を次々とくりひろげていることがわかってくる。

そのなかで，私たちを動かしている何か社会的な「力」の存在に気づきはしないだろうか。私たち自身が無意識のうちに「性役割」「性差別」と呼ばれている現実を生み出していることに気づきはしないだろうか。

「女であること」「男であること」の感性——自分は女なのか，それとも男なのか，知らない人はまずいない。

遺伝子と染色体，ホルモン・バランス，内部生殖腺と外部生殖器，それらの差異が，一方には前立腺分泌液と精液を分泌させ，もう一方には，月経，妊娠，出産，乳の分泌を経験させる。そして，この生殖機能の差異の延長上に，身体・心理・行動に表れる自然な差異，いわゆる「性差」（体格，運動能力，能動・受動性，空間知覚能力，共感能力，冷静・感情的など）が現れる。

「メスは自然に女になり，オスは自然に男になる」と，私たちはそう思ってしまう。生理的・生物学的な差異，生殖にかかわる身体のしくみとはたらきの差異は確かにある。その差異は，心理や行動に何らかの差異となって現れると大脳生理学はいう。ただ，それでも，私たちが区別する・自覚する・欲情する性差は，身体・個体レベルのみで決定される問題ではない。私たちは，何はともあれ，ものごとを『分類』して生きているのだから。

女／男を二分法的に区別することと，身体の具体的なあり方とは別の問題である。性差は，内側からのみ現れるのではない。女／男のカテゴリー区別がまずもってあるわけだ。人は，その化身（事例）となってようやく生身の（女／男の）人になる。そうして初めて，それぞれにあるはずの性器（すなわち「文化的性器」）の存在が自明視され，あるはずの情緒・感覚・行動の違い（すなわち性差）が探される。この判別の過程を「ジェンダー・アトリビュウション」（gender attribution：性別特性の特定）という。自分自身についてのジェンダー・アトリビュウションが，固有な連続性を持つに至った自分感覚を「セルフ・アイデンティティ」（self identity）という。生物学的差異を基準としたカテゴリーによって意味づけられる自分を「性アイデンティティ」（sex identity），女／男への日常感覚に伴う社会・文化的な意味や期待のなかにカテゴライズされた自分を「ジェンダー・アイデンティティ」（gender identity）と呼ぶ。そして，性の活動（性交）に結びついていく性への好みに表現される自分を「セクシュアル・アイデンティティ」（sexual identity）という。

性に関わるこれらのアイデンティティは，自己のトータルなアイデンティティの重要な部分を構成している。自然な人間が，カテゴリー化された人間社会に生きるために。

【文献】　1）江刺正吾（1992）：女性スポーツの社会学，不昧堂出版．
　　　　2）江原山美子ほか（1989）：ジェンダーの社会学，新曜社．

❷ 生涯スポーツ

8 スポーツと人生…剣道人の事例

　前述のように，生涯スポーツとは，人間の「生」が，身体活動の文化を媒介して，縦軸（ライフ・サイクル）と横軸（生活領域）に広がり，互いに関連をもちながら豊かに深まり，向上していくという道筋を射程に入れた概念として捉えられる。とすれば，生涯を剣道とのかかわりで歩んできた人達の事例をみることによって，文化としての剣道の本質の一面が明らかにされ得るであろう。

人間形成と修行

　東洋のコスモロジーにおいては，人間は宇宙という「大いなる生命」の一部であって，他のすべての生命とともに，その働きを受けて「生かされて生きる」受動的・能動的な存在である。したがって，大宇宙（マクロコスモス）と人間・小宇宙（ミクロコスモス）との間には同じ原理が働いており，人間は修行という身心の訓練を通じて，その原理をつかむことができる。それは，身心一如の状態における，人間の「生命」による「生命」としての宇宙の隠れた真理との感応である。

　真の「理」（ことわり）を体得したときの状態は，「悟り」「涅槃」「高い自己実現」「人間としての完成」「本来の自己の目覚め」「人としての本性」「生命の根源を見る」「おのずから真理のままにあること」と表現される。修行とは，意識の努力によって，無意識の深い部分に働きかける「身体からの訓練」を通じて，このような心の深層に潜在する本性の働き（自律的過程）がおのずと出現してくる自然な発見であり，それに従って生きることである。

　少年期から剣道をはじめ，80歳を過ぎても続けているある実業人が，剣道とのかかわりについて，次のように記している[1]。

　「普通，鍛練というと，"鍛える，練る"ことをいっているが，厳密にいうと体を鍛えるのは鍛であり，心を練るのが練であります。これを剣道に圧縮していうならば，鍛は数多くの技を身につけて十分に活用できる体につくることであり，練は古来教えられている"**四戒**"（驚・懼・疑・惑）にもとづいて，何事にあっても驚かず，相手がいかに強くても恐れず，物事も初めから疑ってかからず，大切な判断には迷わないように心掛けることです。このような修行をして行きつくところは人格の形成であると思います。宮本武蔵は『五輪書』水の巻の最後に『千日の稽古を鍛と云ひ，万日の稽古を練と云う』と教えていますが，表現はいささか異なるにしても結果においては同様であると思います」。また，「剣道は極まるところ，肉眼と心眼と剣の理合に適った技との合作であって，技は一瞬一瞬のものです。80歳になっても若い人達と共に稽古を楽しむことができるものです」。

　剣道には，古の先人の心・言・行を稽えながら，年齢による体力，精神，技術というものを考え合わせたライフサイクルに則した稽古の楽しみ方がある。と同時に，生活領域に広がりをもつ稽古の楽しみ方がある。

　武道は，その場において自と他の間の変化の中に成り立つ技術であり，中林は「武道の技術というものは，ある決まった法則性によって行うというよりも，その瞬間，瞬間に自と他によって技を創造しているといえよう。しかもその場における自と他の間というものは，打たれないで打とう，投げられないで投げようという，いわばお互いが否定し合うという相剋の関係にある。否定し合いながらも，お互い共通の基盤を持ち，相協力して技を創造していく過程，ここに我と汝の出会いとしての人間の共同存在という本質的な姿があるのではなかろうか。人間の出会い，真の交流というものは，絶対的な共同体験の場に成立するものであろう」[2]と指摘している。そこには"**交剣知愛**"という世界が繰り広げられている。

四戒（四病）：（驚・懼・疑・惑）。相手に対したとき，驚（驚き）・懼（恐れ）・疑（疑い）・惑（惑い）の念

が生じると心に隙ができて打ち込まれてしまう。これを剣道では心の4つの戒め，または四病という。
交剣知愛：剣を交えて"おしむ"を知る。最近，剣道界で使用されている言葉で，あの人ともう一度稽古をしてみたいという気分になることを意味している。愛をおしむ（惜別），大切にして手離さないと解釈される。

(巽　申直)

写真（京都武徳殿）
明治32年に建立されて以来，尚武の故郷として親しまれる殿堂。毎年5月に開催される武道祭には，全国から多数の人々が集まり，この一年の精進のほどを自ら識るために演武し，交歓する。

COLUMN

剣豪と長寿

　剣豪の世界では，現代の平均寿命をこえる寿老人を列挙すると枚挙にいとまないほどである。剣豪は，なぜ，こうも長生きできたのであろうか。この理由のひとつに呼吸法や丹田の働きがあげられている。

　人間は，ふつう1分間に18回前後呼吸しているが，丹田呼吸を鍛錬することによって，それが1/3に減り，さらに習熟すれば1分間に2，3回にもなるといわれる。その呼吸法は，呼く息を主とし，吸う息を従とし，吸った息を下腹，すなわち臍下丹田におとすようにするなどが要諦とされている（丹田呼吸）。この方法に熟達した剣士の息は，どんな場合にも乱れるということがなく，また，剣豪といわれた一流剣士たちの長寿の秘密のひとつは，その呼吸法の習熟にあったといえそうだ。

【文　献】　1）佐久間三郎（1997）：平成・剣道読本，体育とスポーツ出版社.
　　　　　　2）中林信二（1987）：武道のすすめ，中林信二先生遺作集刊行会.

❸ 21世紀のスポーツ

1 スポーツの世界化と個性化・多様化

近代スポーツの世界化

　近代スポーツはイギリスで生まれた。ヨーロッパの近代は、封建的な社会が崩壊し、18世紀から始まった産業化や合理化の過程を通じて成立した。近代スポーツは、まさに、そうしたヨーロッパの資本主義的、自由主義的な民主社会の形成過程において、とりわけ、イギリスの都市部に住むブルジョワジーの学校（パブリック・スクール）に、学生の課外の身体運動として誕生した。

　したがって近代スポーツの思想的背景には、自由・平等・フェアプレイ・合理性・科学性・自治・規律・勇気・ヒューマニズム・業績・健康・安全・レジャーといった価値があり、それらの価値は、今日、時代の潮流として世界化（globalization）しつつある。

　こうした近代的価値を運載する主要なスポーツの文化装置は、ルールである。近代スポーツのルールは、それが、これらの諸価値と「身体技能の競争を楽しむ」という古今東西共通の遊戯価値を明確に成文化しているために、他の国の人々に容易に受け入れられやすく、ストレートに伝播しやすい。「スポーツに国境はない（Sport is a world language.）」といわれるのはそのためである。

　わが国では、野球がもっとも早く摂取され、日本化（個性化）し、そして世界化し始めたスポーツ文化である。戦前の日本スポーツ文化の典型である高校野球も、21世紀には、これまでの「日本一」という目標を超えて、「世界」を目指すことになるだろう。スポーツにおける向上心は、行き着くところまで発展し、そしてまた、個にもどる。

　いかなる国のいかなるスポーツ文化も、近代スポーツに関するかぎり、摂取・移入の段階から、次第に世界化していく。ワールドカップのサッカーはその好例である。今やサッカーは、人類共通の身体文化となった。世界の人々が、同じルールのもとで、平等かつ公正にプレイできる。神業にも似たトップ・プレーヤーの妙技は、もはや人類共通の文化遺産となるだろう。それは、国境（national）を超えて、人間の身体そのものに「根っこ」をもつ普遍的（global）な選択文化になった。

スポーツの多様化

　世界の価値は、全体・集団の一元的価値重視から、個人の自由や個性を尊重する多元的価値重視へと変貌している。スポーツの分野においても同じである。前述のように、近代スポーツは本来、「身体技能の競争を楽しむ」という一元的価値を人類が共通に分有する、世界化される文化であった。こうした近代スポーツは、今後ますますその「上昇志向」性を強めるであろうし、この近代スポーツが、見るスポーツやプロ・スポーツも含めて、21世紀のスポーツ界の中心になることは、おそらくまちがいないだろう。それが、スポーツのグローバルな価値の一方の側面である。

　しかしながら、スポーツのグローバルな価値には、もうひとつ重要な側面がある。それは、世界の価値が個性化・多元化していることと同様な思想的潮流の中にある。近代スポーツが上昇志向をもつものとすれば、もうひとつのそれは、反対にあえて「下降志向」をもつスポーツ文化であるといってよい。たとえば、みんなのスポーツ、コミュニティ・スポーツ、ニュースポーツ、自然志向のスポーツ、武道、気のスポーツ、伝統・民族スポーツ、そして舞踊がそれである。それらの個性は、近代スポーツと同時代的に存在することによって、21世紀の個性的で多様なスポーツ文化の重要な構成要素になるにちがいない。こうした反－上昇志向のスポーツ文化は、それが、自らのアイデンティティをそれぞれの形で追求しているという点で、逆に、グローバルな性格を持っている。多元化・多様化は、それが個性的であるが故に、世界的であり得るのである。

（日下裕弘）

日本スポーツ文化の発展段階と個性化／世界化

図1は，日本のスポーツ文化の発展を，組織，ルール，技術，物的条件，イデオロギーに分けて段階的に整理したものである。ここでは，近代スポーツが日本に遊びとして移入されてから，徐々に，人間の修行という価値を付与されて日本化（個性化）しつつも，結局は，世界的なるものを目指して発展してきたことが示されている。

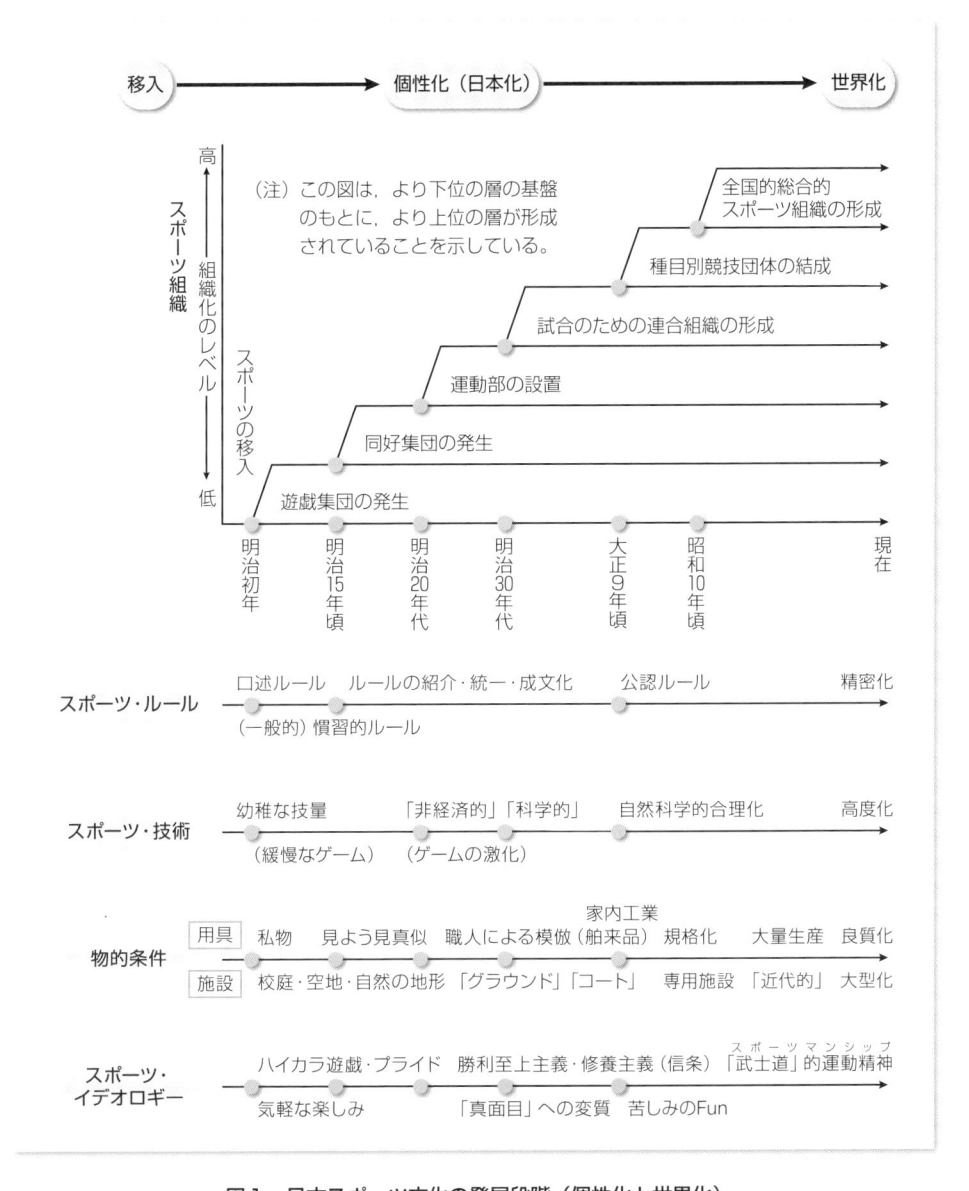

図1　日本スポーツ文化の発展段階（個性化と世界化）

スポーツ組織（組織化のレベル：低→高）

- 移入 → 個性化（日本化）→ 世界化
- スポーツの移入
- 遊戯集団の発生（明治初年）
- 同好集団の発生（明治15年頃）
- 運動部の設置（明治20年代）
- 試合のための連合組織の形成（明治30年代）
- 種目別競技団体の結成（大正9年頃）
- 全国的総合的スポーツ組織の形成（昭和10年頃〜現在）

（注）この図は，より下位の層の基盤のもとに，より上位の層が形成されていることを示している。

スポーツ・ルール
口述ルール → ルールの紹介・統一・成文化 → 公認ルール → 精密化
（一般的）慣習的ルール

スポーツ・技術
幼稚な技量 →「非経済的」「科学的」→ 自然科学的合理化 → 高度化
（緩慢なゲーム）（ゲームの激化）

物的条件
- 用具：私物　見よう見真似　職人による模倣（舶来品）　家内工業　規格化　大量生産　良質化
- 施設：校庭・空地・自然の地形　「グラウンド」「コート」　専用施設　「近代的」　大型化

スポーツ・イデオロギー
ハイカラ遊戯・プライド　勝利至上主義・修養主義（信条）　「武士道」的運動精神（スポーツマンシップ）
気軽な楽しみ　「真面目」への変質　苦しみのFun

【文　献】
1）稲垣正浩（1995）：スポーツの後近代；スポーツ文化はどこへ行くのか，三省堂．
2）日下裕弘（1996）：日本スポーツ文化の源流，不昧堂．

❸ 21世紀のスポーツ

2 アスリートの未来

アスリートとプレーヤーと選手の違い

　アスリートとは，現在，広義に競技者全般を指す。ところが従来，狭義には陸上や水泳などのように，その行為そのものを示す動詞に -ing がついて，スポーツの名称になっている swimming, weightlifting, skiing などの個人競技で使われてきた。

　ボールゲームに代表される集団競技は，play ～ (football, baseball, basketball, volleyball など)と表現され，そこに携わる者はプレーヤーと呼ばれる。

　日本では，明治時代にスポーツにかかわる者すべてを「選手」とした。このことが，日本のスポーツが長い間世界のスポーツと一線を画すことになった原因の1つである。

　「アスリート」にも「プレーヤー」にも，本来「選ばれた者」という意味はない。とくに，「プレーヤー」という用語は，そのまま訳せば「遊ぶ人」という意味である。

　海外では，多くの人々にとってスポーツが気軽に親しんだり，観戦して楽しむものとして日常生活に浸透している。日本では，プレーヤーもアスリートも地域を代表して他の地域と争う「選手」として位置づけられ，郷土の名誉と威信をかけて，競争しなければならなかった。もちろん，海外でも地域や国を代表して戦う「選手」はいる。しかし，彼らは「選手」である前に「アスリート」であり，「アスリート」である前に「プレーヤー」である。トライアウトで選ばれた才能のある者だけが自ら「アスリート」の道を選び，その中でさらに選ばれた者が，学校や地域や国の代表となるのである。

　日本の場合，スポーツを行う者すべてを「選手」と呼んでしまうので，「選手」である以上「清く，正しく，美しく」なければならなくなる。このことが，気軽に楽しめるはずのスポーツに，敷居の高さを作り出す要因の1つとなっている。

夢を与え続けるトップアスリートたち

　トップアスリートは，時代と国境と文化の壁を越えて，多くの人々に夢と希望を与え続けてきた。全身全霊を込めて競技に打ち込むひたむきな姿は，無条件に観る者に感動と勇気を与える。まさに選ばれた者であり，その影響力の大きさ故に，トップアスリートたちには常に自らを律する力が求められている。

　アスリートの作品には，アスリート自身の身体，すなわち強靭な肉体と精神力が求められる。それ故，薬物を使用して自らの肉体を改造する行為(ドーピング)が後を絶たない。「選手」である以上，ルールに従いマナーを向上させなければならないのは必然であり，ドーピング問題はアスリートに暗い影を落としている。

　競技で永遠に勝ち続けられるアスリートはいない。いくら鍛え抜かれた肉体でも必ず限界がやってくる。たいていの競技人生は，長くても30年。本当に輝いていられる期間は，10年もない。年俸数億円というプロもいるが，多くのアスリートたちは，プロを名乗っていてもその競技の収入だけでは生活できないのが現状である。また，アスリートたちは多くの犠牲を払う。突然の怪我。華やかな舞台を目前に競技をあきらめなければならない事態は，限界に挑戦し続けている身体にとっての宿命であり，勝利の栄光と敗北のどん底は紙一重である。こうしたどん底から再び努力して這い上がっていく姿がドラマ性を生み，メディアの力も重なって，人々に感動を与える。

観客動員と競技レベルの向上

　スポーツ経営が成り立つかどうかの指標の1つに，入場料収入と人件費総額とのバランスがある。入場料収入が人件費総額に至らない場合，広告収入などに頼る割合が多くなる。しかし，観客動員が少なければ広告収入も増えない。いくらテレ

ビ放映されても，観客席がガラガラでは，やはり寂しい。したがって，いかにして試合会場に足を運んでもらえるかが重要である。

最近は，試合前後のイベントなども増え，あの手この手で観客動員を図っているが，やはり，アスリートがアスリートとしての本来の姿を見せつけることが前提であり，競技レベルの向上が第一である。アスリートの未来は，試合観戦という文化の創造にかかっている。

(加藤敏弘)

表1　日本プロ野球の年間推定放映権料収入（1990年）
(単位：億円)

巨人	34.5	西武	4.4
阪神	17.5	日本ハム	2.5
大洋	14.5	ダイエー	2.2
広島	13.5	オリックス	2.1
ヤクルト	12.8	近鉄	2.0
中日	12.1	ロッテ	1.9

出典：日経エンタテインメント（1991年4月10日号）による．

表2　プロ野球1試合の推定放映権料（1990年）
(単位：万円)

巨人主催の巨人戦	5,000
他球団主催の巨人戦	8,000
巨人戦以外（全国ネット）	1,000
巨人戦以外（ローカル局）	300

出典：樋口編（1993）による．

表3　プロ野球の観客動員数（2006年）

セ・リーグ	1試合平均観客動員数	パ・リーグ	1試合平均観客動員数
阪神タイガース	43,218	福岡ソフトバンクホークス	29,964
読売ジャイアンツ	39,628	北海道日本ハムファイターズ	23,581
中日ドラゴンズ	32,859	オリックス・バファローズ	20,445
東京ヤクルトスワローズ	18,019	千葉ロッテマリーンズ	19,848
横浜ベイスターズ	15,158	西武ライオンズ	17,597
広島東洋カープ	13,829	東北楽天ゴールデンイーグルス	13,996

原田宗彦（2007）p.86

表4　Jリーグの観客動員数の上位および下位クラブ（2006年）

J1	1試合平均観客動員数	J2	1試合平均観客動員数
J1クラブ平均	18,292	J2クラブ平均	6,406
1. 浦和レッズ	45,573	1. ベガルタ仙台	14,453
2. アルビレックス新潟	38,709	2. コンサドーレ札幌	10,478
3. FC東京	24,096	3. 柏レイソル	8,328
⋮		⋮	
17. 大宮アルディージャ	10,234	12. 徳島ヴォルティス	3,477
18. 京都サンガ	9,781	13. 水戸ホーリーホック	3,017

原田宗彦（2007）p.87

【文献】　1）山下秋二・中西純司・畑攻・冨田幸博（2006）：スポーツ経営学 改訂版，大修館書店．
　　　　2）原田宗彦（2007）：スポーツ産業論 第4版，杏林書院．
　　　　3）広瀬一郎（2006）：スポーツMBA，創文企画．

❸ 21世紀のスポーツ

3 オリンピックのゆくえ

　オリンピックは，古代ギリシャのオリンピア神（ゼウス）の栄誉のために行われた神聖なる祭典：「古代オリンピック」を模範として，1896年以来開催されている国際的な総合スポーツ大会である。1894年，フランスのピエール・ド・クーベルタン (P.de Coudertin) の発議によって設立された国際オリンピック委員会（International Olympic Comittee = IOC）が，その原理，競技会の諸制度などを整備し，主導してきた。最近では，オリンピックの望ましいあり方を理論的に探り，指導するための国際オリンピック・アカデミー（International Olympic Academy）も誕生しており，オリンピック運動を世界の共通財産とし，その教育を正しく行おうとする組織的な動きも見えてきた。オリンピックは，ギリシャの発祥地オリンピア（図1）にちなんで，オリンピアード大会とも称され，4年ごとに行われるが，1924年からは，オリンピック冬季大会がそれに加わった。

オリンピックの精神

　オリンピックは，世界の平和と友好の象徴として，地球の若者がスポーツという共通の場に集い，その技を競い合うことによって，人間性の向上に資することにその社会的意義がある。

　オリンピック憲章（Olympic Charter）は，その運動の目的として次の4つをあげている。
① スポーツを通しての人間の身体性とモラルの発達
② 世界平和のための相互理解と友情
③ 地球的な善を創造するためのオリンピック精神の高揚
④ 世界中の若い競技者を4年毎に，その祭典に集わせること

近代オリンピックの歴史

　1896年に始まった近代オリンピック発展の歴史は，けっして単調なものではなく，おおよそ次のような，紆余曲折の段階を経て今日に到っている。

① 1896年の第1回アテネ大会から1906年の第3回アテネ国際競技会ごろまでで，財政難と個人クラブのレベルでの参加であった混迷期。
② 1908年の第4回ロンドン大会から1932年の第10回ロスアンゼルス大会までで，国別参加の制度が導入され，各国際競技連盟の結成に伴うルール統一など，国際競技会としての地位を確立した組織化の時期。
③ 1936年，第2次大戦直前に行われた第11回ベルリン大会前後で，ナチス・ドイツの民族的・政治的・軍事的宣伝に利用された暗黒期。
④ 1948年の第14回ロンドン大会から1956年の第16回メルボルン大会までで，第2次大戦の被害により，準備もおぼつかない簡素な大会が繰り広げられたものの，復興のきざしが見えてきた再興の時期。
⑤ 1960年の第17回ローマ大会から1976年の第21回モントリオール大会までで，参加国，参加選手数，予算規模，TVを含めた観客数など，あらゆる面で巨大化した時期。
⑥ 1980年の第22回モスクワ大会から現在までで，米ソの政治的介入，経済的利潤追求の商業主義，そして，プロ選手の容認（オープン化）が進行する手段化の時期。

　オリンピックはもともと政治的なものだが，現在は，あまりにも政治と経済に利用されすぎている。古代オリンピックやクーベルタンの理想を忘れている。IOCもこの手段化路線を容認する中で組織体としての政治的・経済的利益を十分に受けている。それは，現代社会の理念と現実の矛盾を如実に示す「ゆがめられた鏡」だ。

　理想を追って古代に逆戻りすることは不可能である。だが，ホイジンガの「ホモ・ルーデンス」のカバーに古代オリンピックの「裸体」の選手がある

ように,「飾らない人間性」(身体の自由,競争を通じての自己開発,そしてそれを共有する地球人としての相互共存)の理念を,21世紀のオリンピック精神の中核として神聖視する心,私たちはそれをなくしてはならないだろう。手段は手段として,オリンピックは「万人にそそぐ太陽」のように,これまで以上に,燦々と輝くものでありたいものだ。

(國枝タカ子)

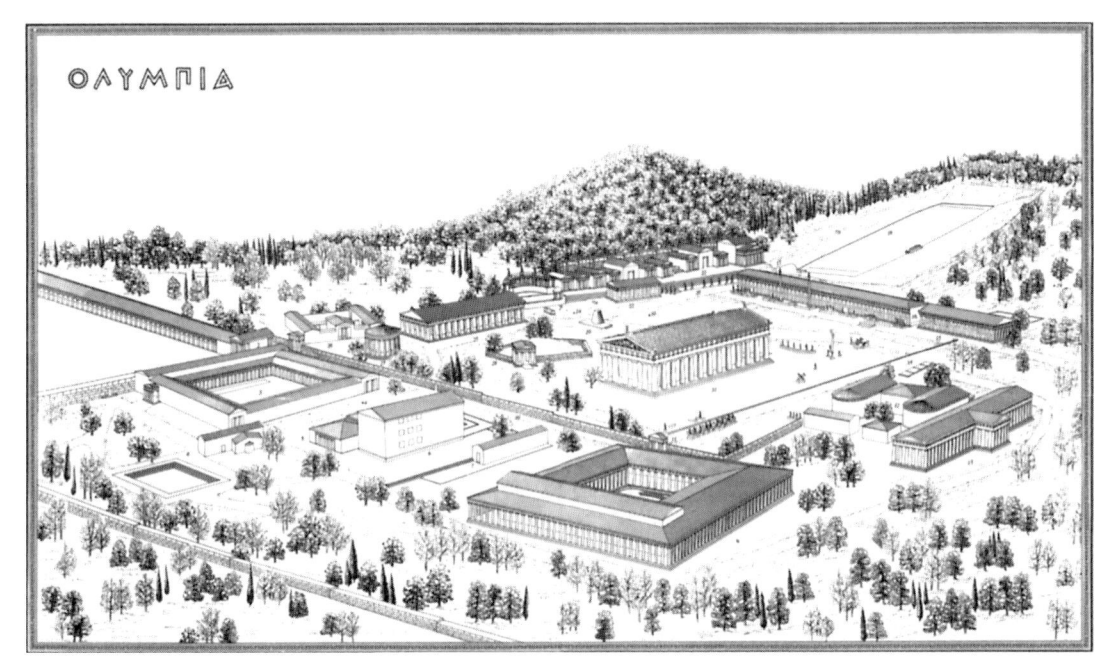

図1 古代オリンピア

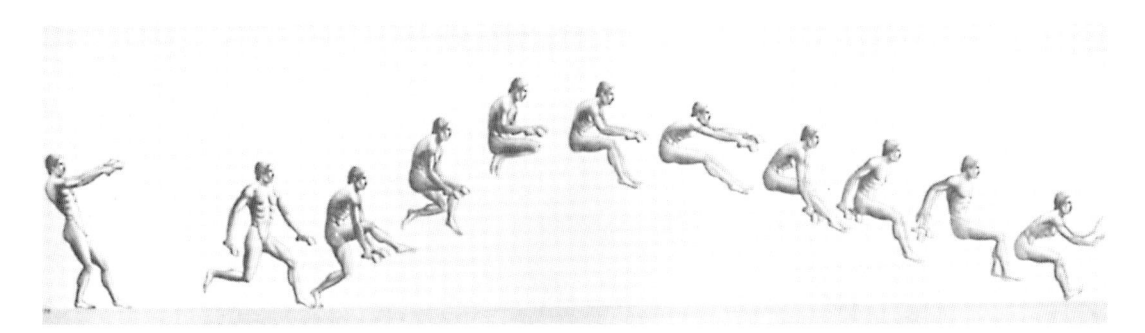

図2 古代オリンピアで行なわれた幅跳び:手におもりをもった「裸体」の選手

【文　献】 1) Nicolaos Yalouris (general supervision) (1982): The Olympic Games in Ancient Greece, Ekdotike Athenon S. A.
2) 日本体育協会 (1993):スポーツ大事典,大修館書店.

❸ 21世紀のスポーツ

4 総合型地域スポーツクラブ

　平成18年9月に策定された文部科学省の「スポーツ振興基本計画」によれば、これからの地域におけるスポーツ環境の整備充実の方策は、「生涯スポーツ社会の実現のため、できる限り早期に、成人の週1回以上のスポーツ実施率が50パーセントとなることを目指す」ことにあり、その目的の達成に必要不可欠である施策として、「総合型地域スポーツクラブの全国展開」を掲げ、「2010年までに、全国の各市町村において少なくともひとつは総合型地域スポーツクラブを育成（将来的には中学校区程度の地域に定着）すること」を目標とすることが示された。

総合型地域スポーツクラブの特徴

　総合型地域スポーツクラブは、①大規模型、②多世代・両性型、③多種目型、④開放的、⑤多面的豊かさ追求型、⑥交流型、⑦定住型・長寿型、⑧自立型（住民による主体的・自律的経営）、⑨コミュニティ志向型、⑩公的団体（市民活動型）であることが特徴である。

　もともとヨーロッパの地域や生活に密着した「スポーツクラブ」をモデルとしたもので、スポーツや「健康」運動における子どもから高齢者までの住民の多様な「交流」（コミュニケーション）をとおして、新しい「地域づくり」にも貢献しようという理念と使命がある。住民主体の自治的な経営体であるから、住民の生活や健康意識の向上がその基盤であり、リーダーとなるクラブマネージャーの人間的な情熱と努力がクラブの継続と発展に大きく影響する。

　比較的安価な会員費を収め、家族や仲間と、ニーズに応じた種目・技術レベルで、適切な指導者のもと、健康・体力づくり、初心者の教室、世代間の交流、クラブ独自のリーグ戦、四季の体感、スポーツフェスティバル、将棋や料理などの趣味的・文化的な活動、パーティーや懇親会などの会員間のコミュニケーション、そして研修会や講習会などの「魅力的な活動プログラム」…を、皆で、つくり出して、参加する。

　多様な仲間が多様な内容をもつ居場所に集まる。そこでの理念は、競争ではなく「共存」となろう。20世紀のスポーツがピラミッド型だとすれば、21世紀の総合型地域スポーツクラブは、多様なものが共存し、連携する「連峰型」だといっていい。

総合型地域スポーツクラブの多様性

　日本体育協会の平成17年の全国調査によれば、「設立済み・設立準備中・設立計画中」の総合型地域スポーツクラブは、日本の全市町村の44.6％に達している。

　もともとその地域にあった、その地域独自の、地域に確実な根っこのあるクラブが「理想型」であるから、その形態もきわめて多様である。要は、住民の「健康」と「交流・ふれあい」が結果として「地域づくり」に貢献するという根本的な理念が重要である。

　文部科学省のシナリオによれば、この「総合型地域スポーツクラブ」が、やがて「NPO」の資格を取得し、行政に代わって、公的な体育・スポーツ・運動施設の「指定管理者」として活動し、内容豊かな、そして住民の税金を無駄にしない、元気で明るく、効率的で、「住民の、住民による、住民のためのスポーツ振興」が望まれるというわけだ。しかし、もっとも肝要なポイントは、住民の「健康・スポーツ意識」「政治・社会意識」の高まりの問題であろう。当然、日本社会の政治的民主化、公正かつ透明な行政、そしてその健全な行政による市民活動の支援といった根本問題が基底にある。

（日下裕弘）

COLUMN

スポーツ NPO

　NPO (Non Profit Organization) は,「特定非営利活動法人」と呼ばれ,①保健・医療・福祉,②社会教育,③まちづくり,④文化・芸術・「スポーツ」,⑤環境保全,⑥災害救助,⑦地域安全,⑧人権擁護・平和推進,⑨国際協力,⑩男女共同参画社会,⑪子ども健全育成,⑫上記 NPO の支援,の 12 分野の諸活動のいずれかの活動を行い,「不特定多数の利益」を目的とする団体である。

　NPO は,社会に新しいサービスを供給するための制度であり,社会のニーズが多様化・複雑化するなか,「既存の民間企業,行政,公益法人,ボランティアなどでは十分にできないサービスを供給すること」を可能とする仕組みであり,「安価で質の高いサービス」を効率的に供給する「公共性」と「使命感」が求められる。

　この NPO 法は,ドイツのフェライン法やフランスのアソシエーション法に匹敵する法律である。ドイツでは 7 人,フランスでは 2 人以上でスポーツクラブを結成することができるが,日本の NPO 法では「10 人以上」が集まり,「文化,芸術またはスポーツ振興の支援」として,「不特定多数の利益の増進」に寄与する場合であれば,「特定非営利活動法人」として認可される。「法人登記」が済めば,「社会的な信用」も高まり,財団や社団と同様に,「公共施設のクラブへの委託」も受けやすくなる。

　したがってスポーツ NPO は,これまでのように,単なる競技力向上や一部の愛好者のための活動だけではなく,広く地域住民全体がスポーツに親しみ,それによって地域全体を活性化し,より豊かな地域づくりに貢献するという公共的な「スポーツの使命」を自覚した活動が求められる。「する」「みる」「きわめる」「まなぶ」「ささえる」といったスポーツの豊かな広がりが求められる。

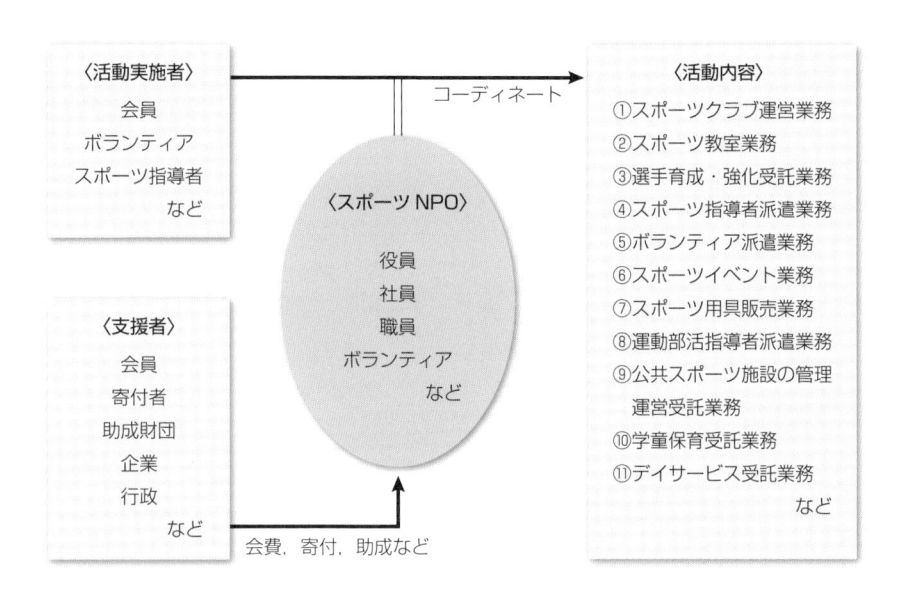

図 1　スポーツ NPO のモデル（三菱総合研究所,1999）

【文　献】
1) 地域スポーツ推進研究会 (1999)：スポーツクラブのすすめ,ぎょうせい.
2) 文部科学省編・発行 (2001)：クラブづくりの 4 つのドア.
3) 日本体育・スポーツ経営学会 (2002)：テキスト総合型地域スポーツクラブ,大修館書店.

❸ 21世紀のスポーツ

5 自然志向のライフスタイル

アウトドアブーム

　最近，わが国においては自然志向が高まり，中高年の登山，そしてニューファミリーを中心としたオートキャンプなどの普及が著しく，アウトドアブームといわれている。「レジャー白書2008」によれば，潜在的な余暇活動として，若い世代の特に男子は，旅行やスポーツ観戦に次いでオートキャンプをあげている。それに対応して，各地のキャンプサイトは増加の傾向を示しており，諸施設も段々と良くなっている。しかし，急増したキャンパーの需要に間にあわず，過密で，テントとテントがすぐ隣接していることも多く，諸施設の改善が量，質ともに急がれる。

ヨーロッパのライフスタイル

　ヨーロッパの旅でうらやましく感じたことの1つに，キャンプ場の充実がある。山岳地帯の湖畔や海岸等の景勝地ばかりでなく，都会の郊外など，あらゆるところにキャンプサイトがあり，ゆったりとして緑多い環境の中に，温水施設のあるシャワー，洗面，台所，洗濯機が充分用意され，ほとんどのところにプールやマーケットがある。利用者の大半は，キャンピングカーとテントの両方を使用して，長期間滞在しているファミリーであるが，湿度が低いため，テントなしで寝袋だけで寝ている若人もいる。

　フランスでは，V.V.F.（Village, Vacance, Famille）という言葉がはやっている。「村，長期休暇，家族」の意味で，夏休みには家族と一緒に田舎で過ごそう，ということである。年間5週間の法定休暇が定められており，多くの工場は夏に4週間休業し，社員は休みに入る。

　ドイツでも，夏休みには，少なくとも連続2週間の休暇が保障されており，多くの人々は，太陽を求めてキャンピングカーで南に移動する。混雑を避けるため，6月に入ると学校の夏休みを，地域ごとに1週間単位でずらし調整している。友人のドイツ人夫妻のように，休暇のほとんどを週末に取っている人もいる。40年経った中古住宅を購入し，それを2年間かけて新築のように使いやすくリフォームしていた。彼らは，年間6週間の休暇があり，そのうち2週間は夏に取らなければならず，残り4週間の休暇のほとんどを，金曜日に取り，週末3日間を家のリフォームに当てている。家のリフォームを個人でやるのは当たり前のことのようであった。経済的なこともあるが，物をつくる喜びと，その家に対する愛着が大きな理由のようであった。彼らのライフスタイルには，物質的な豊かさよりもむしろ心の豊かさを感じた。環境問題には厳しいが，家族とのきずなを大切にして，自然とのふれあいを多く持ち，生活全般にゆったりとした時の流れを感じさせる。

自然志向のライフスタイル

　人が自然を求めるのは，自然の中での生活に，人間本来のやすらぎを感じるからであろう。自然の中に入ったとき，誰しも心地よい気分にひたり，喜びを感じ，都会で失いかけている五感をよみがえらせ，自然の本性を感じるからにちがいない。

　同じ山の頂から，周りの景色を眺めるにしても，ケーブルで上った人は，苦しみを味わう喜びなくして，楽しみだけの世界しか知らない。

　一方，山への思いに情熱を抱き，一歩一歩汗をたらして登った人が，山頂に立って眺める景色には，胸の内からこみ上げてくる歓喜とともに，充実した喜びにつつまれた至福の時がある。それは，山道での一歩一歩の苦しみにも自然の中での活動に満足し，山への生の情熱が胸の内に蓄積されるからであり，その思いが山頂で一気に解放され，すべてが歓喜に変わるからにほかならない。

　元来，私たち日本人は自然を信頼し，生活の中に自然をとけ込まそうとしてきた。身近な自然

を私たちのライフスタイルにとり入れて，より楽しく，より豊かな人生にしたいものだ。

（太田茂秋・櫻井健太）

COLUMN

ネイチャーゲーム

ネイチャーゲームとは，1979年にアメリカのナチュラリストであるジョセフB・コーネルによって発表された自然体験プログラムである。自然への気づきを目的とした活動であり，身近な自然で誰もが楽しむことができる。もともとは42種類のゲームであったが，現在は100種類を超えるゲームがある。そのすべてが，自然に関する知識の有無や年齢に関係なく楽しめるようになっている。

ネイチャーゲームはフローラーニングという参加者の心理状態や学習テーマに合わせて，個々のゲームを組み合わせる手法で行われる。フローラーニングには4つの段階があり，それぞれ動物の名前がつけられている。

- 第1段階　熱意を呼び起こす（カワウソ）
- 第2段階　感覚を研ぎ澄ます（カラス）
- 第3段階　自然を直接体験する（クマ）
- 第4段階　感動を分かち合う（イルカ）

それぞれの段階で，次のようなゲームがある。

① カワウソ
　・動物あてゲーム（お互いにヒントを出し合い，それを手がかりに動物の名前を当てあうゲーム）
② カラス
　・ミクロハイク（虫眼鏡と糸を用いて足下に広がるミクロの世界を探検するゲーム）
③ クマ
　・目隠し歩き（ペアになり目隠しをしたパートナーを足下などに気をつけながら魅力的なルートに案内するゲーム。視覚を取り除くことで聴覚や触覚，嗅覚が研ぎ澄まされる）
④ イルカ
　・サイレントウォーク（言葉を捨て，靴などの文明の品々を体から取り外し静かに歩くゲーム。静寂の中に身を置くことで，人間の生命に気が付き世界に生きる一員と実感することができる）

このようなゲームを通した効果は，次の5つが挙げられる。

- 自然や環境への理解が深まる
- 五感によるさまざまな自然体験の獲得
- 自然の美しさや面白さの発見
- 他者への思いやりや生命を大切にする心の育成
- 感受性が高まる

ネイチャーゲームの狙いは自然への愛情を育てるところにある。自然を愛する心が生まれれば，自然を守る心へと自ずと変わっていくのではないだろうか。今，環境問題が叫ばれる中で，私たちが守ろうとする自然を感じることは，きわめて重要なことである。私たちは溢れる情報社会に生き，雑誌やWEBから必要な事物を知り，発達した交通手段で自然の中へ出かけることはできるが，自然を感じ取る方法は意外と知らない。

日本でネイチャーゲームの普及が始まり20年が経った。いまやネイチャーゲームは学校教育の場，社会教育の場，また地域や，さらには個人で活用される場へと広がっている。ジョセフB・コーネルは言う。「ひとつひとつのゲームは自然がそこから語りかけてくる，いわば『口』の役目をしているのです。そこから届く声は，ある時は科学者の，ある時は芸術家の，そしてさらには神秘的な予言者のものであるかもしれません。」

ネイチャーゲームを通してたくさんの人々と自然を分かち合い，自然に心を開き，自然を感じてみよう。

【文　献】　1）飽戸弘・松田義幸（1989）：「ゆとり」時代のライフサイクル，日本経済新聞社．

③ 21世紀のスポーツ

6 野外活動

野外活動の概念

　野外活動とは本来，自然の中で生活を楽しむもので，限りなく美しさを秘めた大自然の中で，人間が自己の基底にある自然性を見出し，人間本来の姿に帰り再生する，そうした活動である。

　野外活動の概念を実質的に，最初に示したのは，1961年に設定されたスポーツ振興法で，「スポーツとは，運動競技及び身体運動（キャンプその他の野外活動を含む）であって，心身の健全の発達を図るためになされるものをいう」と述べ，野外活動をスポーツの領域に含めている。

　今日での野外活動はもっと広範囲の内容を含み，江橋は，「自然の環境の中で自然との接触を楽しみながら自然を理解し，自然を愛し，自然を大切にする諸活動の総体」と定義し，人間と自然との関係の中にその本質を見出している。

　日本余暇文化振興会では「限りない美しさを秘めた大自然の中で人間がその本来の『自然性』を見出して，人間本来の姿にかえって大自然と接しつつその中で楽しみ，学び，友と語り，自然の美しさ，厳しさを知るとともに，自分の姿を，そして人間を発見して自らの生活の中に力を得てゆく，このような活動が自然活動である」とし，（野外活動という言葉は活動が強調されるため）「自然活動」という用語を使っている。

自然との対話

　自然の中に入っていく方法は，歩くだけでなく，スキーやカヌーもある。あるいは魚釣りのように移動しない場合もあるが，それらに共通するのは，自然との対話が生まれることである。そこには，自然との一体感そのものに醍醐味を味わい，ゆったりとした自分の時間を持つ充実感がある。

　仲間や家族と一緒に行動するのもそれにはそれのよさがあり，また別の楽しみ方である。美しい景色や自然の妙をみると，自分1人で独占するのがもったいなく，その喜びを親しい人とわかち会いたい，あるいは共感したいと誰しも思う。しかし，仲間と一緒に行動しても，自然との対話には1人でいる心でいたい。自然の中に入っても，自然を見ずに友との会話に夢中になっている時は，自然との一体感を味わう喜びまで至っていない段階といえる。おそらく子どもは，そのような段階であり，親と友との行動自体に喜びを感じ，その活動全体をつつみこむ自然を「楽しい場」と感じているに違いない。それでも，自然とのふれあいの中から，だんだんと自然のすばらしさや，不思議な世界に興味を持ち始め，次第に深い喜びに変わっていく。そのような野外活動の動機づけとなる「原体験」を多くの子どもたちに経験してほしい。

　子どもたちを自然の中へつれ出そうとするのは，自然の中での生活や遊びを通して，自然のマクロとミクロの美しさや厳しさ，自然の奥行の深さを肌で実感として知って欲しいからである。

　豊かな自然環境では，動物，鳥，虫，草木が生態系の循環の中で，それぞれが役割をはたしながら互いに，共存していることを身近に理解できる。鳥を双眼鏡で観察し，特徴や名前，数を調べたり，小さな虫などを調査することは，日常生活では気嫌いする虫も，虫のはたしている役割を理解していくうちに親しみを感じ，鳥や虫たちの生活を知ることにより，新しい世界が開けてくるはずである。今まで知らなかった自然の創り出した不思議な世界を知り，疑問に思い，興味を持つことは，その人の人生の豊かさにつながる。

野外活動の分類

　野外活動は，自然環境の中で行われるさまざまな活動の総称であり，分類もいろいろな基準から可能であるが，ここでは理解しやすいよう，形態的な分類をした。

（太田茂秋・櫻井健太）

第3章　スポーツ

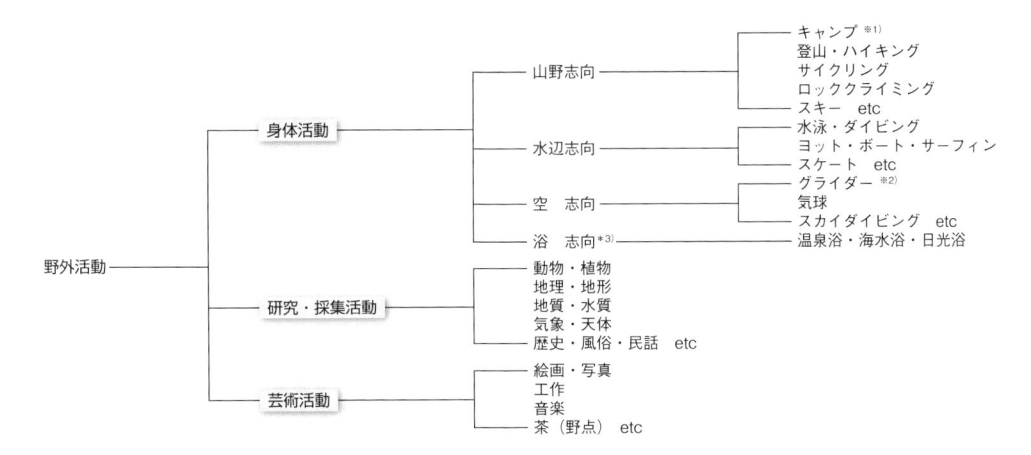

```
野外活動 ─┬─ 身体活動 ─┬─ 山野志向 ─┬─ キャンプ ※1)
         │           │            ├─ 登山・ハイキング
         │           │            ├─ サイクリング
         │           │            ├─ ロッククライミング
         │           │            └─ スキー　etc
         │           ├─ 水辺志向 ─┬─ 水泳・ダイビング
         │           │            ├─ ヨット・ボート・サーフィン
         │           │            └─ スケート　etc
         │           ├─ 空　志向 ─┬─ グライダー ※2)
         │           │            ├─ 気球
         │           │            └─ スカイダイビング　etc
         │           └─ 浴　志向 ※3) ─ 温泉浴・海水浴・日光浴
         ├─ 研究・採集活動 ─┬─ 動物・植物
         │                  ├─ 地理・地形
         │                  ├─ 地質・水質
         │                  ├─ 気象・天体
         │                  └─ 歴史・風俗・民族　etc
         └─ 芸術活動 ─┬─ 絵画・写真
                      ├─ 工作
                      ├─ 音楽
                      └─ 茶（野点）　etc
```

図1　野外活動の分類

※1) キャンプ
　野外活動の代表的なキャンプの位置づけは難しく、野外活動の個々の活動内容の中にもキャンプというプログラムが含まれている。キャンプにも様々な形態があるが、それは、日常生活とくらべて、ひとつの自然の中での素朴な、より原生活的な様式といえる。

※2) グライダー
　グライダーは、一般的に自動車でケン引されてから大空に舞上るために、野外活動の「動力を使用しない」という認識から問題を指摘されるが、活動の主体が動力を使わないという意味で、ここに含めた。水上スキー、スカイダイビング等についても同様である。

※3) 浴志向
　温泉浴や日光浴は物理的な活動はないが、人間の内面における変化、充足を含むもので、例えば「受動的な自然体験」といったような特殊な位置づけになる。

COLUMN

「自然」は「じねん」？「しぜん」？　～日本人の自然観～

　自然観は、西洋と東洋で大きく2つに分けられる。「人間と自然は神が創ったものであり、人間は自然と切り離された存在で自然は人間にとって征服、支配の対象である」という西洋の自然観に対して、「自然は1つの大きな生命体であり、人間もその一部で自然の働きを受けて生きている受動的な存在である」とするのが東洋の自然観である。東洋的な自然観を持つ日本人は、「自然」を「じねん」と読んだ。「自然（じねん）」とは「おのずからなる」ことを意味するが、日本人はこのことを聖なる最高の理念とし、意図的に「する」あるいは主体的に「生きる」ことより、むしろ「自然とそうなる」、「生かされて生きる」ことこそ自然の摂理であり、人としての真理であると認識してきた。つまり、自然も人もすべてがありのままにあるという考え方が一般的であった。

　西洋との自然観の違いを示す例として、庭園が挙げられる。西洋の宮殿の庭園のように、丸や三角に形づけられた木や芝生が左右対称で並び、噴水が吹き出す光景は、日本の庭園ではあまり見られない。日本の庭園は起伏があり、築山を造り、川を造り、水がなければ枯山水を造り、自然の姿を抽出し小さなサイズで表現する。樹木や石は必要以上に手を加えられず、そのままの形を生かし、全体のバランスの中にある。

　また、日本には生け花や盆栽などの伝統文化が存在するが、人の手を加える中にも花や木と対話があり、左右対称とは異なった調和を保ち、美しさを感じさせる。日本人特有の美意識がそこに生まれる。

　日本人はその自然観から自然に生活を溶け込ませ、四季の美しい自然を俳句や和歌に詠むなど自然に対する繊細な感性と美意識を育ててきたのである。西洋の文化スタイルに大きな影響を受けている今日であるが、我々日本人に根づいた独特の自然観と美意識は大切にしたい。

【文　献】　1）塚本珪一（1980）：自然活動学のすすめ，岳書房．
　　　　　　2）江橋慎四郎（1964）：野外教育，杏林書院．

❸ 21世紀のスポーツ

7 21世紀の武道

はじめに

　世界には民族の数と同じくらい格闘技が存在するといわれる。武器を持たない柔道や相撲のようなレスリング系の種目をみても，韓国にはシルムという相撲，モンゴルにはブフという相撲があり，中華人民共和国にはシュワイ・ジャオ，カザフスタンにはクレッシュ，イランにはクルディッシュ，ルーマニアにはクレス，ギリシアにはパライマなどの格闘技がある。

　これら格闘技は武技，戦技から発達したものであるが，それぞれの民族格闘技にはルールがあり，多くはスポーツとして発展している。数多い格闘技のなかでも，レスリングと柔道がオリンピック種目として普及していることは周知の事実である。

　日本では，柔道，剣道，相撲をはじめ，弓道，なぎなた，空手道，合気道，少林寺拳法などの伝統的な格闘技を総称して武道という。スポーツが人類共有の運動文化なのに対して，武道は右頁の武道憲章で定義されるように日本の伝統的な運動文化である。文化は時代とともにあり，武道も江戸時代から明治維新を経て近代化を果たし，また第2次大戦後の民主主義のなかで変化，発展してきた。

柔道にみる武道の近代化

　柔道は，嘉納治五郎によって武術としての柔術から教育的，体育的な価値が付与され，道としての柔道に昇華された。嘉納は，柔道の目的を体育，勝負，修心の3つとした。

　柔道の近代化の一例に技術構造的な変化をあげることができる。柔道には投げ技，抑込技，絞め技，関節技といった多様な技があるが，抑込技では，相手を仰臥姿勢すなわち仰向けの状態で制すことが条件となっている。武術的に相手を制するためには相手は仰向けよりうつ伏せのほうが合理的ともいえる。しかし，柔道では，あえて相手が反撃の余地のある仰向けの体勢で制するのである。また，柔術では身体のどの関節でも攻撃可能であったが，柔道では肘関節のみが攻撃対象とされている。このように，武術の伝統を踏まえながらも危険な技などは除外され，スポーツとして，体育として整備されている。

武道の国際化

　さらに，柔道は，嘉納が東洋人として初めてIOC委員になった明治時代から外国に紹介され，国際的に普及していった。はじめは，東洋の格闘技として興味がもたれていたのであろうが，徐々にスポーツとして発展を続けた。第2次大戦後の1956年に第1回の世界選手権大会が開始され，1964年に東京オリンピックが開催された頃からスポーツとしての発展が加速された。それまで柔道の試合は体重無差別で行われていたが，東京オリンピックから3階級の体重制が導入され，やがて5階級になり現在の7階級にまで細分化されてきた。

　国際化のなかでは，試合審判規定がスポーツ的な発展を遂げてきた。東京オリンピックの頃は，ルールは日本のものを翻訳して使用されていたが，間もなく国際規定が制定された。その後，国際規定は競技システムや条文の改正が何回も行われ，従来の日本国内の規定とはかけ離れた内容になってきた。たとえば，反則の与え方は，国際規定で累積の考え方がはじめて導入された。また，国際規定の特色の1つにカラー柔道衣がある。伝統的には白い柔道衣に黒帯であり，試合者は赤か白のヒモで区別されるのに対し，ブルーの柔道衣と白の柔道衣とで対戦するものである。これは，伝統や本質論からではなく，観客や審判員がわかりやすいことが強調された結果である。

21世紀の武道

柔道でみるように，スポーツとして発展する過程で記録とか勝敗に重点がおかれると，伝統的な武道としての特性はどんどん薄められていくことになる。国際的な競技柔道の場では，柔道衣のカラー化のほかにもポイントの累積の問題など常に対応を求められる問題が浮上してきている。もちろん，世界には柔道を競技として追求するだけでなく，武道としての柔道を愛好する多くの人たちもいる。スポーツとしての柔道は，オリンピックとの関係などで今後も変遷を繰り返すであろうが，スポーツとしての発展だけでなく，武道としての発展を国際的な場でどのように行うのかが今後の課題である。

21世紀の武道のあり方は，武道憲章にみられるように人間形成に寄与しうる武道としての特性をさらに発展させることであろう。

(尾形敬史)

COLUMN

武道憲章

武道は，日本古来の尚武の精神に由来し，長い歴史と社会の変遷を経て，術から道に発展した伝統文化である。

かつて武道は，心技一如の教えに則り，礼を修め，技を磨き，身体を鍛え，心胆を練る修業道・鍛錬法として洗練され発展してきた。このような武道の特性は今日に継承され，旺盛な活力と清新な気風の源泉として日本人の人格形成に少なからざる役割をはたしている。

いまや武道は，世界各国に普及し，国際的にも強い関心が寄せられている。我々は，単なる技術の修練や勝敗の結果にのみおぼれず，武道の真髄から逸脱することのないよう自省するとともに，このような日本の伝統文化を維持・発展させるよう努力しなければならない。

ここに，武道の新たな発展を期し，基本的な指針を掲げて武道憲章とする。

(目的)
第1条 武道は，武技による心身の鍛錬を通じて人格を磨き，識見を高め，有為の人物を育成することを目的とする。

(稽古)
第2条 稽古に当たっては，終始礼法を守り，基本を重視し，技術のみに偏らず，心技体を一体として修練する。

(試合)
第3条 試合や形の演武に臨んでは，平素錬磨の武道精神を発揮し，最善を尽すとともに，勝っておごらず負けて悔やまず，常に節度ある態度を堅持する。

(道場)
第4条 道場は，心身鍛練の場であり，規律と礼儀作法を守り，静粛・清潔・安全を旨とし，厳粛な環境の維持に努める。

(指導)
第5条 指導に当たっては，常に人格の陶冶に努め，術理の研究・心身の鍛錬に励み，勝敗や技術の巧拙にとらわれることなく，師表にふさわしい態度を堅持する。

(普及)
第6条 普及に当たっては，伝統的な武道の特性を生かし，国際的視野に立って指導の充実と研究の促進を図るとともに武道の発展に努める。

昭和62年4月23日制定
日本武道協議会

❸ 21世紀のスポーツ

8 〈気〉とスポーツ

　スポーツの世界，なかでもトップ・アスリートの間で最近注目されているのが，〈気〉である。もともと中国や日本で古来から発展してきた武術や武道において，この〈気〉を直接に感じながら活動が展開されてきた。太極拳や少林寺拳法，弓道や合気道などはその典型であるが，柔道のように世界のスポーツへと変容していく中で，この〈気〉よりも筋力が重視されるようになった競技もある。しかし，現在〈気〉は，あらゆるスポーツにおいて，高いパフォーマンスを実現するための資質を備える意味で，その効果が期待されている。

「あがり」から「気力」へ

　競技を行う際に緊張して普段の実力が発揮できなかったり，スタート直前になって体中の力が抜けてしまったり，誰もが一度は経験したことがあるだろう。この状態を「あがり」と呼び，運動選手があがらないようにするためにどうしたらよいかの研究が盛んに行われてきた。自律訓練法やヨガによって心理的な動揺を抑えるための具体的方法が工夫され，かなりの成果を納めている。通常では考えられないような興奮の坩堝の中で，ひとり冷静沈着を保ちつつ最高のパフォーマンスを実現するトップ・アスリートは少なくない。

　現在では，平静さを保つばかりではなく，普段でもなかなか発揮できないぐらいのパフォーマンスを本番で発揮するためのトレーニング方法が求められている。つまり，興奮を抑えるばかりではなく，本人が持っている最高のパフォーマンスをどのようにしたら発揮できるのかが模索されているのである。

　もちろん，ドーピング（薬物の不正使用）によって興奮状態を作りだし，成果をあげることは可能である。このドーピングを防止するための検査の精度が上がればあがるほど，その検査をかいくぐるための新薬が使用されるなど，今日では新たな社会問題が発生している。この薬物によらず，一定の冷静さを保ちながら，なおかつ本人が持つ最高のパフォーマンスを発揮するために〈気〉を活用しようというのである。

〈気〉の力

　私たちは，日常的に「やる気，根気，元気」などこの〈気〉という言葉を使用していながら，そのものの存在には否定的である。それは，元来この「気」という用語が「空気，電気，雰囲気」のように直接に目に見えないものを総称しているからでもある。つまり，目に見えないものの存在を容易に認めることはできない。まして，この〈気〉が生体に与える影響を活用して手を触れずして万病を治療するとなると，もはや一般の人々はとてもその存在に肯定的ではいられなくなってしまうのである。

　しかし，中国では古来からこの〈気〉が治療法や養生法として実践されており，日本でも民間療法のなかで育まれてきた。現在は，「癒し」や「気功」がブームとなり，もっぱら健康法として注目を集めている。そのきっかけともなった〈気〉のパフォーマンスに「遠あて」がある。武術家の一撃によって，相手に触れることなく一定の距離をおいた状態で，相手をねじ伏せたり，空中に飛ばしてしまうのである。自分の内側をめぐる〈気〉をコントロールすることによって平静さを保つことから，さらに自分の外に放射されるような〈気〉の力をスポーツへ応用しようというのである。

　残念ながら，〈気〉そのものに対してさえも現在の科学では十分に答えが出てこない。〈気〉の広がりは，とどまるところを知らないほどの勢いであるが，スポーツ場面への〈気〉の活用は始まったばかりである。さまざまな実践とその成果に期待したい。

（加藤敏弘）

COLUMN

気の拡がり

　一般に，お医者さんは病気の体をふつうの体に近づけるために，体育教師はふつうの体をより強くするために働いている。日本では医療と体育の間にはずいぶん隔たりがあるように見える。しかし，両者とも同じ体を対象としていることに変わりはない。最近ではアスレチックトレーニングやリハビリテーションなどの領域で両者が積極的に協力したり，パラリンピックに代表されるように障害を持つ人々のスポーツ活動が注目を集めるなど，ようやく体への取り組みが総合的に行われるようになってきた。

　さて，こうした体への取り組みとしてもうひとつの領域がある。「気の世界」である。中国では，医療と体育が明確に区分される何千年も前から「気」を活用した様々な取り組みが脈々と人々の間で受け継がれてきた。近年，西洋医学や近代スポーツに限界を感じた多くの人々が，その効果に注目している。そうした動きに応えようと，中国では「気」を科学的に実証し，本絡的に医療現場へと活用しようとする動きが本格化している。また，中国拳法や気功も世界各地へ拡がりを見せ，スポーツ活動や健康法の世界でも「気」が注目されるようになってきた。

　この「気」とは，一般にあらゆる生命の源とされ，気のエネルギーがなくなってしまうことは死を意味する。この「気」のエネルギー量を少しでも増やしていくために，自己鍛錬したり，他者とエネルギーの交流を図ったりするのである。さらに，自然界に存在するあらゆる生命エネルギーと交流することで，自己や他者の気力を高めようとする。したがって，〈気〉は，病気の人から健康な人やスポーツ選手に至るまで，あらゆる体に影響を及ぼすことができることになる。

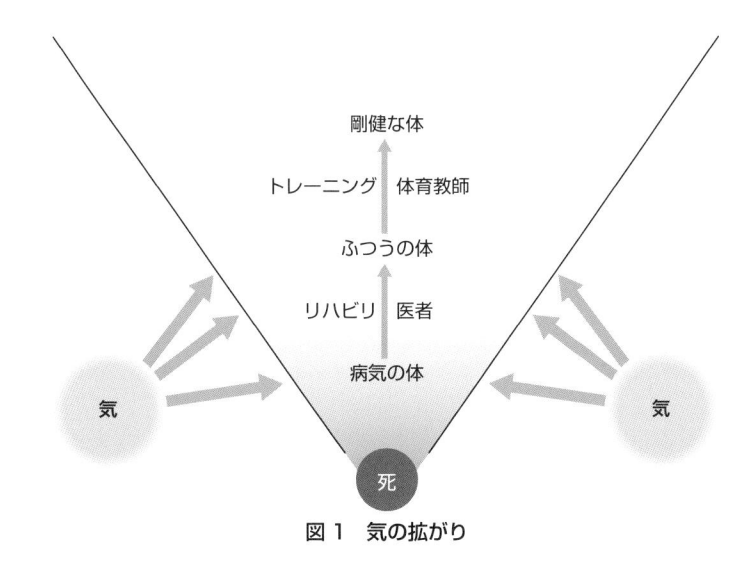

図1　気の拡がり

【文　献】　1）池上正治（1991）：「気」の不思議，講談社.
　　　　　2）津村喬・高田勝弘（1990）：気で治る本，宝島社.

❸ 21世紀のスポーツ

9 伝統スポーツ

　伝統スポーツは，それぞれの国の民族が昔から行ってきた人類の遺産である。それは，その民俗に固有の「根っこ」をもっている。

　近代スポーツは，競争を原理とする世界共通の「上昇志向」の普遍的文化である。それは，特定の民族の生活価値を超え，いわば根っこを捨てた文化である。それに対して，伝統スポーツは，特定の民族の生活に固有の「聖なる価値」を内包した，いわば，根っこを保持し，「過去も現在も未来も」，その歴史の時間軸に通底する「民族のアイデンティティ」のシンボルである。したがって，伝統スポーツとは，過去のものそのままの本質部分（不易）と，時代によって変化する周辺部分（流行）とが複合的に絡み合った民族のきわめて個性的な身体文化なのである。

　21世紀の新しい世界秩序は，人類共通のグローバルな文化と，特定の民族に個性的な文化が共存する複合的な秩序であるだろう。その民族の基本的価値は，それが生活の根っこを有しているが故に，互いに尊重されなければならない。したがって，伝統スポーツを保存・発展させることは，個性的なるものを個性的なるものとして尊重するという新しい普遍的価値を創造することだ。自分がよって立つ足元を知ることは，他者がよって立つ足元と他者そのものの存在意義を理解し，尊重することにつながる。それは，従来のエスニシティ（民族中心主義）をはるかに超える。伝統スポーツがもつ自然さ・単純さ・親しみやすさ・郷愁感・楽しさ・達成感は，それが個性的であるが故に普遍的なのである。

　そのいくつかを紹介しよう（表1，図1～6）。

（國枝タカ子）

表1　21世紀の伝統スポーツ

アジア	●狩猟民の伝統スポーツ 　・アザラシを奪い合うグリーンランド・エスキモーのラグビー 　・同じくエスキモーの男女対抗ボール・ゲーム 　・チュクチ族の相撲 ●焼畑耕作民の伝統スポーツ 　・リー族の動く的あてやり投げ 　・ヤオ族のこま競技 　・デルタ稲作民の伝統スポーツ 　・刈和野（日本）の綱引き 　・タイ王室儀礼のブランコ 　・タイ・ナンのドラゴン・ボートレース 　・マレーシアの凧 ●遊牧民の伝統スポーツ 　・ヤクート族の馬上競技 　・チベットの流鏑馬
南北アメリカ	●アメリカ・インディアンの伝統スポーツ 　・タラウマラ族の球蹴りマラソン 　・ツニ族の球蹴りマラソン 　・ティンビラ族の丸太リレー 　・ボトクド族の棒決闘 　・マンダン族のフープ・アンド・ポール 　・パレシ・カピシ族のヘディング・バレー 　・マプチュ・フィリチェ族のホッケー 　・チョクトー族のラクロス　など
アフリカ	・ハウサ族のボクシング ・ヌバ族の相撲 ・バチャマ族の相撲　など
ヨーロッパ	・バスクのペロタ　　　・イタリアのカルチョ ・バスクの九柱戯　　　・スコットランドの丸太投げ ・イタリアのいしゆみ　・イタリアの船上槍突試合 ・スペインの牛追い　　・オランダの渡河競争 ・ラップランドのトナカイ・スキー ・バルセロナの人間ピラミッド「カステル」
オセアニア	●アボリジニの伝統スポーツ 　・木登り　　　　　・動く的あて槍投げ 　・穴投げ　　　　　・ブーメラン投げ 　・的あて距離投げ　・カンガルーネズミ 　・相撲　　　　　　・キャッチボール 　・フットボール　　・ホッケー ●メラネシアの伝統スポーツ 　・ペンテコストのランドダイビング 　・ニューギニア高地の動く的あて弓射 ●ポリネシアの伝統スポーツ 　・トンガのボクシング 　・ニュージーランドのマリオ族の座り相撲 　・ハワイのマイカ　・ハワイの波乗り　など
中国	●少数民族の伝統スポーツ 　・ハニ族の回転シーソー　・チベット族のヤク牛競争 　・コーラオ族のチェンソー　・土族の相撲 　・高山族のボール突き刺し競技 　・ジノ族の竹ざお押しくらべ　・朝鮮族のブランコ競技　など
日本	・射礼　　　　　　・蹴鞠　　　・競馬 ・野馬追い　　　　・相撲　　　・闘牛 ・闘鶏　　　　　　・綱引き　　・力石 ・流鏑馬（やぶさめ）・剣道　　　・柔道　など

第3章　スポーツ

図1　チベットの流鏑馬（やぶさめ）（アジア）

図2　ティンビラ族の丸太リレー（南米）

図3　ハウサ族のボクシング（アフリカ）

図4　スペインの牛追い

図5　ニューギニア高地の動く的あて弓射（オセアニア）

図6　ハニ族の回転シーソー

図7　宮中の蹴鞠（日本）

【文　献】　1）寒川恒夫監修（1995）：21世紀の伝統スポーツ，大修館書店．
　　　　　2）渡辺・桑山（1994）：蹴鞠の研究，東京大学出版会．

❸ 21世紀のスポーツ

10 舞踊（ダンス）

語源

舞踊（ダンス）は，サンスクリット原語の"tanha"（「生命の欲求」）に起源を持ち，生活の経験や喜びのなかでのリズミカルな活動への欲求や生命の躍動といった意味を含んでいる。

定義

舞踊の定義は，時代によって変化してきた。そのいくつかをあげると，「ポーズの連続や優美な動き」，「音楽との秩序だった連合」，「韻律運動を超えた表現性やパフォーマンス」，「意識的な時間的・空間的，美的な身体技法」などがある。

舞踊は，もともと，性的，呪術的，宗教的な行為の律動的な動作として発生したが，現在では，より純粋な美的形式の統一をもつ芸術として発展してきている。諸芸術のなかで，舞踊は，活動が時間的に変化し形成される点で音楽や詩歌に関連し，身体を通じて空間的に演じる形式をもつ点で演劇や彫刻と関連をもつが，その独自性は，「時空性に立つ力動的な美的表現」にある。

特性

こうした舞踊の特性を現象的にまとめてみると次のようになる。
①人間の身体活動である，②情緒のリズムに結びつく，③視覚的に形成された運動現象の韻文がある，④周期的なリズムに統御された力動的（筋－神経的）パワーを芸術的モードで表現する，⑤古今東西のあらゆる文化社会に存在する，⑥多くの名称，多くの意味があり，多くの形式的分化を見せている，⑦精神－身体的な運動として，人間のライフサイクルに応じ，喜怒哀楽を表現させ，生命を高揚させる，⑧医療的価値がある。

現代の舞踊

現代の舞踊は，かつて例をみないほど人々のさまざまな生活諸相と関連をもつようになった。

バレエは，モダン・ダンスが発見した技術や精神と，民族舞踊のリズムや動きを吸収し，モダン・バレエの世界を築いている。

モダン・ダンスは，日常的・生理的存在としての肉体を素材とし，構築から即興・偶発としての舞踊へと変質し，ポスト・モダン・ダンスやコンテンポラリー・ダンスを生みだしている。

劇場舞踊は，各国のフォークダンスを高度化・舞台化したエスニック・ダンス，ミュージカル，ショー，レヴューなど，時代の風俗を反映したさまざまな様式に発展している。

さらに，最近の舞踊には，踊ること自体を楽しむディスコ・ダンス，バレエと黒人独自のリズム運動が結びついたジャズ・ダンス，都市の広場や通りで即興的に踊るストリート・ダンスやブレイク・ダンス，みずからの身体性（健康）の回復と踊ることが融合されたエアロビック・ダンス，ヨガ・ダンス，ジャーギーがある。

21世紀の舞踊：「身体の復権」

舞踊文化は，哲学，心理学，文化分類学などにおける「近代」批判と「身体性」への関心の高まりを背景に，21世紀の大きな宿題として，「身体の復権」という課題を与えている。

身体は，喜怒哀楽・祈り・絶望・歓喜・狂気・瞑想・沈思・憑依など，あらゆる心理現象を表出する場であり，したがって，「舞い踊る身体」は，聖・俗・遊のあらゆる生活領域における人間の「生」の表出の場であるといえる。

一方で，「舞い踊る身体」は，舞い踊る「主体」であると同時に，舞い踊らされる「客体」である。それは，「意のままになる身体」「自己」「意識」「日常」「舞踊する者」「芸術」と「意のままにならない身体」「内なる他者」「無意識」「非日常」「観客」「芸能」との『コミュニケーション』『折り合い』『融

合』の場であり，人間にとって本質的な「生ける身体」の表現である。「個」の殻に閉じこもり「モノ」化した「近代の自閉的心身」を舞踊のノン・バーバル・コミュニケーションを通じて解放する。それは，「生」の根源にリンクし，半分は意のままになり，半分は意のままにならない「心身の『自由と拡大』」を体感する場なのである。

（國枝タカ子）

表1　舞踊（ダンス）の分類

分類は，その分類基準をどこにとるかによって，いくつか可能である。

目的による分類	・ベーシック・ダンス（舞踊の発生期の世界各国の表現運動のすべて） ・踊り手が楽しむ舞踊（フォークダンス，社交ダンスなど） ・観せるための舞踊（バレエなど） ・情緒伝達のための舞踊（モダン・ダンスなど）
意識による分類	・聖なる舞踊（非日常的宗教舞踊など） ・世俗的な舞踊（日常的な自己の希求・拡張をめざす舞踊など） ・遊戯的舞踊（非日常的な遊戯舞踊など）
内向・外向による分類	・内向的な舞踊（形のない超自然的で内向的な心理が生む抽象的舞踊・護符舞踊，豊饒舞踊，加入舞踊，結婚舞踊など） ・外交的な舞踊（形而上学的な外的存在を自己の身体に表現する象徴的・模倣的舞踊：アニマル・ダンス，豊饒舞踊，加入舞踊，葬式舞踊，武器舞踊など）
動機的分類	・軍隊的舞踊（武勇と秩序を誇るギリシャの短剣舞踊など） ・軽業舞踊（見えたいと思ったとおりの姿になり示す舞踊） ・恋愛舞踊（男女の恋愛の情を表現するクラッシック・バレエなど） ・宗教舞踊（情念にかられた動物の魂を鎮静させる舞踊。アイヌの熊踊りであるイ・オマンテなど）
形式による分類	―隊形による分類― 　・円形舞踊　　　　　　・行列舞踊 　・鎖舞踊　　　　　　　・対舞踊 ―運動形態による分類 (1)― 　・特殊な足の動きをする舞踊　・うり足舞踊 　・なんば舞踊　　　　　・つま先（トウ・シューズ）舞踊 　・足ぶみ舞踊 ―運動形態による分類 (2)― 　・飛朔の大きい舞踊　　・回転や旋回の多い舞踊
人数による分類	・単独舞踊（ソロ）　　　・2人舞踊（デュエット） ・3人舞踊（トリオ）　　・4人舞踊（カルテット） ・5人舞踊（クインテッド）・群舞 ・集団舞踊
移動の有無による分類	・移動する舞踊　　　　　・移動しない舞踊
動かす中心的身体部位による分類	・頭部を動かす舞踊（長い髪の毛を振り回す踊りなど） ・胴体を動かす舞踊 ・胸部を動かす舞踊 ・肩部を動かす舞踊 ・手足を動かす舞踊（阿波踊りなど） ・腹部を動かす舞踊（ウガンダのピグミー・ダンスなど） ・腰部を動かす舞踊（ハワイアン・ダンスなど）
教育的分類	・発育発達のための身体育成法のなかの舞踊など ・思想や感情を表現するための創作ダンスなど

【文　献】
1) 日本体育協会（1987）：スポーツ大事典，大修館書店.
2) 稲垣正浩ほか（1996）：図説スポーツの歴史，大修館書店.

■ 茨城大学「健康スポーツ」教育専門部会　執筆者一覧（ABC順）

加藤敏弘	（かとう としひろ）	茨城大学人文社会科学部教授
勝本　真	（かつもと まこと）	茨城大学教育学部教授（第2章編集）
河田史宝	（かわた ひとみ）	金沢大学人間社会研究域学校教育系教授
國枝タカ子	（くにえだ たかこ）	元茨城大学教育学部准教授
日下裕弘	（くさか ゆうこう）	茨城大学教育学部教授（第3章編集）
松坂　晃	（まつざか あきら）	茨城大学全学教育機構教授
三浦忠雄	（みうら ただお）	元茨城大学教育学部教授
宮川八平	（みやがわ はっぺい）	元茨城大学保健管理センター教授
尾形敬史	（おがた たかし）	元茨城大学教育学部教授
岡本研二	（おかもと けんじ）	元茨城大学教育学部教授
太田茂秋	（おおた しげあき）	元茨城大学教育学部教授
櫻井健太	（さくらい けんた）	日白大学保健医療学部専任講師
竹下誠一郎	（たけした せいいちろう）	防衛医科大学校教授
瀧澤利行	（たきざわ としゆき）	茨城大学教育学部教授
巽　申直	（たつみ のぶなお）	元茨城大学教育学部教授（第2章編集）
富樫泰一	（とがし たいいち）	茨城大学教育学部教授
上地　勝	（うえじ まさる）	茨城大学教育学部准教授（第1章編集）
吉野　聡	（よしの さとし）	茨城大学教育学部准教授

健康スポーツの科学　改訂版
©茨城大学　健康スポーツ教育専門部会　1999, 2009
NDC375／174p／26cm

初　版第1刷	1999年3月10日
改訂版第1刷	2009年4月20日
第6刷	2017年9月1日

編者代表————日下裕弘
発　行　者————鈴木一行
発　行　所————株式会社　大修館書店
　　　　　　　〒113-8541　東京都文京区湯島2-1-1
　　　　　　　03-3868-2651（販売部）03-3868-2299（編集部）
　　　　　　　振替 00190-7-40504
　　　　　　　[出版情報] http://www.taishukan.co.jp
装　　　丁————林 綾子（株式会社サンビジネス）
本文・デザイン・DTP——株式会社サンビジネス
印　刷　所————広研印刷
製　本　所————ブロケード

ISBN978-4-469-26683-2　　　　Printed in Japan

Ⓡ本書のコピー，スキャン，デジタル化等の無断複製は著作権法上での例外を除き禁じられています。本書を代行業者等の第三者に依頼してスキャンやデジタル化することは，たとえ個人や家庭内での利用であっても著作権法上認められておりません。